广东省教育科学规划立项课题"探索区域强弱联动集备模式，提升教师专业发展水平的研究"（课题批准号：2013YQJK283）实验报告

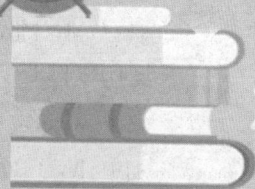

初中语文区域
集体备课模式的探索

汤凤珍　著

光明日报出版社

图书在版编目（CIP）数据

初中语文区域集体备课模式的探索 / 汤凤珍著 . --

北京：光明日报出版社，2017.8（2021.8 重印）

ISBN 978 - 7 - 5194 - 3358 - 1

Ⅰ . ①初… Ⅱ . ①汤… Ⅲ . ①中学语文课—教学研究

—初中 Ⅳ . ①G633.302

中国版本图书馆 CIP 数据核字（2017）第 211906 号

初中语文区域集体备课模式的探索

CHUZHONG YUWEN QUYU JITI BEIKE MOSHI DE TANSUO

著　者：汤凤珍

责任编辑：许　怡　　　　　　　　责任校对：赵鸣鸣

封面设计：范晓辉　　　　　　　　责任印制：曹　净

出版发行：光明日报出版社

地　　址：北京市西城区永安路 106 号，100050

电　　话：010 - 63169890（咨询），010 - 63131930（邮购）

传　　真：010 - 63131930

网　　址：http：//book. gmw. cn

E - mail：gmcbs@ gmw. cn

法律顾问：北京德恒律师事务所龚柳方律师

印　　刷：三河市华东印刷有限公司

装　　订：三河市华东印刷有限公司

本书如有破损、缺页、装订错误，请与本社联系调换

开　　本：170mm×240mm

字　　数：252 千字　　　　　　　印　　张：16.5

版　　次：2017 年 8 月第 1 版　　　印　　次：2021 年 8 月第 2 次印刷

书　　号：ISBN 978 - 7 - 5194 - 3358 - 1

定　　价：59.00 元

本书概述

本书为课题实验研究报告，课题名称为《探索区域强弱联动集备模式，有效提升语文教师专业发展水平的研究》，课题批准号是2013YQJK283。本课题在2014年12月经广东省教育科研规划领导小组办公室审核，批准为广东省教育科研"十二五"规划2013年度研究一般项目，完成时间为三年。

本课题研究，主张在语文课程标准理念下，采取强弱联动、区校联动、多校合作的方式，对区域集体备课作了深层次的研讨和探索，要求参与教师放下身段，放平心态，彼此平等交流，共享智慧，通过优秀教师、优质资源的辐射、带动或推动，让每一个参与的教师的业务水平都能得到提高，让每一堂课都精彩纷呈，让每一位学生都能受益。

我们提倡的"探索区域强弱联动集备模式，提升教师专业发展水平"的集体备课，是教师进行校本教研的重要形式与阵地，是教师研究问题、解决问题的有效途径，是贯彻落实课程标准理念和提高教师专业发展水平的有效平台，它对提高教学质量、培养优秀教师团队、整体提升教师专业发展水平都将产生极大作用并带来深远影响。

课题立项研究三年来，有效规范了我区初中语文教师教学行为，促进了青年教师成长，壮大了骨干教师队伍，培养了优秀教师团队，整体提升了我区初中语文教师的专业素养和水平，实现了初中语文教学质量的整体均衡与较快提高。因此，可以说，本课题研究的总体目标和阶段目标都已经基本实现，并取得预期研究成果。

本课题研究，创新了学科集体备课活动的理论，第一次形成了以集备促课堂效益提高；以集备促教师发展；以教师发展促学生发展；以师生发展促学校发展、教学质量提高；以集备合作培养教师合作文化；以教师合作文化促教师成长和学校发展的崭新教育教学理论。

创新了学科集体备课活动的模式，第一次让集体备课活动区域化、强弱联动化，并起到了强大的辐射带动作用。

创新了学科集体备课活动的内容，第一次让集体备课活动与教师专业发展、教师队伍培养和教师文化建设等有机联系起来并使之相互促进，相得益彰。教师们通过集备平台，学会了学习，学会了研究，语文专业得到了发展，综合素养得到了提高，教师文化建设和整体队伍建设均得到了加强。

创新了学科集体备课活动的研究风气。第一次通过集体备课这个平台，开辟了一种真正民主、开放、多元、富有正能量的学术氛围、学术风气和研究氛围，建立了一种相互促进、相互鼓舞、相互劝勉，共同提高的良好学术、教研风气，并使之成为推动本学科教学质量均衡、教师素质不断提高、教师队伍不断发展壮大的内动力。

创新了学科集体备课活动的目标。第一次通过集体备课这个平台，通过优质资源共享，通过骨干教师的带动和辐射，实现了教师团队整体素质和整体专业发展水平的有效提升。初中语文的教学行为规范了，课堂精彩了，教师成长了。

如此全面、深入、持久地将集体备课活动与优秀团队培养和教师专业发展以及教师文化建设有机联系起来、并作为课题展开深入研究与实践的做法，在本地区、本省乃至全国，可能都是一个创举。

集体备课　　让每一节课都高效
　　　　　　让每一位老师都成长

教育，是生命影响生命的事业。

编写说明

一、本书定位

1. 服务语文常规教学，满足一线教学需要，注重专业性与操作性。

2. 服务语文教师专业成长，融入语文课程标准理念，融入语文教育教学的基本理论和基本技能，注重语文教师专业素养的发展提升。

二、编写原则

1. 为语文教师业务学习交流服务。

2. 为提高语文课堂教学质量与效益服务。

3. 为发展提高语文教师的专业素养服务。

4. 依常规教学规律编写。

三、编写体例

1. 理论指导。

2. 研究过程。

3. 研究成果。

4. 研究案例。

自　序

本人自 1987 年参加教学工作，至今已 30 个春秋。

30 年前的我，风华正茂，意气风发，想做一个好老师，总想上好每一节课，期望自己的课堂，风采飘逸，喝彩满堂，期望年轻的自己，在哪里存在，就在哪里绽放。于是，苦苦追寻，不懈求索。

最难忘的是刚出来工作时上公开课，多为单打独斗。不是不向人求教，而是少有人愿意给你指教，简直就是闭门造车，因而教学失误时有发生。后来，研讨风气渐开，才得到了越来越多的指导与帮助。再上公开课时，自然也就避免了很多的遗憾与错失，教学也越来越得心应手。那时我就深深地知道：若能置身一个优秀的团队，有人及时给你指点迷津，有智慧共享，这对于一个教师的成长，该是一件多么幸运和重要的事情。

但文人相轻、故步自封等沿袭多年的劣根，使很多教师性格保守，不求上进或不愿无私奉献，所以，推行集体备课，有时真有点举步维艰。可我想，只要坚持不懈，"咬定青山不放松"，假以时日，就一定会有奇迹发生。因为我相信，一个人是谁不重要，重要的是他站在那里的时候，在他身后，站着的是一群什么样的人。在这个瞬息万变的世界里，单打独斗，路只会越走越窄，而选择能帮助自己进步的志同道合的优秀伙伴、优秀团队，那就是选择了成长和成功。

作为一个语文教研员，我已拥有一个团队，我有责任也应肩负起带领自己的团队走向成功的重任：让每一节课都高效，让每一位老师都得以迅速成长。

怀揣着这个美好的梦想，我决意培养好这个团队，通过本课题这个平台，去探求一条行之有效的捷径。我希望团队里的每一个教师，都因观念而改变，因行动而成功，因团队而卓越，也希望我们的做法，在可能的范围内得以弘扬推广。

尤记法眼文益禅师与徒儿的一番对话：

徒儿问："师父，什么是人生之道？"

禅师答："第一是叫你去行，第二也是叫你去行！"

我想，课题研究成功之道应该也是这样：

第一是叫你去探索，第二也还是叫你去探索！

唯其如此，方能成功！

于是，很想与同道者共勉：既然选择了远方，便唯有风雨兼程！

是为序。

目 录
CONTENTS

第一章

研究缘起

第一节　研究起因

一、研究起因

金湾区于 2001 年建区，原为新垦农场，属农村偏远地区，师资条件落后。现有 6 所初中，59 位初中语文教师。6 所初中有两所学校各年级备课组只有一位教师，还有两所学校各年级备课组也只有两到三位教师。部分学校的初中语文教师多从民办教师、代课教师、小学教师转升而来，近年才陆续招聘全国骨干教师和大学毕业生。因此，教师专业发展水平差距大，各校教学质量极不均衡：语文学科校与校之间，同一学校不同班级之间，平均分差距有时竟达几十分；与全市相比，差距更大。

如何解决区域优质师资缺乏这个严酷的现实需求，如何解决和探索教师专业成长方式这个职业需求？如何让我区初中语文教学质量得到较大提高、达到较高均衡？如何提高我区初中语文教师专业发展水平、缩小他们之间的专业发展水平差异？经过深入分析和深刻思考，也基于下面提到的原因，让我产生了深入改革我区初中语文集体备课模式的想法。

2001 年全国第 8 次基础教育课程改革，我区也满怀热情投身其中。但由于没有根据自身实际，探索出一条适合自己发展的改革路子，收效不是很大。

2009 年，我区曾轰轰烈烈推行"激扬学生生命，促进教育均衡发展"为主题的课堂教学改革，但也许是由于教师素质，尤其集体备课等软实力的欠缺与不均衡，一场轰轰烈烈的改革也如泥牛入海，悄无声息。

痛定思痛，深究其因，教师素质，尤其集体备课等软实力的培养与均衡，应是影响和决定学校一个地区或学校（学科）教育教学质量的至关重要的因素。

于是在 2010—2013 年，我们深入研究集体备课，期望从抓集体备课开始，狠抓教师的专业发展和课堂教学效益。

2010 年，我们从小学开始，狠抓集体备课研究。当时我任金湾区教育科研培训中心教研部负责人，负责中小学教学教研工作。于是在小学语文、数学、英语三个学科实施推广强弱联动、区域集体备课活动，并探索了一条适合我区实际的"独立初备，集体研讨，二次调整，跟踪教学，微格反思"的集备活动模式，在局部、短时期内也曾对教学质量的推广产生了影响。

2012 年开始，我带领集备团队在初中语文学科深入实施推广"探索区域强弱联动集备模式，提升教师专业发展水平"课题研究实践探索活动，并将其推广到初中其他学科。2012 年下半年，带领初中语文、数学、英语、物理、化学等学科骨干教师到中山坦洲实验中学脱产学习集体备课经验一个星期，并在全区掀起集体备课研讨的热潮。

2013 年，本人带领集备团队成功将《金湾区"激扬生命"理念下的初中语文强弱联动、区域集体备课活动模式的实践与探索》申报为金湾区重点课题，并积极投入到课题的研究探索中。

2014 年，我再次带领集备团队推陈出新，经过改革与完善，成功将"探索区域强弱联动集备模式，提升教师专业发展水平的研究"申报为广东省教育科学规划立项课题，由此将我区初中语文集体备课活动推到高潮。

希腊哲学家有这样一个观念，如果我们不对我们的人生进行反思，那么我们的人生就是没有意义的。同样道理，我们的教育作为一项继往开来的伟大事业，如果不常做深刻检讨或反思，又如何能得到发展、进步和完善？我不怕冒昧，神圣地将之视为一场触及灵魂的思想革命，出发点是通过让广大教师从思想上彻底触动，达到行为上主动、思想上自觉的目的。

还有一个深层次的原因是：教育质量差距大的原因也许很多，但有一点应是不容置疑的，那就是教师队伍的整体素质！以及学术氛围、学术风气和研究氛围、研究风气的差异和欠缺！因此，我欲借此课题研究，开辟一种真正民主、开放、多元、富有正能量的学术氛围、学术风气或研究氛围、研究风气，建立一种相互促进、相互鼓舞、相互劝勉，共同发展提高的良好学术学风和教研风气，并使之成为推动学校不断发展的内动力。

于是我申请了《探索区域强弱联动集备模式，提升教师专业发展水平的研究》课题研究，期望通过优质资源丰富的学校，或者优秀教师的带动辐射，推动薄弱学校发展，培养更多教师专业成长。

这，就是我课题研究的起因。

二、研究的背景

集备备课属于同学科专业合作与发展的范畴，区域强弱联动亦如是。而教师同学科之间的专业合作（collaboration）与发展研究，是近几十年来西方教育界探讨的热门话题。

20 世纪 80 年代以来，随着西方社会及教育的快速发展变化，传统的孤立式的教师专业发展受到了前所未有的质疑。不少西方人士认为，孤立式的教师专业发展不仅导致了教师在专业情感上的孤独，而且也不利于教师知识的传播与积累，教师专业发展因此受到阻碍。因此，如何加强教师同学科之间的专业合作，使教师专业得到较快发展，成为近几十年来西方教育界探讨的热门话题。

在我国，随着 20 世纪 90 年代中期教师数量供应矛盾的逐渐缓解，教师专业发展备受重视。

那么，教师怎样才能获得专业发展？教师专业发展的理想模式是什么？这是全球教育界有识人士一直高度关注和努力思考并试图回答的问题，因此它在理论界和实践界都出现了许多新的热点与视点。其中，最引人注目的是推动教师专业合作与发展提高的崭新观点。

但是，迄今为止，人们仍然为这样一些问题困扰着：教师专业合作的实质是什么？教师专业合作是否具有坚实的理论基础？在教学教育教研实践中如何推动教师专业发展和合作？理想的教师合作模式是什么？等等。这些问题既有理论上的问题，也有实践上的问题

随着我国课程改革的深入推进，教育对有效课堂与高效课堂的呼唤更为迫切，而集体备课在保证教学质量、促进教师成长方面所起的作用越来越被广大教育工作者所认同和重视。"研讨出真知、研讨出效率"，集体备课作为一种群体教研形式，具有教研工作所具有的差异性、协同性和共享性的显著特点和共同特点，能够体现群体教研的合力。它立足于通过集体思维的碰撞激发出教师的教学灵感，通过信息交流拓宽教师的知识视野，启发教师的心智，营造出一种教研氛围，形成一种先进的教研理念。

但是，集体备课在实施过程中也出现了一些误区，甚至矛盾。如集体备课采取什么方式或模式？建立怎样的平台？确定怎样的研讨内容？明确怎样的目标任务？以什么为关键或抓手？如何评价？怎样才能让集体备课成果生成最佳个性化教学的助推器？等等。困扰着课堂和教育的发展和提高。

我认为，首先必须正确认识集体备课是一个完整的教研过程。集体备课，不仅仅是教师坐在一起研讨的过程，更是研讨之前教师事先进行个体研究过程，同时也是教师在实施教案过程中再思考、再反思的一系列过程，集体备课应坚持在个人充分备课——集体备课（形成共案）——二次个性化备案（生成个性化特色教案）中完整地进行。

教育要发展，教师是关键。教师专业发展已成为当代教育改革的中心主题之一。随着学校本位的教师专业发展观的确立，对于如何更好地立足学校组织促进教师专业发展，不少学者从理论和实践角度进行研究并取得了一定的成效。但从目前的实践来看，已有的学校本位的教师专业发展举措，更多关注的是知识与技能的传授、教师个体的实践反思能力的培养，而忽视了集体备课对于教师的成长、学校的发展所起着的、有力的推动作用。

为此，本课题从探索区域集体备课模式这一校本教研的角度出发，探讨相对落后的农村教师专业发展提高这一重大的问题。

三、研究的意义

本课题研究，有三个方面的重大意义。此三方面意义呈层次性递升发展。分别是：

第一个层次：提高教师专业教学与理论水平，让学生受益。

通过区域强弱联动集备，提高语文教师的课堂教学能力，进而提高教师专业教学与理论水平，让学生受益。

因为三尺讲台是教师施展才华、教书育人的广阔舞台。教师的教学水平之树，只有钟在三尺讲台这片沃土上，才能节节长高，茁壮成长，并结出美丽丰满的果实。因而教师要善于反思自己的教学行为，并进而实行自己教学行为的改进和教学水平的提高。因此，钻研教学、提高教学水平，受益的将不仅仅是学生，也更是教师自己。

第二个层次：建设教师合作文化，营造民主研讨学术氛围，提升教师教研能力，让同事受益。

不管是新教师，还是有一定资历的教师，都绝不应该仅仅满足于提高自己的教学水平，还应该加强教学研究，通过有实效的教研活动来提升教研能力，通过集体备课、集体教研，分享教学经验，达到共同成长的目的。

第三个层次：创新集备理论，提炼集备教学思想，让同行受益。

创新集备理论，提炼集备教学思想，是教师专业发展的最高要求，也是课题研究的最高境界。它不仅能令学生受益，令身边的同事受益，还能让广大同行从中受益。好的教学思想能发挥很大的辐射和引领作用，帮助个人成长，帮助团队成长。这就需要教师能够在实践中不断进行比较系统的经验总结，从中提炼自己的教学思想，并使自己的教学思想更具普遍性和普适性。

期望优秀教师、骨干教师的带动辐射，通过拥有优质教学资源丰富的学校的资源共享，推动薄弱学校发展，培养更多教师专业水平发展提高。从探索初中语文高效集体备课活动模式着手，深入研究如何提高教师的专业发展水平问题。更期望通过课题研究，优化语文教学，规范语文教师教学行为，培养青年教师成长，壮大骨干教师队伍，培养优秀教师团队，整体提升广大教师的专业素养水平，实现教学质量的整体均衡与较快提高。

《探索区域强弱联动集备模式，提升我区初中语文教师专业发展水平的研究》课题，主张在语文课程标准理念下，采取强弱联动、区校联动、多校合作的方式，注重团队作战、集体智慧、深层次探索研讨。这种理念与形式下的集体备课，是以集中研讨或网络平台为形式，通过优秀教师、优质资源的辐射、带动或推动，让其他较为弱势的教师得到进步或提高，从而让每一堂课都精彩、让每一个参与的教师都成功。在此过程中，我们强调每一个参与研究的教师，都必须首先牢牢树立以学生为主体、面向全体学生的课程标准理念，因为我们探索强弱联动辐射式区域集体备课模式，就是为了探求让每一个教师都进步、都精彩、都成功的策略，就是共享优质资源，分享高端智慧，进而实现师校双赢。因此，我们提倡的"探索区域强弱联动集备模式，提升教师专业发展水平"的集体备课，是教师进行校本教研的重要形式与阵地，是教师研究问题、解决问题的有效途径，是贯彻落实课程标准理念和提高教师专业发展水平的有效平台。它将为提高教学质量、培养优秀教师团队、整体提升教师专业发展水平产生极大作用并带来深远影响，它要求参与的教师放下身段，放平心态，与每一位参与者平等交流，共享智慧。因此，可以有些夸张地说，它对培养优秀教师团队、整体提升教师专业水平和综合素养、快速提高学科教学质量等都不啻是一场震撼灵魂的思想革命和备课革命。

本课题研究，期望透过集体备课研究这个平台，给予更多教师专业成长的渠道与空间，让教师们在这其中懂得团队的重要，懂得合作的重要，从而提高自身的综合素养。

这，就是我以及我们这个集体备课团队进行本课题研究的初衷以及意义所在。

第二节 研究现状

一、国内外研究情况

区域联动集体备课，究其实就是教师同事之间的专业合作、相互学习和提高的一个合作过程。提升教师专业发展水平的教师同事之间的专业合作（collaboration），也是近几十年来西方教师和教育界探讨的热门话题。

20 世纪 80 年代以来，随着社会及教育的快速发展变化，传统的孤立式的教师专业发展受到了前所未有的质疑。

人们认为，孤立式的教师专业发展不仅导致了教师在专业情感上的孤独，而且也不利于教师专业知识的传播与积累，教师专业发展会因此受到阻碍。

在我国，随着 20 世纪 90 年代中期教师数量供应矛盾的逐渐缓解，教师专业发展备受重视。那么，教师怎样才能获得专业发展？教师专业发展的理想模式是什么？这是人们一直努力思考和试图回答的问题。其中，最引人注目的就是推动教师专业合作的问题。

然而，教师专业合作的实质是什么？教师专业合作是否具有坚实的理论基础？在实践中如何推动教师专业合作？理想的教师合作模式是什么？

我认为，区域联动集体备课在培养教师专业合作和推动教师专业发展方面，都有着得天独厚的条件和优势，值得深入研究与探索。原因如下：

随着我国课程改革的深入推进和发展，教师专业发展已备受关注。因为课程改革的大咖们已深深认识到，教师的专业素养不提高，课程改革到头来也只会是一句空话。而集体备课在保证教学质量、促进教师成长方面的作用，已越来越被广大教育工作者所认同和重视。

集体备课作为一种群体教研形式，具有群体教研工作的显著特点和共同特点，能够体现群体教研的合力，它立足于通过集体思维的碰撞，激发出教师的教学灵感，通过信息交流，拓宽教师的专业知识视野，启发教师的专业心智，营造出一种专业教研氛围，形成一种先进的专业教研理念，因而对教师的专业发展和提高有着莫大的推动作用。

因此，《探索区域强弱联动集备模式，提升教师专业发展水平的研究》课题很有现实意义和战略意义。

二、本人研究情况

（一）目前集备情况

目前，我区初中学校语文学科集体备课活动因学科教研组建设水平与管理水平参差不齐，所以不同学校之间、同一学校不同年级语文教研组之间，其发展、建设水平都存在着一定的差距。这在一定程度上制约了学科教研组的发展和教研质量的提高，阻碍了教育教学研究的深入。

我区初中学校语文学科教师普遍存在这样的现象：新的教育教学思想和观念未能很好地形成；教师教育教学手段依然比较单一；"满堂灌"现象依然存在；年轻教师教学经验尚不足；老教师又存在一定的教学或研究惰性；以"新课标"理念指导教学实践意识不强；教学创新性不足；初中语文课堂教学效率不高；教学质量依然偏低。

还有一些学校集体备课开展仍流于形式，没有进行优化；一些小学校，由于单人单级单科的任教或备课模式，集体备课以一校一年级段学科组的形式进行，收效不大。

（二）前期研究基础

2010年，我曾担任金湾区教育科研培训中心教研部负责人，负责中小学教研工作和初中语文教研工作。曾带领集备团队在小学语文、数学、英语三个学科深入实施病强力推广强弱联动、区域集体备课活动，并探索了一条适合我区实际的"独立初备，集体研讨，二次调整，跟踪教学，微格反思"的集体备课活动模式，它在局部、短时期内曾对教学质量的推广产生了一定影响。

2012年开始，我曾带领集备团队在初中语文学科实施推广此模式，并推广到初中其他学科。2012年下半年带领初中语文、数学、英语、物理、化学等主要学科骨干教师到中山坦洲实验中学学习学科集体备课经验，并在本区大力推广其经验，收到一定效益。

2013年带领集备团队成功将《金湾区"激扬生命"理念下的初中语文强弱联动、区域集体备课活动模式的实践与探索》申报为区重点课题，由此将我区集体备课活动推到高潮。

近三年来，我本人参与研究了我区"激扬学生生命，促进教育均衡发展"为主题的课堂教学改革课堂研究；参与了我市"语文个性化教学的预设与生成"课题研究（是金湾区红旗中学"语文个性化教学的预设与生成"课题研究的第二主持人；是市"语文个性化教学的预设与生成"课题研究专著《高中生语文个性化写作》的主要编写者）；参与了"金湾区激扬生命理念下的语文个性化教学的实践与研究"课题研究；主编了《金湾区中学语文激扬生命课堂教学改革新探》一书，在珠海市、金湾区都有一定的影响，为此也积累了较为丰富的课题研究经验，培养了一定的课题研究能力，为本课题研究成功提供了一定的专业能力和专业素养保证。

（三）目前研究状况

从2010年在我区推广区域集体备课活动以来，为求集备活动的高质量、高效益，我曾带领集备团队不断调整、完善活动模式，并一直坚持开展初中语文学科区域强弱联动集备研讨活动，从未间断。

本课题自2014年12月批准立项之日起着手研究，2015年3月正式开题，2016年4月做了中期研究调研和研究报告，每月坚持开展初中语文学科区域集备研讨活动，从未间断。

我区各初中学校语文科组、各年级语文集备组也根据本学校本年级集备组实际情况，均能做到以本课题的研究形式为引领，以各学校各年级集备组骨干教师为集备研究核心人和带头人，以区域集备为平台，积极开展区域集备研讨活动。

目前本课题组已初步建立"初中语文区域强弱联动集体备课活动模式"，已初步确定集体备课活动时间；活动地点；活动流程；以及学校和区域集体备课活动的其他规定要求；已制定《金湾区初中语文集体备课活动制度》；已制定《金湾区初中语文教师专业发展要求》；已成立集体备课活动领导机构；课题研究时间已按阶段科学分配好，并有严谨的计划保障和分工安排；课题研究资料充足，设备保障没有问题。

第二章

研究过程

第一节　明确目标，制定计划

一、确定总体研究目标和年度研究目标

（一）总体研究目标

本课题研究，希望从探索初中语文高效集体备课活动模式着手，深入研究如何提高教师的专业发展水平问题。更期望通过课题研究，优化语文教学，规范语文教师教学行为，培养青年教师成长，壮大骨干教师队伍，提升广大教师的专业素养水平，实现教学质量的整体均衡与较快提高。

本课题研究，主张在语文课程标准理念下，采取强弱联动、区校联动、多校合作的方式，注重团队作战、集体智慧、深层次探索研讨。这种理念与形式下的集体备课，是以集中研讨或网络平台为形式，通过优秀教师、优质资源的辐射、带动或推动，让其他较为弱势的教师得到进步或提高，从而让每一堂课都精彩、让每一个参与的教师都成功。

在此过程中，我们强调每一个参与研究的教师，都必须首先牢牢树立以学生为主体、面向全体学生的课程标准理念，因为我们探索强弱联动辐射式区域集体备课模式，就是为了探求让每一个学生都进步、都精彩、都成功的策略，

就是共享优质资源，分享高端智慧，进而实现师生双赢。

因此，我们提倡的"探索区域强弱联动集备模式，提升教师专业发展水平"的集体备课，是教师进行校本教研的重要形式与阵地，是教师研究问题、解决问题的有效途径，是贯彻落实课程标准理念和提高教师专业发展水平的有效平台。它将为提高教学质量、提升教师专业发展水平产生极大作用并带来深远影响，它要求参与教师放下身段，放平心态，与每一位参与者平等交流，共享智慧。

因此，可以有些夸张地说，本课题研究对提升教师专业水平、综合素养、提高教学质量等，都不啻是一场震撼灵魂的思想革命和备课革命。

（二）年度研究目标

1. 2014 年 12 月—2015 年 3 月：准备阶段；成立相关领导小组和区域集体备课教学研究团队，建立区域集体备课平台；初中语文区域集体备课活动模式建立，区域性集体备课活动有序开展；教师结对帮扶计划开始实行；教师学习习惯、团队合作素质初步养成；优秀教师得到发现和培养；青年教师不断成长。

2. 2015 年 3 月—2017 年 2 月：实施阶段；初中语文集体备课活动模式不断改进，区域集体备课教学研究团队发挥带动、辐射作用；区域集体备课活动有效开展；教师结对帮扶计划有效开展；教师思考、反思习惯养成；教学能力不断提高；优秀教师队伍初步形成；教师队伍整体素质不断提高。

3. 2017 年 2 月—2017 年 4 月：总结阶段；初中语文区域集体备课活动模式得到完善，区域集体备课活动高效开展；区域教师结对帮扶计划高效开展；广大教师教学积极性极大提高，教学能力不断提高；优秀教师队伍不断壮大；教师队伍整体素质不断提高。相关教研成果将写成《课题结题报告》和专著。

二、明确研究关键

这个课题研究的关键，是如何检测与评价教师的专业发展水平。如何科学、简洁、有效地检测与评价教师的专业发展水平，并使之成为促进教师专业发展与提高的正能量？这将是课题研究要突破的重点环节和必须尽快解决的关键问题。

三、突出研究的创新之处

主要创新之处在于它创新了学科集体备课活动的理论，第一次形成了以集备促课堂效益提高；以集备促教师发展；以教师发展促学生发展；以师生发展促学校发展、教学质量提高；以集备合作培养教师合作文化；以教师合作文化促教师成长和学校发展的崭新教育教学理论。

创新了学科集体备课活动的内容、模式和活动目标；创新了学科教研和校本教研的模式；第一次让集体备课活动与教师专业发展水平有机联系起来，并使之相互促进，相得益彰；第一次试图通过集体备课这个平台，通过优质资源共享，通过骨干教师的带动和辐射，实现教师团队整体专业发展水平的有效提升，从而让每一节课都精彩，让每一个教师都获得成功。

这个课题研究要取得成功，建立和完善高效的集体备课活动模式将是其重要保障。

我期望通过区域集体备课这个平台，使广大语文教师共享优质资源，互相帮助，共同成长提高。期望借区域集体备课研究此平台，让每一节课都精彩，让每一个教师都成功。

四、确定本课题的研究价值

（一）学术价值

区域集体备课是教师进行校本教研的重要形式与阵地，是教师研究问题、解决问题的有效途径，是培养骨干教师、提高教师专业发展水平和综合素质的有效平台。因此，建立和完善高效的区域集体备课活动模式，将对学科整体提高教学质量、培养优秀教师团队、建设教师合作文化、整体提升教师专业发展水平等方面，产生极大作用和带来深远影响。

（二）应用价值

初中语文区域集体备课活动模式具有较为广泛的适应性，可以推广应用到中小学各个学科的集体备课活动中，对提升广大中小学教师的专业素质、培养优秀教师团队、提高教育教学整体质量，都将产生深远意义和发挥较大作用。

五、明确本课题研究的思路（计划）和方法

（一）研究方法

1. 学习反思法：教师自觉学习，深入思考，不断反思，养成善于学习、善于接受新鲜事物的良好习惯。

2. 案例研究法：以案例为研究对象，引导教师学会在自然状态下，对专业发展、教学提高、素养养成等问题做案例现场研究、分析，并进行实践、探索，努力找出解决的方法。

（二）研究思路（计划）

第一阶段　准备阶段（2014 年 12 月—2015 年 3 月）：开题；制定实施方案，确定实验人员，落实实验班级；制订研究计划；收集研究资料；写作专题论文；做好第一阶段汇报的准备工作。

第二阶段　研究实施阶段（2015 年 3 月—2017 年 2 月）：按照计划开始实验研究，收集相关的研究数据、案例等资料；准备第二阶段汇报资料；总结第二阶段研究成果；写出阶段总结报告和专题论文。

第三阶段　结题阶段（2017 年 2—4 月）：准备示范案例；召开经验交流会；收集、分析、整理资料、课题组成员撰写研究报告和专题论文；出版专著；接受专家评审。

第二节　界定核心概念，明确理论依据

一、界定核心概念

（一）关于集体备课

1. 何谓备课？

备课是教师根据学科课程标准的要求和本门课程的特点，结合学生的具体

情况，选择最合适的表达方式、方法和顺序，以保证学生有效地学习的一种教研活动。

2. 何谓集体备课?

备课分个人备课和集体备课两种。个人备课是教师个人专研学科课程标准和学科教材等，为课堂教学做好具体计划安排的一种教研活动。

"集体"即教师同伴，可以是同一学校同一学科的全体教师，也可以是同年级同学科的教师，还可以是学习协作体内的部分教师。

"课"既指常规教学中的学科内容，也可以是课堂教学中某些专题问题，还可以是校本教研中的"活动研究"方案的研究内容。

本课题所研究的集体备课的特定内涵是指由相同学科（初中语文）和相同年级的教师共同专研教材，解决教材的重点、难点和教学方法等问题的活动。它以学科教研组（初中语文）为单位，组织同年级、同学科的教师开展集体研读大纲和教材、分析学情、制定学科教学计划、分解备课任务、审定备课提纲、反馈教学实践信息等系列活动。

它是一种互动交流，是一种合作探究，是一种交替引领，是一种共同进步。通过集体备课，交流教学体会，探究教学策略，可以提高课堂教学效率，提升教师专业素养，促进教师专业成长。教师在集体备课中，可以凭借自己的经验和各自独特的表现形式，通过心灵的对接、意见的交换、思想的碰撞、合作的探讨，实现知识的共同拥有、个性的全面发展和专业的全面提升。

（二）关于教师专业发展

教师专业化发展是指教师作为专业人员，在专业思想、专业知识、专业能力等方面不断发展和完善的过程。

本课题所研究的教师专业化发展，其特定人群是金湾区初中语文教师；其专业为初中语文；其教师专业化发展内涵是指在处理教材及教学内容能力、运用教学方法和手段的能力、教学管理与组织能力、语言表达能力、教科研能力、教学机制、与学生交往的能力等方面不断发展和完善的过程。

本课题的教师专业化发展内涵侧重初中语文教材研究能力、运用教学方法和手段提高初中语文课堂教学效益的能力。

（三）关于强弱联动区域集体备课模式

1. 何为强？

指处理教材及教学内容能力、运用教学方法和手段的能力、教学管理与组织能力、语言表达能力、教科研能力、教学机制、与学生交往等方面的专业能力、专业水平较强的语文教师。

2. 何为弱？

指处理教材及教学内容能力、运用教学方法和手段的能力、教学管理与组织能力、语言表达能力、教科研能力、教学机制、与学生交往等方面的专业能力、专业水平较弱的语文教师。

3. 如何强弱联动？

首先确定好学科骨干为每次集备组活动的主讲人。规定每次活动前，人人都要提前做好准备。主讲教师应该先做充分备课准备，充分研讨课程标准、教材、学情，定好教案，做好主讲发言。其他教师要简单说明自己的备课情况，然后相互讨论，取长补短，达成共识。最后，个人必须针对所教班级的具体情况，对教案进行修改、补充和完善。

这样的集体备课研讨，以骨干老师带动后进老师，取长补短，集思广益，以点带面，共同进步。另外，还通过学校与学校结对、校内校外师徒结对等形式，以强带弱，充分发挥优秀资源的带动与辐射作用，力争达到共同成长、共同进步的可喜效果。

4. 何为强弱联动区域集体备课模式？

选定主备人（个人主备）——区域集体备课（形成主案）——主备人二次个性化备课（生成个性化特色教案）——课堂生成与演绎（集体观课）——反思与议课（集体评课）——辐射带动（观课老师以主备教案为蓝本，根据本班学生实际和个人风格，再备再上课）

二、明确理论依据

本课题研究主要理论依据是美国著名成人教育家诺尔茨的成人学习理论和美国斯坦福大学心理学家菲利普·辛巴杜的"破窗效应"理论。

（一）诺尔茨的成人学习理论

诺尔茨是美国著名成人教育家。诺尔茨认为："现代的成人教育，多有失败，皆起因于把成人当成孩子，把用于儿童教育的原理和技术用于成人教育。"[1] 他从成人学习和儿童学习差异的角度对成人学习特征进行了深刻的分析，依据人本主义观念，提出了成人学习理论。其主要观点有：

自我学习和自我成长。诺尔茨认为，当一个人成熟起来时，他的自我概念将从依赖型变为自我指导型。儿童向成人的转化点，在于意识到自己能够自我管理，具有了与成人不同的自我概念。因此，成人学习不应像儿童那样"要我学，教我学"，而应是"自我指导型"的学习和自我成长的促进。

以经验促学习和成长。成人可以逐步积累更多的经验、更丰富的学习资源。成人选择和参加什么样的学习计划，都是以其经验为背景的。成人的经验之丰富与多样，是儿童无法比拟的。把成人的经验作为学习的资源加以利用，就意味着对成人学习者人格的尊重，并能促进学习和成长。

以问题促进学习，促使成长。成人学习不是储备性的学习，而是应用性的学习。成人学习是以问题为中心，以问题促进学习，促其成长。

（二）利普·辛巴杜的"破窗效应"理论

"破窗效应"理论是美国斯坦福大学心理学家菲利普·辛巴杜于1969年进行的一项实验研究。他找来两辆一模一样的汽车，把其中的一辆停在加州帕洛阿尔托的中产阶级社区，而另一辆停在相对杂乱的纽约布朗克斯区。他把停在布朗克斯的那辆车车牌摘掉、顶篷打开，结果当天车就被偷走了。而放在帕洛阿尔托的那一辆，一个星期也无人理睬。后来，辛巴杜用锤子把那辆车的玻璃敲了个大洞。结果仅仅过了几个小时，车就不见了。这启示我们，环境秩序的好坏对人们的行为具有暗示性和诱导性。如果环境秩序良好，人们就会得到积极的暗示，遵章守纪，进而更好地维护社会秩序；如果环境秩序恶劣，人们就会得到消极的暗示，投机主义、违法乱纪行为盛行，社会秩

---

[1] 出自《中国成人教育》，2008年第12期，第113-114页。

序就会受到破坏。

目前我区之所以出现教师专业发展水平差距大，教学质量甚不均衡并与市区差距大等现状，追根溯源，也许与教师职业倦怠、不求上进、教学工作积极性差、教师专业发展水平滞后等问题不无关系，如不少教师评上高级职称后教学工作得过且过；四五十岁正值壮年的教师不肯挑重担，以老教师自居，不愿学习新的东西；年轻教师教学基本功不够扎实，过于自信，教学经验不足，又不肯向老教师学习；知识分子的清高自傲、教学教研的单打独斗等，没有形成良好的教学教研环境和氛围，才是造成我区目前落后现状的主要原因。而集体备课活动，正是给了教师们研究发展的平台、环境和氛围，让教师们在集体研究与学习探讨中提升课堂教学质量与自身专业素养水平。

著名哲学家尼采曾这样说过：①

通向智慧之路有三个必经阶段：一是合群时期，崇敬、顺从、仿效随便哪个比自己强的人。二是沙漠时期，束缚最牢固的时候。崇敬之心破碎了，自由的精神茁壮成长，一无牵挂，重估一切价值。三是创造时期，在否定的基础上重新肯定，但这肯定不是由于在我之上的某个权威，而仅仅是出于我自己，我就是命运。

尼采"通向智慧之路的三个必经阶段"之说，正符合我所研究探讨的课题研究路径，我正是基于此，研究探讨集体备课活动的模式。并通过它，让每一位老师都成功，每一节课都精彩。

还有两句话也深含哲理：

一句是俗语："鸡蛋从内部打破是生命，从外部打破是食物。"另一句是马云说的话："成功的人每时每刻都在分享有价值的信息，并把它传递给身边的朋友，你在他们身边会更有价值，更快成长。"

我认为这两句话也说得很有哲理，它精辟地说出了本课题研究的深厚内涵：

---

① 出自《尼采的心灵咒语》。

教师只有从内部打破，才能焕发教学生命的光彩。只有依靠团队平台，仰仗优质资源，才能更快成功，更快成长。

这两句话还有如此深远意义：要实现教育均衡，要提高教学质量，教师是关键！学科组建设是关键；而要建设优秀教师团队、优秀学科组，必须提高教师素质。教师素质要提高，推着他走走不远，必须要让他自觉走，自愿走，快乐走，才能走得快，走得远。而要达到此目的，需要营造良性环境，依靠集体力量，更要靠自身觉悟，也就是说要从内部打破，在灵魂深处唤醒，让发展、进步变成自身需要，改革才能成功、持久、高效。

最近微信里常传这么一个段子，虽浅俗，却蕴含哲理：

骑自行车，再努力，

也追不上路虎；

说明平台很重要！

男人，很优秀，

没有女人也生不了孩子！

说明合作很重要！

一个人，再有能力，

也干不过一群人。

说明团队很重要！

一个水桶再大，

装的水也永远比不上一口水井多。

说明渠道很重要！

第三节　重新定位师生角色与课堂地位

一、重新定位教师角色

要求参与研究的实验教师要从传统的教学管理者、传授者、解惑者、控制者、主导者、仲裁者、教书者、实施者和执行者，转变为新课程教学中的组织者、参与者、创新者、帮助者、引导者、促进者、研究者、开发者和决策者。建立民主、平等、和谐的新型师生关系，在课堂教学过程中，师生是平等的对话伙伴、合作伙伴和成长伴侣，在课堂教学过程中，教师应是学生智能与人格发展的合作者和塑造者。

二、重新定位学生角色

要求参与研究的教师重新定位学习角色，做到以学生为主体，想方设法让学生积极学习，主动学习，提高学习的积极性与自主性。

（一）学生是学习的主人

学生是学习的主人，这是课程标准理念下倡导的课堂教学过程中教师应有的理念。

学习，不仅是学生的一项基本任务，更应成为学生的内在需求。因此，倡导学生自主学习，培养和强化学生学习的自主意识，营造一种自主学习的氛围，让学生学会学习、并进而养成终生学习的能力，努力追求学生的可持续发展，应当成为我们教师的共识。

（二）学生是学习的发现者

布鲁纳认为，发现是学生学习的主要手段，学生掌握学科基本结构的最好方法。

他还指出，发现不只限于寻求人类尚未知晓的事物的行为，它包括用自己的头脑亲自获得知识的一切形式。学生所获得的知识，尽管都是人类已知晓的事物,但是,如果这些知识是依靠学生自己的力量引发出来的,那么对学生来说仍然是一种"发现",这些都说明了学生应是学习的发现者。

(三)学生是学习的实践者

学生是学习的主人,是学习的主体,必然是学习的实践者。

新课程强调学生要探究学习、实践学习。通过探究,使学习具有更强的问题性、实践性、参与性和开放性,使学生经历探究过程以获得理智能力发展和深层次的情感体验,建构知识,掌握解决问题的方法。

(四)学生应在合作学习中养成团队合作素质

孔子曰:"三人行,则必有我师焉。"

可见,合作学习是一种古老的教育教学观念和实践。它基于"两人智慧胜一人"这一哲学思想。

新课程改革强调教师是学生学习的合作者,这一说法的前提是学生也是合作者。

在日常生活中,许多问题并不是个体可以自动解决的,为了寻求最佳解决方案,就需要多向合作和交流。合作的过程是个体对独立学习的再认识、再提高,是对独立学习成果的反思、融化、应用。独立学习和合作交流交互作用,使学习者的学习状态呈螺旋上升。

三、重新确立教材地位,树立崭新的教材观

教材是使学生达到课程标准所规定的目标要求的内容载体。从本质上说,教材不仅仅是一种信息资源,更是学生直接作用的对象,是促进学生发展的工具和手段;是最规范、最具代表性的印刷材料,也是教师教和学生学最重要的媒介。

长期以来,受固定教材的影响,不少教师不管它好或不好,都是依书直教,教材写什么就教什么,缺乏深入钻研与立体联系,由此也造成了教师教科书素养的不足。

如何分析和评价教材的质量?如何选择最适合学校和学生使用的教材?如何根据教材内容进行创造性的备课和教学?教材内容如何选择和组织才更符合

国家课程标准的目标和要求，符合学生的学习需要，使之做到课堂上教师觉得"好教"，学生觉得"好学"，并能保证学生"学好"，从而促进其科学素养的主动全面发展？集体备课必须关注和研究这些话题，使教师领悟到教材是提供学生学习的范例，教材是促进学生学习方式转变的媒体，教材是促进学生科学价值观形成的催化剂，教材是引导学生进行自我反思与评价的载体。必须使广大教师深刻认识到，教材不再是教师教和学生学的唯一依据，而是一种课程资源，它为学生的学习提供了范例和素材，促进了学生学习方式的转变和科学素养的主动全面发展。从而要求教师转变传统的教材观，树立起新的教材观。即从"教本教材"向"学本教材"转变，从"唯一课程资源"向"重要课程资源"转变，从"教教材"向"用教材教"转变。

因此，教师必须借助集体备课这个平台，共同研究教材的评价标准，在实践中不断提高对教材的综合评价能力，从而创造性地使用教材，让教材在集体备课中发挥最大效益。

四、重新认识与定位备课与课堂

要完成备课活动的革命，必须重新认识与定位课堂与备课。

首先，教师在课堂教学中要实现从"教"到"学"的转变，关注和尊重每一个学生的主体地位，真正达到"教"与"学"的互动；提倡"以人为本"的教学，教师要尊重学生，建立平等互动的教学关系；要学会关怀学生，接近学生，学会体察学生心理反应，自觉拉近与学生的距离。多给学生以宽容、无私、热情与鼓励。只有这样，才能实现课程标准理念下课堂教学确定的目标和预期的效果。也只有这样，才能实现课程标准理念下对课堂教学模式的基本要求。

（一）减少教师讲课时间，增加学生自主学习和师生交流的时间。把课堂主动权交给学生，学生在教师的组织和引导下，快乐、主动、有效地进行学习，让学生真正自主地挖掘生命的潜能。

（二）要求做到"先学后教、当堂训练"。

这样做的基本指导思想就是让学生人人都会学，人人都肯学，人人都学好，全面体现学生在学习过程中的主体地位。

所谓"先学"，是指学生在课堂教学的开始阶段，按照教师所揭示的教学目标和要求，自己学习教材内容并尝试回答有关的问题。

所谓"后教"，是指教师针对学生在自学过程中暴露出来的问题进行适当的整理、评价并进行必要的补充。

所谓"当堂训练"，是指老师给学生留出一定的时间，让他们在课堂上独立完成本节课的作业。因此，从总体上来看，这一模式充分体现出了学生在学习活动中的主体地位，同时也恰到好处地注意到了教师对学生学习进行必要指导和补充，真正实现了学生主体和教师主导的双向互动和内在结合。

"先学"应包括揭示教学目标、自学前的指导、自学三个环节。

揭示教学目标，就是指教师要在学生自学之前让他们明确本节课的教学目标。这样不仅可以使学生能够从整体上感知本节课的学习任务和目的，而且可以在接下来的自学活动中做到方向明确，有的放矢，充分发挥学生学习的积极性和主动性。教学目标的陈述要力求简明扼要，层次清晰，并在广度和深度上与教材和课程标准的要求保持一致，既不降低，也不拔高。另外，教学目标不仅要包括知识技能方面的内容，还要有方法辅导、德育渗透、心理疏导等发展学生全面素质方面的要求。目标的表述要用外显的动词，最好转化为具体的问题。

在自学前的指导这一阶段，教师要让学生知道他们需要自学什么内容、怎样进行自学、可以用多长时间、最后要达到什么要求，等等。学习有了具体的范围和要求，而且有了规定的时间限制，这样可以使学生在学习时有一定的压力，增加学习的紧张程度，提高学生自学的效率。如果在自学时给学生提供具体的方法指导，长期坚持下去，还有利于学生掌握自学的方法，增强自学能力。学生自学前的指导一定要具体、明确，这样才能使学生在学习时心中有数，在自学的过程中增强针对性，提高学习的效率。

"后教"是教师在学生自学的基础上，结合他们学习中存在的问题和疑惑所进行有对性的教学活动。它的作用主要是对学生的自学进行一定的梳理和必要的纠正、补充，同时也是对学生自学的更高一层次的深化和提升，这对于提高学生学习的效果是极为关键的。

课堂教学必须精心策划优良的操作方法，启迪学生的精神世界，使其成为充满生命活力，具有健全人格、鲜明个性、创造智慧的人。备课应将以上理念作为指导思想，从教师教学个性和学生学习实情出发，深入钻研教材，合理采用教法学法，有的放矢，因材施教，科学设计最优化的教学或学习方案，努力使课堂教学效果达到最优化。

五、重新定位我区初中语文课堂教学的结构框架

通过集备研讨与探索，我们集备团队重新定位本区初中语文课堂教学的结构框架。它们对于规范课堂教学行为，提高课堂教学效益，起到了极大的推动作用。下面是三年来本课题集备探索的成果：

（一）预习准备：弄清课文体裁和作者（其人其文）；弄清生字词读音和意义；能用一句话整体概括课文意思；大体解决课后练习；记下未弄懂的主要问题。

（二）课前一诗（或一小故事、一小演讲均可）：古今中外诗词散文、小故事、小演讲，锻炼语文能力，积累语文素养。

（三）课前5分钟小测：预习检查；小组轮值出题，交换批改，小组当堂点评（小测内容：初一基础；初二阅读；初三综合）。

（四）新课学习

1. 个人疑难问题小组交流解决（边交流边评价；评价标准：从答案、表达两方面）。

2. 各小组提交疑难问题，指名另一小组解决；或把各小组不能解决的疑难问题投影屏幕，大家一起解决（交流、评价标准同上）。

3. 教师准备难题（就课文重点、难点设计、预防学生预习有遗漏），师生共同解决（交流、评价标准同上）。

4. 当堂测评：教师或学生准备题目；小组轮值出题（从知识点、能力点设题）；小组互换批改并点评；教师或学生点评。

（五）延伸拓展：教师设计与课文知识能力点相对应的题目或相关知识。

（六）课堂总结：学生用一句话概括：我这一节课学到了什么？教师用一句话概括：我们这一节课还能学到什么？

（七）作业（预习）布置。

（八）课后延伸：5分钟书法练习——抄写1遍课前一诗（选择一种字体）。提供1篇美文（建议提供名著必读书目或名家名文）——养成阅读好习惯。

六、加强学习，全面提升教师的专业素养

本人认为，最好的学习就是自我阅读。阅读，是最好的备课，也是全面提升教师专业素养的极好途径。

苏霍姆林斯基在《给教师的建议》里说得很好："书籍是学校中的学校，对一个教师而言，读书就是最好的备课。读书，每天不间断地读书，跟书籍结下终生的友谊，就是一种真正的备课。"[①] 而能备好课，是上好课的保障，也是教师专业素养的极好体现。

在书中，苏霍姆林斯基讲述了这样一个故事：

有一位有30年教龄的历史教师上了一节《苏联青年的道德理想》公开课，把听课的人都听得入了迷，课后邻校的一位老师请教他：您花了多少时间来准备这节课？不止一小时吧？那位历史老师说：对这节课，我准备了一辈子。而且，总的来说，对每一节课，我都是用终生时间来备课的。不过，对这个课题的直接准备，或者说现场准备，只用了大约15分钟。

这段话启开了一个窗口，使人既窥见了教育技巧的一些奥秘，也体现了教师专业素养养成的因由。

怎样进行这种备课呢？

苏氏认为：就是读书，每天不间断地读书，跟书籍结下终生的友谊。潺潺小溪，每日不断，注入思想的大河。读书不是为了应付明天的课，而是出自内心的需要和对知识的渴求。如果你想有更多的空闲时间，不至于把备课变成单调乏味的死抠教科书，那你就要读学术著作。在你所教的那门科学领域里，学

---

① 出自《陶行知教育名录》。

校教科书里包含的那点科学基础知识，对你来说只不过是入门的常识。在你的科学知识的大海里，你所教给学生的教科书里的那点基础知识，应当只是沧海一粟。①

一些优秀教师的教育技巧的提高，正是由于他们持之以恒地读书，不断地补充他们的知识的大海。如果一个教师在他刚参加教育工作的头几年里所具备的知识，与他要教给学生的最低限度知识的比例为 10∶1，那么到他有了 15 年至 20 年教龄的时候，这个比例就变为 10∶1，30∶1，50∶1。这一切都归功于读书。时间每过去一年，学校教科书这一滴水，在教师的知识海洋里就变得越来越小。这问题还不仅在于教师的理论知识在数量上的增长。数量可以转化为质量：衬托着学校教科书的背景越宽广，犹如强大的光流照射下的一点小光束，那么为教育技巧打下基础的职业质量的提高就越明显，教师在课堂上讲解教材（叙述、演讲）时就能更加自如地分配自己的注意。②

因此苏霍姆林斯基建议教师要建立起自己的藏书，使之成为自己的老师，每天去向它们请教。那么，"每过一年，你的科学知识都变得更丰富"。工作若干年以后，"教科书在你眼里看来就浅易得像识字课本一样了"③。正是在这个意义上，我们说，教师的每一节课都是用终生的时间来准备的。反思我们的教师备课是不是就是在抄写，是否把备课变成单调乏味的死抠教科书，衬托着学校教科书的背景有多宽广，我们能否用 15 分钟现场准备一堂高质量的课？如果能，我们还愁时间哪里来吗？我们到有了 15 年至 20 年教龄的时候，知识比例是否也在递增呢？

所以，我们要打破时空限制，树立大备课观，读经典名著，读报纸杂志，读名师课堂实录，读专家思想。每月要求教师读一本书，每年为教师订一份杂志，每次集体备课要研读名师课堂实录，来增加我们的储备，托宽我们的知识背景，启迪我们的智慧，提高我们的教育技巧，这样，我们就能在课堂上游刃有余。

---

① 《给教师的建议》，第 7 页。
② 《给教师的建议》，第 8 页。
③ 《给教师的建议》，第 96 页。

第四节　重新定位集体备课的意义与使命

一、为何要开展集体备课活动？

在新课程改革实施的今天，课程标准的许多新理念、新思维、新动向、新内容、新问题，新方法，需要我们去思考、去研讨、去探索、去交流。集体备课恰恰能提供这样一个让每位教师都能从容应对新课程的合作平台，通过大家的共同探讨，相互补充，使新课程理念转化为科学而有效的教学方法，具体而合理地落实措施，将新课程理念落实到课堂教学实践中。

二、明确集体备课的意义与使命

（一）为教师的交流、互动、共同提高、共同发展提供舞台。

（二）让教师凭借自己的教学经验和课堂教学的表现形式，实现教学个性的全面发展。

（三）提供一个让每位教师都能共同探讨、相互补充、从容应对新课程的合作平台。

（四）有效的集体备课模式可以提高课堂教学效率、优化教师群体素质；可以实现经验共享、优势互补、潜能开发、智慧生成；可以促使教师主动工作、高效工作，全面提高教学质量。

（五）在集体备课活动中，别人的信息可以为自己所吸收，自己的经验可以被别人所学习，不同的意识在集体研讨活动中相互同化，每个人的看法都进行了改造和重组，每个人都获得了新意义的"学习共同体"。

（六）在新课程理念下的集体备课活动不但能对新课程的实施起到积极的推动作用，还有利于培养教师养成良好的个案思维品质；有利于培养教师形成良好的集体合作意识；有利于教师理论与实践相互结合的共同探讨；有利于对课标、教材的整体正确理解；有利于学科整合；有利于调动教师积极主动地投入到课改实践中来。

（七）集体备课若能建立区级或校级的学科或多学科平台，则能提供个人备课、集体备课、网络硬盘、教案积累、教案评选、检查、推荐等教案管理功能，同时也将提供丰富的教学案例、备课模版、教学素材等辅助功能，极大地方便学校或区域开展网络环境下的集体备课。

（八）利用集体备课平台的教师还可以在线备课，所有教案将被默认为共享状态，轻松构建学校特色的教案库。每个人也将可以对教案库中的教案进行推荐、收藏、评论、复备等，方便教师之间的资源共享和教学交流。

（九）集体备课平台还能保留教师个备过程中的修改痕迹，可以区别每位教师在集体备课中的个人状态，基本能解决集体备课流于形式的问题。

（十）利用集体备课平台开展集体备课活动，还可以将个人智慧转化为集体优势，既能保证教学进度的统一，也能保障教学质量的整体提高。

因此，辐射式区域强弱联动集体备课活动为本区初中语文教师的交流、互动与共同提高、共同发展提供了极好的舞台。

三、保障集体备课质量的有效策略

（一）坚持三个原则

1. 统一性原则

集体备课的实质是同步教学，在课堂教学的具体实施过程中，教学目标、教学进度、作业训练、资料使用、检测评估等必须统一，特别是教学进度和目标检测，一旦失去了统一，就不能在集体讨论中获得正确的信息，及时矫正教学实践中出现的问题。

2. 超前性原则

分配撰写备课提纲的任务和提供备课提纲要有一定的超前性，任课教师的提纲与准备任务在制定学期教学计划时一并分配，便于教师早做准备，提前收集资料，钻研大纲和教材。备课提纲、主备教案的讨论一般要超前一周。

3. 完整性原则

划定备课任务应考虑到教材内容的内在联系，保持其内容的完整性。一般依据教材的单元或章节来划分比较合适，切忌人为地将教材割裂开来。

（二）处理好三个关系

1. 正确处理好个人钻研与集体讨论的关系

集体备课，不仅仅是集中讨论，一般是采取集中讨论与个人钻研相结合的形式。如果仅仅依靠听中心发言人的说课，讨论是不能成功的。要发动全组成员认真钻研大纲和教材，讨论的时候才可能各抒己见，百花齐放。所以，个人钻研是前提。这大概与"功夫在诗外"是一样的道理。集中讨论时，组长要善于引导，把大家的积极性都调动起来。还要善于总结，概括大家的长处，指导中心发言人整理备课提纲。

2. 正确处理好备课与试讲的关系

备课是讲课的基础，讲课以备课提纲为指导。集体备课之后，由一人或几人进行试教，每次教后要及时组织评课。执教者发挥自己的特长，上出自己的风格。备的内容要统一，教的风格可以百花齐放，教的方法可以各有不同。概括地说，就是备课要统一，上课在不离开备课提纲的情况下，可以百花齐放。千万不能出现"千人一面"的局面。

3. 正确处理好骨干领路与培养新教师的关系

集体备课的中心发言人一般挑选学科骨干。一来有把握；二来组长也省心。备课是贯穿于每学期的全过程，从培养新教师的角度出发，也应给新教师压压担子，让新教师来当"中心发言人"，同时采取"青蓝结对"的方法，然后逐步放手，这样可以一举数得。

（三）明确参加集体备课的教师必须具备的三个素质

1. 团结合作的素质。

2. 学科专业素质。

3. 职业道德素质。

四、明确集体备课的内容与要求

（一）备课标

课标不仅是实施课程的标准，也是我们组织课堂教学，确保教学有效之基本准则。课前应该依据学段课标要求，尽可能将它分解成可操作、可检测、可达成的具体教学目标。这样，有了具体目标而且紧紧围绕这样的目标组织教学，才可能使课堂教学有效、高效。那种无目的、随意性的教学只能带来低效甚至无效。

（二）备教材

教材，顾名思义，是我们组织教学的主要材料。也许不是尽善尽美，但其权威性与不可替代性毋庸置疑。因此，课前认真研读教材非常重要，同时还要适当拓展与教材有关的知识，绝不能仅仅局限于教材。只有这样，你的课堂教学才可能游刃有余，变得日益丰满与厚实。

（三）备教法和学法

根据教学内容，结合学生认知特点，精心设计教法和学法。用什么教法将重点突出，将难点突破。用什么学法适合学生学情。不同的教法和学法，不同的手段，其实际效果自然不同。对此，每一位教师都有很深的体会。无须赘述。因此，课前研究教法和学法非常重要。针对本课内容究竟采用怎样的方法比较有效，这都应该成为课前思考的主要内容之一。

（四）备问题

有人说，提出问题常常比解决问题更重要。一个有价值或设计巧妙的问题往往能激发学生思考的欲望与探究的冲动。这就要求教师在备课时要针对本课内容精心设计问题，切忌随意。

（五）备学生

深入了解学生的学情，了解学生知识、能力、素养、学习习惯等情况，对症下药，采取富有针对性的教法或学法，使课堂教学富有针对性。

（六）备教学过程

备各个教学环节，备各个教学环节的衔接，备各个环节教学时间的把握、教学重难点的突破，备教学机智、备教学细节等。

（七）备课堂训练检测

面对有限的课堂时间，每一节课不能缺少的一个环节就是当堂反馈训练。训练检测的设计应具有针对性、层次性，做到面向全体与因材施教有机结合。

（八）备板书设计

板书设计必须重点突出，条理分明。简明扼要，科学规范。书写工整无错误。

（九）备课堂小结

精当简洁的课堂小结不仅能起到画龙点睛的作用，而且能有醍醐灌顶之效。有时寥寥数语，就能拨开迷雾。遗憾的是很多教师备课时忽略了对课堂教学小结的精雕细琢，使得原本更完美的课堂变得稍稍遗憾与不足。其实际效果也大打折扣。

（十）备作业设计

学以致用，巩固消化。学习的主要目的就是用所学知识解决实际问题。面对浩如烟海的试题习题，教师如果不加选择，信手拈来，恐怕达不到最佳效果。因此，在备课时教师务必精挑细选，针对不同层次的学生精心编制相关作业设计，追求典型性与实效性的统一，力争举一反三，事半功倍。

如果每次开展集体备课活动都能围绕以上几点扎扎实实开展工作，积极主动将各自的智慧贡献出来，就一定会产生出意想不到的效果。

五、确定集体备课的组织形式和组织要求

（一）组织形式：集体备课的组织形式一般按年级分学科进行，学校同年级同学科教师如果超过两人，就可以组织校内集体备课。现推行区内强弱学校联动，以集中研讨或网络平台形式，通过优秀教师、优质资源等辐射带动较弱学校进步发展，培养更多教师专业发展提高。

（二）组织要求："四定""五统一"

所谓"四定"就是：

1. 定时间：各备课组要根据活动计划，具体安排好活动时间。在课程安排允许的情况下，每周每学科安排一个上午或下午进行集体备课活动。

2. 定主题：每次备课组集体活动应确定一个研讨主题。结束后，应拟定下一次讨论主题。以令活动有重点有成果。

3. 定教法学法：集体研讨确定每节课的教法学法。参加研讨人员应认真讨论并制定适合本班级学生情况的教法学法，使教有效益，学生乐学会学。

4. 定主讲人：确定好每次备课组活动的主讲人。每次活动前，人人都要提前做好准备。主讲教师应该先做充分备课准备，充分研讨课程标准、教材、学情，定好教案，做好主讲发言。其他教师要简单说明自己的备课情况，然后相互讨论，取长补短，达成共识。最后，个人必须针对所教班级的具体情况，对教案进行修改、补充、完善。

所谓"五统一"就是：

各备课组要确保本组内各教师在教学过程中的五统一，即统一进度、统一要求、统一内容、统一作业、统一考查。

六、确定集体备课活动开展的流程与模式

选定主备人（个人主备）——区域集体备课（形成主案）——主备人二次个性化备课（生成个性化特色教案）——课堂生成与演绎（集体观课）——反思与议课（集体评课）——辐射带动（观课老师以主备教案为蓝本，根据本班学生实际和个人风格，再备再上课）（详尽内容见上文）。

七、加强集备团队合作素质的培养，确保集备活动高效开展

本课题研究要成功，每一个参与课题实验的教师的团队合作素质都非常重要。

随着素质教育继续向纵深推广等形势发展的需要，团体合作素质已上升到作为一个国家凝聚力的高度而引起国人的重视。养成团队合作素质，是国家教育的需要，也是一个教师最基本的素养。

21世纪的教育，越来越趋向于课程综合，资源共享。课程之间的纵横联系越来越广，越来越深，而教师不可能总是"一肩担全职"。这就需要教师具备团体合作精神，胸怀全体，放眼全局。通过合作，了解课程的纵横联系，通过合作，了解学生的"过去，现在"，"在家，在校"，"爱好，特长"等各方面情况。没有合作，无法全方位了解；而没有全方位了解，就不可能有的放矢、对症下药，多角度、全方位地教育、鼓励学生，误人子弟的现象也就

不可避免。

教师具有团队合作精神，这不仅是教育学生的需要，也是资源共享，师生减负的共同需要。学生要减负，教师之间必须合作。若每个教师都努力让学生在课堂内消化知识，形成能力。这样，教师之间互相配合，共同合作，学生减负就有了希望。教师要减负，方法之一就是资源共享。比如智慧共享——你想到了一个育人或讲课的好办法，拿出来，共享！课件、教案，教法共享！差生合作辅导：科任老师你帮扶一个，他帮扶一个，这就大大减轻了班主任的负担，一个班的优良班风就容易因此形成。教师减负也就指日可待。但教育界长期以来科目之间"分割"太过分明，太过零碎，以致学生的综合能力差，科学视野狭隘；教师之间"孤军作战"或者互相提防、互相嫉妒甚至互相拆台之陋习积习久远……所有这些，都不利于推行素质教育，都不适应21世纪国际教育的新形势，也不利于集备课题研究。要改变这些，当务之急，教师必须迅速养成合作素质。

如何养成合作素质？

一是必须更新观念。毫不夸张地说，语文教学的改革，归根结底是语文教学思想的改革，是教学观念的更新。有些教师思想陈旧，观念保守，十几年坐守一隅，如井底之蛙，还"夜郎自大"，缺乏团体合作精神。要改变这些现象，必须自觉学习《公民道德建设实施纲要》，学习素质教育的有关文件……有了这些指路明灯，师德师风的根本扭转就有了希望，我们的教育也就有了成功的保障。

二是是加强文化素养。俗话说，打铁需得自身硬！中小学教师须有过硬本领，必须时时更新知识，才能教好学生，才能适应二十一世纪教改新形势。关于文化素养，过去教育界的口号是："要给学生一滴水，老师须有一桶水。"而今天则是："要给学生一滴水，老师须有多桶水。"教育形势在迅猛发展，但有些教师不仅观念陈旧，而且知识陈旧，见识浅显，各科综合知识狭窄，以致开展教学无法得心应手，也没法与其他科目或老师沟通合作，美其名曰毫无兴趣，不如干脆说一窍不通！21世纪的教育是终身教育，21世纪是教学信息化的时代，知识若不及时更新，随时会有落伍之虞。作为21世纪教育的实施者，中小学教师必须及时"充电"，时时"充电"。只有虚心学习，努力学习，终身学习，才能不落后于学生，不落后于教育形势，才能在教学教育领域里"跃马横枪，挥洒自如"。

三是加强交际能力。交际是现代社会沟通、合作的主要内容和形式，是现代社会发展的需要，也是现代人必备的一大自身素质。现在的学生"见"多而"识"不广，身体发育早熟而心智发育不成熟（却偏装作成熟），而有些家长却过分溺爱、偏袒孩子，加上社会上游戏机、黄色书籍泛滥成灾……这都给德育工作带来了许多难题。这就要求广大中小学教师发扬团队合作精神，发挥交际的魅力，以文明、合作的态度，加强学校、家庭、社会等多方面的联系、全方位合作，全方位教育。团结教师，礼遇家长，争取社会或舆论的支持和帮助。共同把学生教好，把教学工作做好。

四是具备综合能力。许多事实证明，一个人具备的能力越多，对国家，对团体的贡献就越大，与人合作的成功率就越高。而对于有特长的人，人们总有一种崇拜的倾向，尤其中小学生。能"露一手"便很能赢得他们单纯的崇拜。因此，要走进学生心里，与他们真正融为一体，教师必须"有一手"或"有几手"。要知道一个教师的综合能力越高，本事越大，师德越高尚，赢得学生崇拜的砝码就越多，教育效果就会越加显著。

有些人害怕合作会降低自己的身份，尤其领导干部，不能听取群众意见，不愿吸取群众智慧，因而不同程度地妨碍了集体的前途发展。而有些教师也不大愿意与领导合作，美其名曰："不在其位，不谋其政。"因而采取"事不关己，高高挂起"的态度。其弊端是愈加放纵自己目无集体的劣根性。还有很多老师对学生放不下架子，总爱以高人一等的姿态教训学生，总爱高挂着"师道尊严"的牌子。久而久之，师生有了隔膜，教育效果往往只能事倍功半。

怎样才能养成团队合作精神，尤其我们普通的初中语文教师？有一个故事，仿佛是专门为我们而准备的：某世界知名的跨国公司原来只是一家名不见经传的小公司，后来，此公司老板出了一条公告：谁给公司提意见并被公司采纳者给予重奖。公告一出，群情激昂，员工纷纷献计献策。公司不多久便飞速发展，不几年便成为国际知名企业。所以说，一个团体，若它的成员都具备团队合作精神，这个团体就会无往而不胜。

还有一个故事，说的是一国际知名的大石油公司的一个小职员，无论什么场会，什么情况下，都自觉地替公司宣传产品，如他与人通信、写账单，便在信头上、账单上写道：本公司石油每升 5 美分！十几年如一日从未中断。这事让他们的董事长知道了，第二天便与他共进晚餐……后来这个小职员接任了董事长的职位。这个小职员胸怀集体的团队合作精神终于得到了报偿。

作为一个普通的教师，如何学会与人合作？请尝试以下几种做法：

（一）仰起头，与领导合作

我们虽只是一个普通的教师，但大多都是爱学校爱集体的，但是很多人都只是爱在心坎里，很少直接参与学校的管理和建设。今天已踏入 21 世纪，"再不能埋头拉车，不问政治"了。抬起你高贵的头，仰起你富有尊严的脸，以主人翁的姿态关心你级组、科组和学校的发展，参与级组、科组和学校的管理，让级组、科组、学校、课题研究团体都因为有了您的参与而变得更加充满活力。

（二）伸出手，与同事合作，与团队合作

俗话说：三个臭皮匠顶个诸葛亮。老百姓说：众人是圣人。众人拾柴火焰高。毛泽东说：群众是推动历史前进的真正英雄。我们每个教师都要紧紧依靠群体，依靠团队，充分发挥自己以及团队的智慧。大到一个教改课题的研究，小到一个学生的转变提高，都必须发挥和依靠团队合作精神。伸出你热情友好的手，以平等之心待人，精诚所至，没有什么合作是不可以成功的。

（三）蹲下身子，与学生合作

学生是未来的主人，是祖国的明天，教育好学生责任重大，意义深远。而有的老师对学生盛气凌人，居高临下，以为学生只是个一无所知的幼稚小孩，可以任意斥之训之，让学生敬之远之。其教育效果令人担忧。陶行知说："谁要把小孩当小孩看，自己就不如小孩。"一位教育家也这样说。当学生知道是在说教他的时候，这样的教育往往是失败的。是啊，小孩子与大人同享一片蓝天，他们的天地只是大人的天地的雏形。我们作为教师必须放下架子，建立互尊互爱的新型师生关系。"互尊"是让学生把教师当成可敬可爱、可圈可点、有血有肉，可以互相探讨的人，不是说一不二的神圣化角色。"互尊"才能让学生从一个无论何时何地都是被"传道"、被"授业"、被"解惑"的角色，变为有主观能动性、有独立"启疑"能力的人。使学生坚信"吾爱吾师，吾尤爱真理"；让教师尊重他们，用爱心换取他们的信心，以平等的心态去看待他们，关心他们……如此蹲下身来教育学生，学生没有不接受，不转变，不提高的。

一个和尚挑水喝，两个和尚抬水喝，三个和尚没水喝……让我们一起来改写这个古老的故事吧，愿咱们的初中语文教师都早日养成团队合作素质，愿我们的团队都早日养成团队合作精神。

八、学会"吃透"教材，确保集备"磨课"成功

一堂课能否圆满成功，有经验的教师都知道，吃透教材是最起码的保证，吃透教材也是集备磨课的成功保障。

但如何才算"吃透"？如何"吃"才能"透"，下面简要谈谈本集备团队在钻研教材方面的一点做法。

（一）吃透大纲，注重纵横联系

教学大纲是贯彻教育方针，实现培养目标的根本保证。它规定了教学目的、教学要求和基本技能训练等内容，阐述了教材的编排体系和教学指导思想，指示了基本的教学方法。教学大纲是编写教材的依据，是教师进行教学工作的依据，也是评估学生学习成绩的依据。因此，教师必须认真钻研和熟练掌握教学大纲，并严格按照教学大纲的要求进行教学，才能保证教学质量。

吃透大纲，还必须重视大纲在编排教学内容和教学要求方面的纵向联系和横向联系。

所谓纵向联系，指的是各个阶段，各个年级以至各个单元的教学要求、教学内容之间的联系。它有一个显著特点：具有阶段性和连续性。阶段性，就是实现每个阶段、每个年级、每个单元的具体教学要求，最终达到大纲规定的总的教学目的要求；连续性，就是低一级的教学为高一级打好学习基础，高一级的内容和要求又是低一级内容和要求的延伸和提高。举几个例子来说，

比如低、中、高三个阶段都要进行听话和说话教学，但每个阶段的教学要求都不同：低年级能听明白别人说的一段话和一件简单的事，养成认真听话的习惯；能说一段完整、连贯的话，口述一件简单的事。中年级能听懂程度适合的讲话和少年儿童广播，理解内容：能清楚明白地口述一件事，讨论问题能说清楚自己的意思。高年级能听懂别人的讲话，理解主要内容：能口述见闻，能当众做简短的发言。各阶段的内容和要求既具有独立性，又互为基础，互有联系。

我们要吃透大纲，就要掌握大纲在教学要求和教学内容方面的纵向联系，钻研教材时，既要把握住初中语文教学总的目的要求，又要了解所教年级的具体教学要求；既要了解全套教材的内容和编排体系，又要掌握所教年级的重点和特点；而且要注意分析所教年级内容教学要求，在实现总目的要求中的作用及与相邻年级内容，要求之间的具体联系。这样钻研教材，才能做到胸有全局，使教学具有明确的目的和较高的效益，学生的语文能力也因之能更好地形成和发展。同时，我们还必须重视大纲在内容和要求上的横向联系。

所谓横向联系，是指初中学语文各项教学内容和要求之间的联系。初中语文教学包括多项教学内容，如字词句段篇、听说读写等，还包括语文和其他学科以及学生各方面生活实践的联系，一堂课不可能同时教这么多内容，进行这么多项训练，但这些内容和训练又是互相影响、互相制约或互相促进的。我们若要让学生的语文知识学得更加扎实，语文能力得到更快提高，就必须重视语文教学各项内容和要求之间的横向联系，在处理众多的教学内容和训练要求时，先确定它的重点和中心，然后把各项不同的教学内容有机地配合起来。比如：在课外开展读书、朗读讲故事、办小报等活动，能促进课内学习，提高学习的自觉性，促进听、说、读、写能力的提高，听说读写能力的提高又增强表达能力、理解能力的发展。重视横向发展，能促进学生语文能力的协调发展和德智体美劳诸方面的全面发展。

（二）吃透教材，注重因材施教

吃透了大纲，明确了教学的大方向，就必须考虑在每篇课文，每节课程的具体教学过程中，如何根据学生的实际，根据教材的特点，因材施教。在教法上废止注入式，提倡启发式。

要达到上述目标，必须做到：

1. 深入调查，充分了解学生的实际。然后根据学生的实际确定教学的重点和难点，深度和广度。

2. 把学生当作学习的主体，充分调动学生学习的积极性和主动性，启发学生自己思考和实践，自觉地去掌握知识，训练能力，发展智力，逐步达到"用不着教"的目标。

3. 把提高学生学习的积极性作为提高教学效果的决定因素。诱导学生积极学习，引导学生生动活泼地学习，知道学生按科学的方法学习，充分发挥学生的作用，达到教和学的有机统一。

4. 教师在教学过程中的讲解和提问要适合学生的年龄特点，适应学生的接受、理解能力，要富于启发性，要适合教材的特点，使学生愿意，能够并乐于积极思考，独立探索。

5. 教师要想方设法鼓励学生努力提出不同的见解和问题，通过引导和讨论，真正在认识上得到统一和提高。

6. 要加强师生间的交流，及时掌握反馈的信息，不断深入了解学生的实际，不断改进指导的内容，步骤和方法。

（三）文以载道，注重教书育人

《全日制初中语文教学大纲》明确规定："初中语文是基础教育中的一门重要学科，不仅具有工具性，而且有很强的思想性。"大纲这样阐述，充分强调了：学生要德、智、体、美、劳全面发展，成为有理想、有道德、有文化、有纪律的新一代接班人，提高科学文化素质固然重要，提高思想道德素质更加重要。因此语文教学要寓思想教育于语言文字训练之中、要在培养学生听说读写能力的过程中，注重思想内容与语言文字的内在联系。在教学中使学生认识祖国山河壮丽，人民勤劳勇敢，语言文字优美……从而激发他们热爱祖国，热爱人民，热爱祖国语言文字的情感；使学生了解革命领袖，千千万万共产党人和人民群众在革命和建设事业中做出的贡献，培养学生热爱中国共产党的思想感情……总之，进行思想教育是语文教学的一项重要任务，语文教师要用多种形式，多种方法，把思想教育生动地、深刻地寓于语言文字训练中，坚持文以载道，努力做到既教书，又育人。

第五节　他山之石，可以攻玉

为了更为深入研究、探索、实践、达成本课题的目标与理念，更好吸收其他地方的经验与做法，本课题组多次带领集备团队到江苏洋思中学、中山坦洲实验中学、珠海市文园中学、紫荆中学、九洲中学广东省四会市城东中学、广东省清远市清新区禾云初级中学、山塘初级中学等名校取经学习，吸收学习他们的先进经验，不断完善改进课题研究的模式和方法，取得了良好的效果。

下面是从珠海市文园中学、中山坦洲实验中学跟岗语文老师的学习体会中，摘选的关于集体备课方面的一些收获：

文园中学跟岗学习体会（金培忠）（节选）

文园中学跟岗一周，通过听课交流、伙伴互助、集体研修，增进了了解、增长了见识。

来自高栏港区、斗门、金湾的四位跟岗老师通过听课评课，集体研讨等形式，集思广益，共同发展。

——集体备课。我们分两组分别对《罗布泊，消逝的仙湖》《大雁归来》两课进行集体备课。我和来自平沙二中的陈友贤老师分在一组，我们的课题是《大雁归来》。我们根据自读课文的特点，梳理章内容、理清层次、确定授课重难点、初步整理出授课课件。

之前课件内容较多，经过反复研讨，删掉整合了一些环节。如删掉了"快速跳读课文，找出描写大雁声音的句子。谈谈自己的感受（感受、也可想象、联想）"。一则是前后的教学都涉及大雁的声音；再则担心时间不够。将"走近大雁　朗读悟情"与"品味语言　领悟真情"两个环节整合为"朗读品味体悟情感"，希望通过朗读带动对描写段落及重点句子的理解品味，并体悟出作者对大雁的喜爱之情。板书设计拟定为：语言特点（生动、形象、有趣）——手法（比喻、拟人、对比、生动的词语）——失去的东西（善性、友情、亲情、联合的观念、野性的诗意）——主题（珍爱野生动物、保护野生动物）。比较看中品味句子环节，期待学生能有精彩的表现。

——听课评课。跟岗老师们展现出不同的教学风格，吴新章老师沉稳老练、陈卓胜老师青春活泼、陈友贤老师简练干脆。吴老师上课很用心，课前还拍了13班很多同学的照片，拉近了与同学们之间的距离，吸引了同学们的兴趣。老师从课文题目的挖掘出发，引导同学们运用圈点勾画的方法找出罗布泊过去到现在的状况，并分析直接原因及根本原因，进而呼吁人们保护大自然。吴老师还从语言分析入手归纳出报告文学真实性、生动性、抒情性的特点，整个课堂思路明晰、条理清楚。自己呢，尽管也有一些可取之处，但总有很多遗憾，如"朗读品味、体悟情感"尤其是品味句子方面差强人意，总是期盼课堂上充满读书声，希望通过朗读句子入情，但同学们似乎对朗读并不感兴趣，更谈不上入情，在朗读操作上也是力不从心，让学生自由朗读、分组讨论，同学们很勉强。看来在调动方面需要因人而异。另外，板书也不完整。陈友贤老师在品味环节上就比较出彩，充分调动了学生的积极性，学生发言踊跃，品味也很到位。

——集体研讨。我们进行了多次集体研讨，得到了许多收益。如针对"托物言志""借景抒情""托物寓意""象征"手法进行比较研讨，大家纷纷发表自己的观点和认识，尽管不太全面，但了解了这几种手法的基本区别。还有关于语法教学的研讨。到底是穿插在课堂上进行，还是单独利用课时专门教学？语法知识在教材编排上不够集中，一直被淡化，但在语言运用方面又绕不过去这个坎。因此，有些语法还是要专门教。作文教学如何进行，也是困扰许多语文老师的问题，方老师试着将作文训练与教材联系，尽量做到序列化，这样的尝试很有意义。集体研讨究其本身就是一个共同成长的过程。

中山坦洲实验中学集备经验学习心得体会摘录：

心得体会一（三灶中学 王栩宁）：

中山坦洲实验中学学习心得

在参与蹲点学习前，我一直在思考自己备课组长工作的不足——没有发挥集体备课的作用，往往自己承担了过多任务而吃力不讨好。在得知中山市坦洲实验中学教学管理严谨，成绩突飞猛进后，我对着一次学习充满了期待。

下面谨谈谈我的一些收获：

一、校风严谨，以常规为常

接待我们的俞极目校长十分谦虚，连说学校"没有特色，只是把常规变常"。但经过几天的学习观察，才知道这不是谦虚，"把工作落到实处"正是校长自豪的地方。

俞极目校长抓大放细，管理严格。给出了基本的理念，但具体操作交给老师落实。坦洲实验中学的教学理念是"读，讲，练，评"——一如俞校长所言。

针对学校生源较差的问题，校长提出了"小步子，低坡度，快反馈"的教学要求：每节课的内容可以少一点，保证学生及格；适当降低难度，作业分层次；布置的作业收上来后马上改分，下节课讲评。

这些都是常规教学的内容，也是扎扎实实出成绩的措施。我们一直学习不同地区不同学校的教学方法，他们能取得成功，自然有过人之处。但回过头来，最基础，最常规的内容其实才是让学生学有所得的保证，这值得我们深思。

二、积极进取，锐意争先

每个老师在三年里至少上一节全校公开课，因为是关乎尊严的大事，所以老师们很重视，往往第一个星期备课，第二个星期借班磨课，第三个星期才正式展示，这也是备课组集体参与的重要活动。

每年全体老师（包括初一初二）都要根据5年中考考题进行研考题，分版块深入分析题型、得分点，在10月上交校长，然后校长请专家点评，评奖（奖金100元及奖状）。去年的底稿，今年可以修改继续用——有些老师针对某个题型能写二三十页的PPT。

为了保证学生名著阅读的效果，坦中老师一方面在报告厅面对全体学生开"名著大讲堂"讲座，指导学生进行阅读；另一方面严格要求学生在名著上写好批注、用笔记本写读书笔记。

贯彻了"以学生为主体，老师为主导"的新课标教学理念。

严格的管理会不会让学校师生失去活力？坦洲实验中学给了我们一个明确的答复，走进办公室，每一位老师都在忙碌，却也充满着干劲。学校操场上竖满了英雄榜，不仅有优秀教师、学生的内容，还有学习小组、优秀家长等相关介绍。这是一所让每一位师生打心底里自豪的学校。

三、管科备课，分工具体

科组长在学期初拟定三年的工作计划，交给备课组长具体分工落实，然后通过考试验收。

备课组长根据科组长要求，制订学期工作计划，把任务分给各个老师，通过集体备课，每周常规检查（作业、教案等）验收。

例如，科组长布置下个学期要完成"说明文阅读训练"，备课组长在本学期备课组会上就要明确分工下一学期哪一周、哪个老师负责备课这一板块。然后到了该学期前一周集体备课会上，主备人展示自己的相关课件、测验题，集体讨论通过后共享。科组长则根据考试成绩判断备课组是否完成任务。

备课组分工明确，任务布置细致周到，每周的工作包括假期都有具体要求，每篇课文需要几个课时都有明确规范。从课文到名著到专题版块，每个老师都有自己负责的版块，主备人、主评人、记录员都有分工。需要做什么，怎么做，讨论清楚，分工明细，一目了然。

我特地带回去一份《2012 学年八年级上备课分工安排，期中、期末、指导思想》电子文档，单是一张表格就让我受益匪浅。据说，这张工作安排表由上一任备课组长留下来，然后大家不断修改，分工更细更明确——这正是解决备课组工作组织难题的钥匙。

"我们牵手春天，走向希望的绿洲。"坦洲实验中学并没有为我们指出一条标新立异的"特色"教学新路，却给我们留下了一个个切切实实的前进的脚印。这次学习，我收获良多。

心得体会二（红旗中学　黎娜琼）：

"坦实"之行的收获

我有幸参加了到中山市坦洲实验中学蹲点学习的活动，为该校扎实的教育教学做法所震撼，下面就对我在"坦实"期间所了解到的一些情况做整理汇报。

一、研题

放假前教导处发通知给老师们，列明具体要求，大家根据各科特点做好课件上交到校长邮箱，由校长打分评价。如语文科要关注近几年省统考的试题，古文考什么，现代文阅读是哪一类文体，题型怎样，名著考哪篇，作文写什么等等。预设今年各版块会考什么？要采取什么方法来复习。研题要求所有老师都参与做作业，不只是毕业班的老师的事。

二、磨课

每年级每个科组每学期要上校级公开课一至两节。要求在备课组先借班上课接着评课，后修改再上，直到同集备组的老师认为差不多了才拿出来展示，该校老师人人把上校级公开课当作市级省级的赛课来对待，反复磨课，对每个教师提高业务能力起到很重要的帮助作用。

三、关于初一与小学的衔接

就拿语文科来说，开学初纠正学生朗读习惯，教学生怎样预习：读熟课文，动手查字典解决生字词，然后要求逐渐提高，要读懂课文，知道课文写什么，再把中考的知识点渗入教学中，如赏析句子、作批注、文章结构、写作手法等。

四、关于复习

不论初二还是初三，都要制定复习计划，详细明确每个版块的内容，在哪一天做什么练习，教师之间分工合作，大家一起动手做课件、出测试题，资源共享，步调一致。该校所订的复习资料跟我们的差不多，资料发给学生时一定要把答案撕下来，有些重要的知识版块的练习题，必须在课堂上做然后批改，再讲评。这方面千万别贪多，一天或几天复习一个知识点，务必让学生全体过关。

中山市坦洲实验中学狠抓教学常规，一步一个脚印，教学效果显著，近几年中考成绩名列全市前三名，特别是语文科综合分排列第三。这是一所有追求有作为的学校，是我们大家学习的楷模。

心得体会三（金湾区教育科研培训中心　汤凤珍）：

坦洲镇实验中学教学管理经验总结报告

到中山市坦洲镇实验中学跟岗学习五天，收获很大。现将坦洲镇实验中学一些值得我区学习和推广的经验总结如下：

一、常规管理制度健全，落实到位

1. 制度健全

坦洲镇实验中学现已形成一套较为完整的常规教学管理制度，对年级组、教研组、备课组、各处室及学科教学等均已制订出其相关工作的量和质的实施、评价标准、工作要求和检查落实细则。制订了《坦洲实验中学教学常规40条》《职能部门工作要求》《听课评课实施细则》《教师岗位责任制》《教师教学常规评价方案》《教师德育常规评价方法》各类管理人员《工作目标责任状》等，通过教师代表大会反复讨论，形成标准合适、可操作性强、易于评估的系列常规制度。

2. 实行中层领导下级蹲班管科制度使常规管理工作力度大，效果好

(1) 职责分明，分工细致

坦洲实中实行中层领导下级蹲班管科制度，把中层领导分配到各年级各班各学科中去，跟级蹲班管科。常规管理工作基本上由级组、学科集备组落实完成。

学校实行"校长——副校长（主管教学）——教导主任——年级、集备组长"这样的工作模式，也就是校级领导是宏观层面的粗线条的管理，中层领导（教导主任）指导年级、集备组长（多个年级的年级、集备组长均由中层领导蹲点、兼任）。真正实施规章制度者是年级长、学科集备组长。年级组长每周均制定该年级的工作行事历，十分具体、细致，针对性十分强。每一项工作均有时间、地点、负责人，每天（星期一至星期天）要做的事情具体而一目了然。做到每天有事做，事事有人做，事事有人管，事事有落实。领导、教师均职责分明，分工细致。

坦洲实中全校校级领导4人，主任22人（其中4人为学校内设）。学校每条线人员多、力量强，德育、教学、后勤、团委、年级均有4人以上。但领导课不少，主任任教主科两个班，一周12节课。三个副校长各管一个年级，与教务、德育、后勤、团委各一个主任组成年级管理团队，在同一办公室办公，共同管理各个年级。每个年级每学年有几万元钱的财权。每个领导都要参与跟级、管科、蹲班工作，深入一线，决策、计划、执行、统筹，高标准完成自己的分管任务。

(2) 教学和德育实行交叉管理方式

坦洲实中还实行"教务主任到年级管德育，政教主任到年级管教学，管后勤的干部也要深入教学一线"这样一种交叉管理方式。让大家谁也不能只管着

44

或只守着自己的一亩三分地，也避免了工作的互相推诿。教学和德育二者本就不可分，这样一种交叉管理方式，使德育和教学等各处室的领导干部在管理工作中互相学习，互相支持，互相配合，最后形成强大的合力，也凝聚成强大的团队战斗力。

（3）精细管理效果好

坦洲实中成功的经验还在于每阶段、甚至每天都要把小事做细，把细事做透。每样小事、每个细节他们都有要求，都有细则，都有检查和落实。细到每一块玻璃都有人管理。每进入一个阶段，如复习等，都对中层蹲班管科专门制定一个工作指引，使工作切实落到实处。

3. 集体备课是法宝

坦洲实中实行学科集体备课制度（所有学科），所有学科集体备课均有固定时间，固定地点，固定流程。定时间：每学科半天；定人员：轮流做主备人，主评人；定流程：听课—说课—评课—常规检查—集体备课。有总方向、大目标、大范围。既有学年教学计划，也有月度教学计划，还有周教学计划，进入复习阶段还有复习阶段的教学计划；目标具体、内容细化，可操作性强，可评价性强。每一节课的学案，均能充分发挥学科教师的集体力量和集体智慧，做到资源共享，分工协作，提高效率。每个老师常规工作均置于有效的监控体系之中。集体备课时，备课组长不但带领备课组研讨教学计划，还讨论课件，评课磨课，检查教案、作业，每周如此，检查即时，落实到位，效果很好。

"磨课"是坦洲实中集体备课的特色：坦洲实中每年级每个科组每学期要上一至二节校级公开课。要求在学科备课组先借班上课，接着评课，然后修改再上，直到同一集备组的老师认为差不多了才能拿出来展示。该校老师人人都把上校级公开课当作市级省级的赛课来认真对待，反复磨课。磨课活动对每个教师提高业务能力起到了很重要的帮助作用。

"研题"是坦洲实中集体备课的亮点：坦洲实中"研题"的主要内容：一是基于生本的研究。二是基于教材的研究。实行"一课、二读、三题"的做法。一课就是每位教师做一个小课题，重点解决教学模式、教学方法问题；二读指积极开展研读新课程标准、考试说明和教材、教参；三题是指每学年组织教师做考题、研究考题和拟考题活动，帮助学生准确把握教学目的和教学重点，提高效率，减轻学生负担。坦洲实中课题小型化、具体化，为教学服务，如"怎样提问""怎样指导学生预习"等。三是基于教学能力的研究。"研题"方式有个人研究、合作研究、汇报研究、研究评比和表彰等。放假前，学校教导处发通知给老师，列明具体要求。各位教师根据各科特点，做好课件上交到校长邮箱，由校长打分评价。

如语文科要关注近几年省统考的试题，古文考什么，现代文阅读是哪一类文体，题型怎样，名著考哪篇，作文写什么，等等。预设今年各版块会考什么？要采取什么方法来复习。研题要求所有老师都参与，不能只是毕业班老师的事情。

4. 课堂教学规定模式与流程

坦洲实中的课堂教学实行"三步""四环节""五课型"的法模式或流程。所谓"三步"，就是课前延伸，课内探究，课后提高；所谓"四环节"，就是自主学习，合作探究，精讲点拨，巩固检测；所谓"五课型"，就是新知探索课：学案导读—思考体验—合作探究—迁移应用；复习训练课：精读凝练—精讲发散—精练提升—反思构建；测试讲评课：精选习题—科学组卷—典题引领—分层评点；阅读写作课：主题学习—感悟体验—提取灵魂—抒发情感；实验探究课：规划步骤—缜密操作—分析结果—得出结论；并创建互学助学为主的多样化学习方式，建立伴随课堂学习及时评价的多种方法。没有机械采用通用模式，没有片面追求小组学习、探究学习，但课堂以学生学习为主，强化对学生的学习指导，特别是学习方法的指导，解决了学生学习问题，学案设计特别适合提高学生学习效率。课堂教学规定模式与流程，有效保证了课堂教学的质量与效率。

5. 德育就是教学质量

坦洲实中的学生在校生活实行半军事化管理。如班会统一主题、统一课件；家长会统一流程（家长对学生作业展、学生作品展非常满意）；班级文化富有生成性：班牌、班徽、班歌，班规，由全班学生参与创作，投票选举产生，从而形成强大的凝聚力，促进良好班风学风的形成。十分重视培养学生学习的良好学习习惯，深化细化4个学习习惯，使之成为提升整个办学水平的绝招之一。

这4个学习习惯就是：让预习复习成为习惯；让质疑好问成为习惯；让记忆总结成为习惯；让准确规范成为习惯。学生预习、听课、做笔记、复习、作业、计划相当规范，习惯非常好。抓学生学习习惯这一办学绝招，为坦洲实验中学教育教学出成绩奠定了坚实基础。

6. 常规工作富有实效性，不讲模式概念，不说空话，不折腾

坦洲实中的常规管理工作没有假大空，十分讲求实际，讲求实效。如全校大会少，年级会议多，会议针对性强。政教团委活动时，教学线的人员开会研究教学，效果很好。

二、重视团队力量、团队成长、团队培养和团队评价

1. 以制度和评价为导向，培养和激励教师团队工作的合作性、积极性和荣誉感

（1）学校处处以制度和评价为导向，培养和激励教师团队工作的合作性、积极性和荣誉感

学校和上级单位的评价、激励机制均指向团队。中山市对教学质量的综合评价不评个人，只评学科组（学校亦如此）。因而备课组共同进步与提高就显得很重要。他们非常重视团队作战，团队合作。工作中处处齐心协力，互相帮助，共同提高。学科组备课组的老师均成为利益共同体、荣誉共同体。教师绩效工资由"教学质量、德育常规、教学常规"量化计分生成，每月兑现。学生学习从班级到年级到学校，从标兵、先进、进步、积极各个层面表彰鼓励。完善评价体系，基于教师评价以"一考、二奖、三评"，让教师等到发展，"一考"是每学期分阶段对教师的教研能力及成果进行考核，考核结果作为教学绩效考核内容，以此促进教师不断探索与研究。"二奖"是对教师的教育教学质量和学习进修、教学科研、教学比武等方面做出贡献的予以物质奖励和通报表彰、喜报、以通讯等形式的精神鼓励，激励主体成长。"三评"即每学期根据教师教研能力

和教学业绩，评选学科带头人、骨干教师。和教坛新秀，发挥榜样作用，引领教师群体发展。

学校以制度和评价为导向，鼓励全体教职工在坦洲、在中山、在广东争创名誉。鼓励班主任和学生积极开展班级竞争、小组竞争、学生之间的竞争。班级竞争文化浓郁，小组奋斗目标，个人追赶目标都贴在班级、学生课桌上，全校竞争氛围十分浓厚。

（2）激励性评价激励师生不断进取

坦洲实中对老师对学生的激励表彰是多层次、多形式，而且及时、隆重，舍得花重本；给予教师成长、进步的机会和空间也是多层次、多形式的。如激励教师、表彰教师项目有：南粤优秀教师、中山市先进教师（每学期有20多人）、镇先进教师、镇先进班主任、先进教师、镇先进个人、研考题先进个人等等。学校十分重视树名师，给教师成长机会。如名师大讲堂，一周两次；教师参赛获奖，均大力宣传，并给以重奖。

学校同时也十分重视激励学生的操作与进步，奖励、表彰学生的项目有不少：如优秀学生干部、学习标兵、学习积极分子、文明学生、进步学生、语文、数学、英语、历史、地理等各科之星、进步之星、优秀之星等，还有激励班级和小组的文明班级、文明标兵班、进步班级、优秀学习小组。让各层次的学生都有进步获奖的机会，激励学生努力进取。学校还有激励优秀家长。

2. 以校园文化培养和唤醒师生的主人翁意识、团队合作意识和竞争向上意识

实中办学理念是"唤醒主体意识，主体积极参与，促进主体发展"。每位教师、每个学生都是实中的主人，都主动参与学校发展，参与学校教育教学实践活动，有强烈的主人翁意识。能独立探索，积极完成自我实现。

在实中，在每个坦实人身上，我们都能看到他们对教育的热爱，对学校的热爱，都有一种向上的精神和蓬勃的朝气。在学习和工作中，他们不讲借口、不怕困难、勇于拼搏、勇于奉献，崇尚卓越、追求完美。他们在追求的过程中统一了思想认识，形成了主流意识，酝酿了蓬勃的奋斗激情。这种激情，蕴藏于不讲借口、不怕困难的亮剑精神之中，蕴藏于勇于拼搏、勇于奉献的勇气之

中，蕴藏于追求卓越、追求完美的优异特质之中。

3. 重视教师职业道德教育水平，深入优化团队品质

教师，是人类社会最古老的职业之一，也是人类社会中永恒的职业。"在任何时代任何社会，教师的道德修养都必须高于社会的一般，如果不能保证教师具备这样的素养，整个社会的发展伦理必然会走向荒谬。"教育"双肩论"：一肩挑着中华民族的希望；一肩挑着千家万户的幸福。这就是坦实人对教育的理解、对老师职业的理解。坦实的老师工作时间之长、工作量之大、态度之认真是值得我们认真学习的。喻极目校长这样总结：在坦洲，实中的老师与别人不一样：上班最早的是老师，下班最晚的是老师；辛苦付出的是老师，最受尊重的是老师；激情飞扬的是老师，精彩叫绝的是老师；专业修炼的是老师，素养最高的是老师；情系学生的是老师，学生喜欢的是老师；成功坚持的是老师，自豪幸福的是老师。

坚冰已经打破，航道已经疏通，风帆已经涨满，让我们为了金湾教育美好的明天，全力以赴，奋勇拼搏！

第六节　实施过程

前面章节较为详尽地总结了本课题研究的背景、起因、研究准备等相关情况，下面详述一下本课题是如何开展研究活动的。

本课题组的实验研究，其方法用一句话概括，就是：模式指引，制度规范，优秀领跑。

本课题的区域强弱联动集体备课活动模式的探索、修改完善和相关制度的制定，以及通过骨干或优秀教师领跑团队等，这几样事情我们很多时候都是同时进行、不分先后的。在研究过程中，我们发现哪个环节有问题，就修改完善哪个环节。本课题研究就这样不断发现，不断改进，不断进步。

但为了方便总结，下面还是分先后顺序一一展开论述。

第一阶段：试验阶段（2014 年 3 月—2014 年 8 月），采用文献研究法，重

点研究了初中语文区域联动集体备课活动的模式，开展其模式的试验实践活动，取得了初步建立了《辐射式初中语文区域集体备课模式》的阶段性成果。

首先带领研究团队根据本区初中语文教师队伍特点、教学实际情况和集体备课开展实际情况，琢磨、研究合适、高效的活动研究流程。

我区情况较为特殊，2001年才建区，十分年轻，所属两个镇均为农村发展地区，一为渔村，一为农场，原来都是四面环海的小海岛，后来经填海扩充才有今天的发展。原居民不多，外来农民工居多。六所初中除两所规模较大外，其他四所多为一人一级或两三人一级，集体备课难以开展，亟待优秀教师引领和优质资源共享。

我们的做法是首先确定研究模式：初定为循环式。选定几个人，共同备课，循环上课，集体观课和评课，也有一定效果。但因力量平均，缺乏主次，尤其几个人循环上课，组织集体观课和评课耗时过多，教师进步不明显，整体收效不大。于是不断修改完善，最后确定为辐射式。以一人为主，多人为辅，共同备课，集体观课和评课，省时省力，教师进步十分明显。参加集备活动的观课老师通过听课、评课，听取主备教师以及其他教师的课题评议，回到本学校，会以主备教案为蓝本，根据本班学生实际和个人风格，再备再上课，从而起到辐射带动，共同进步的目的，效果十分明显。

本课题组历经三年的艰苦实践与探索，最后将本课题集备活动模式定型为：

名称：金湾区初中语文辐射式区域强弱联动集备模式。

主要流程：

选定主备人（个人主备）——区域集体备课（形成主案）——主备人二次个性化备课（生成个性化特色教案）——课堂生成与演绎（集体观课）——反思与议课（集体评课）——辐射带动（观课老师以主备教案为蓝本，根据本班学生实际和个人风格，再备再上课）。

第二阶段：推进阶段（2014年9月—2015年2月）采用了学习反思研究法，重点研究了以制度规范或保障课题开展效益的集体备课策略，通过制订相关课题研究的制度或要求，规范研究行为，提升研究质量，提高研究效益，使课题研究开展得深化和推进，取得了成功制订了九个相关制度以保障区域集体备课模式高效进行的研究策略。

科学严谨的制度和灵活多样的活动形式相互结合，才能使本课题的集体备课活动扎实有效。

本课题在研究过程中，发现总有个别教师参加集备活动积极性不高，或偷工减料，不愿承担研究工作，集备效果不显著，个别教师也不太愿意将自己的教学资源与其他教师分享和交流，最终使主办学校和研究者辛辛苦苦促成的集备活动化为乌有。如此下去，会在一定程度影响其他教师的参与，也容易使课题研究半途而废。于是想到了以法治研，以制度规范课题研究开展的做法，效果良好。只有制定和实施相关的激励制度和措施，才能真正激活集体备课，发挥其最大效能。

要想通过集体备课这个平台，实现教学质量的整体提高和教师素养的有效提升，一套切实可行的规章制度也是关键。因为它们能使研究过程更加规范、有序、有效，是达成备课革命成功的重要保障。

要保证这场集备革命的成功，不但要建立完善和高效的集体备课活动模式或流程，而且完善的、充满活力的运作机制更是重要保障。于是我集思广益，广泛征求意见，着手建立了金湾区初中语文循环式集体备课活动制度、成立了初中语文循环式集备金湾区初中语文集备活动领导机构；明确了参与研究的各位成员的职责要求；规定了集备活动的流程要求；制定了教师专业成长要求，并对应集体备课教学设计流程要求制定了课堂教学流程，制订了具体的活动计划和详尽的集体备课检查评价方案，以便规范和检查教师教学行为规范和教师专业发展情况，检查和验证集体备课活动效果。

下面一一加以陈述解析：

制度一　金湾区初中语文辐射式集备活动领导机构与职责要求

（一）领导机构

组长：汤凤珍（语文教研员）

副组长：各初中学校语文科组长

成员：各初中学校年级语文集备组长、语文教师

（二）具体分工与职责要求

1. 组长：负责制订区域集备活动计划；负责全区集备活动的统筹协调、活动的布置开展；负责教师专业发展水平的检测与评价，表扬奖励。

2. 各初中学校语文科组长、年级语文集备组长：制订学校或年级组集备活动计划；负责学校或年级组集备活动的布置与开展；教师结对帮扶活动的跟踪实施；教师专业发展行动情况记录与对比；相关资料收集、学校或年级组集备活动开展情况总结；论文撰写。

3. 各校各年级语文集备教师：按课题组要求积极参与集备活动；做好相关资料收集；积极撰写论文或总结。

4. 组长和各校科组长要在新学期初制订好计划，并做好计划的实施、跟踪工作。做好教师专业发展行动情况记录、总结、反馈和结对帮扶工作。做好实验课题的检测与评价工作：根据教师专业发展行动情况记录对比，给予表扬奖励。

制度二　金湾区初中语文辐射式集备活动制度

（一）负责主备的教师必须提前准备好课件、练习，提前发给其他老师，其他老师根据本班实际进行修改并在集体备课时说明这样改的理由。

（二）负责备课的老师根据课件讲解备课思路、重难点分析、练习设计、需要默写的字词等，全组讨论通过后，发到网络共享，就以此为课堂教学模板，老师可以根据本班情况进行适当调整。

（三）抓实集体备课，有效利用集体智慧。要求做到：

1. 注重团队合作，做到"分工合作、认真准备、积极讨论、资源共享"。

2. 有效发挥集体智慧，使"听课、评课、说课、讨论"四个环节不断精细化，使集体备课成为提高效率、保证质量的重要手段。

3. 组织课型研究。每位教师都要深入研究中考命题说明和中考命题趋势，在此基础上，生物地理备课组每周集体备课时组织一次研讨课，深入研究各种课型的教学模式，尽全力提高课堂效率。

4. 没有经过集体备课的课不上，没有经过集体备课讨论的练习不做。

5. 讨论后形成的共识，每位成员都要贯彻实施到每一节课中。

（四）结合学生实际进行分层教学

各校各年级备课组要结合各层次学生的实际情况，将目标任务分解到备课各个环节中，并严格遵循以下原则进行集体备课：针对中小层学生的教学设计要"重基础，低坡度，小步子，快反馈"，狠抓合格率，控制低分率，力争贡献优秀率；针对优秀生的教学设计要做到"既重基础夯实，又重能力提高"，力争优秀率大幅提高，确保合格率百分之百。

（五）提倡提前 1 周备课，至少提前 3 天备好课。

（六）上课前，及时准备好所用的资料、课件。

（七）提前准备好上课所用的器材、教具。

（八）计划好教师讲、学生练的时间。

（九）预计上课时关键教学节点可能发生的"突发情况"。

制度三 金湾区初中语文辐射式集备活动要求

（一）在实行学科集体备课过程中，我要求语文科组在开展集体备课时，不论是区域联动还是学校、年级集体研讨，都一定要有固定的时间，固定的地点，固定的流程。定时间：每学科半天（星期三下午）；定地点：年级集体备课活动室（固定）；定人员（全体参与）；轮流做主备人和主评人；定流程：听课—说课—评课—学习交流（主题内容：谈学习：提升专业理论水平；谈教学：提升教学能力水平；谈进步：提升综合素养水平）—集体备课（分享交流—研究讨论—反思改进）。有总方向、大目标、大范围。有行之有效的实践模式与主题内容：主讲人分享交流谈教学经验、课程标准理念学习或实践体会，大家交流教学疑难问题、学生问题或作业布置与检查等，达成共识，尝试解决：分享经验，提升能力，提高专业理论水平；主讲人谈教学设计（提前备课），参与教师研究讨论，主讲人修改完善教学设计—上课—集体评课：共享教学智慧，提升教学能力水平；参与教师根据主备教案，结合本班实际和个人教学风格，反思改进，形成二备教案：辐射带动，提升整体教学质量与总体教师综合素养水平。

（二）建议活动学校和区域集体备课活动：大型活动每月不少于两次，每次一个主题。各校集备活动每周三进行。区、校、年级在新学期初均要求制订科学、严密的集体备课活动计划，并由区协调统一。做到全区上下活动时间一致，活动主题统一，活动流程一样，使活动开展严谨、有序、高效。

（三）既要有学年教学计划，还要有每月教学计划、每周教学计划。进入复习阶段更要有复习阶段的教学计划。计划制订要求目标具体，内容细化，可操作性强，可评价性强。每一节课的学案，均要能充分体现每位教师的能量和智慧，并做到集思广益，资源共享，分工协作，提高效率，充分发挥集体的力量和智慧。将每个教师的常规工作均置于有效的集体监控体系之中。

（四）集体备课过程中，要充分发挥集体备课组长的带头作用。要求备课组长不但要带领备课组制订集体备课教学计划，还要深入研讨教学计划，讨论课件、评课磨课、检查学案、作业等。每周如此，检查及时，落实到位，效果要好。

制度四 金湾区初中语文辐射式集备活动教师专业成长要求

（一）教学要求

教师每学期听课不少于30节；写不少于4个课例反思；执教1~2次校级教学公开课；做不少于2次集体备课中心发言人；至少阅读教育教学理论书籍一本；至少写一篇有价值的教学论文；每次检测做好质量分析报告。

（二）专业素养要求

自觉养成学习、思考、反思的良好习惯；养成团队合作素质；热爱学生；热爱教育事业；积极工作，无私奉献。

制度五 金湾区初中语文辐射式集备活动教研工作计划（每学期附上活动行事历）

（一）指导思想

以新课程教学理念为指导，落实区教育局关于区域教学质量均衡发展的指示精神，初步建立"独立初备，集体研讨，二次调整，跟踪教学，微格反思"的集备制度，实现经验与资源共享，促进教师的专业成长、学科集体备课、课堂教学质量的整体提高，实现区镇学科教学质量的均衡发展。

（二）活动目标

1. 制订年级课时或单元教学预案，整体提高我区初中语文学科教学质量。

2. 引导教师深入学习《课程标准》理论、钻研教材、研究学生，明晰课程标准教学理念，掌握教学的基本策略，掀起教学研究的热潮。

3. 提高骨干教师专业水平，扩大骨干教师群体，促进全体教师的专业成长。

4. 交流分享集体备课经验，提高我区初中语文学科集体备课水平。

（三）组织管理

1. 集体备课组由区教科培中心语文教研员组织、协调和管理，以确保集体备课的质量与效率。

2. 承担集体备课的主备学校由分管教学的副校长或教导主任统一组织安排，以加强指导和督促，各校科组长为集体备课组长，具体负责本学校的集体备课活动的落实与执行。

3. 交流集体备课的经验和做法，共享教学资源。

4. 各校派专人负责收集和整理集体备课活动的全程资料。

（四）活动组织形式及要求

1. 区教科培中心与学校共同商定活动开展的具体时间、地点、集体备课内容、参加人员以及活动形式等。

2. 主备学校、主备人要提前一周设计好主备教案。在集体备课活动研讨时主备人要宣读主备教案的教学设计思路、教学设计理念、教材分析、学情分析、个人教学风格简介以及教学设计等。

3. 每位参加人员在集体备课活动研讨时都要谈谈自己对教材的分析理解以及主备人教学设计的理解等。

4. 主备学校、主备人通过集体备课、共同研讨，集思广益，博采众长，最后形成较为完善的集体备课教案。然后由主备学校、主备人以完善的集体备课教案为蓝本，择日上课。所有参加集体备课活动的人员均要参加听课、评课活动。

5. 每位参加人员在参加完集体备课活动研讨、听课、评课后，再根据本校实际、学生情况、个人教学风格进行二次备课。区校中心备课组成员将不定时抽检参加人员的二次备课教案和上课情况。

4. 学校收集好活动签到记录、研讨活动记录、主备教案（初案、完善案）、二次备课教案、评课活动记录、教师成长记录、学科进步情况记录等资料。

（五）活动实践模式与主题内容

选定主备人（个人主备）——区域集体备课（形成主案）——主备人二次个性化备课（生成个性化特色教案）——课堂生成与演绎（集体观课）——反思与议课（集体评课）——辐射带动（观课老师以主备教案为蓝本，根据本班学生实际和个人风格，再备再上课）。

制度六　区校商定好集体备课内容、时间及人员安排表

时间	主备学校	主备人	集体备课主题或内容	参加学校及人员	研讨形式	地点

制度七　金湾区初中语文辐射式集备活动课堂教学流程要求

（一）课堂教学流程（模式）：新授课、复习课、试卷评讲课备课要求与上课模式参考。

（二）课堂教学流程（模式）名称定名为：初中语文课堂教学"先学后教，当堂检测""六步教学法"。

（三）模式参考（可作参考，各校可按实际情况作适当调整）。

1. 新授课：课前小测，踏入新课——检查预习，质疑问难——自主学习，合作探究——归纳总结，当堂检测——拓展延伸，巩固提高——作业布置，温故知新。

2. 复习课：学习目标明确——学情分析，发现问题——合作探究，分析解决问题——实战演练，巩固提高——总结反思，形成方法——作业布置，温故知新。

3. 试卷评讲课：得分高小题成功经验总结，满分或高分小题同学分享做题思路或经验；学习经验，归纳方法，再练提高—失分严重小题失败教训总结；查找原因，总结反思，再练提高—作业布置，温故知新。

制度八　金湾区初中语文课堂教学特别环节要求（可作参考，各校按实际情况选择使用）

1. 早读：通过早读课落实背诵、默写。把中考要求背诵的古代诗词全部打印出来，学生人手一份。小组互相督促、过关。

2. 课前 5 分钟小测：落实古诗文默写过关。

3. 堂上训练与检测：不少于 6 分钟。

4. 作文：作文训练以考场作文为主，实行堂上作文，限定题目、限定时间完成。第一学期每两周一次，第二学期每周一次。按中考评卷要求打分、讲评。批改实行小组互评，针对题目、开头结尾、结构、文采等细加评价。

制度九 金湾区初中语文学期集体备课计划（如下表，做好合适的分工，各校可按实际情况作适当调整）

金湾区初一语文集体备课教学安排（其他年级可以此为例做合适安排）

周数	月份	古诗	日期	课题	课时	负责人	公开课安排	中心发言	记录	备注
1	九月《繁星》《春水》		2日	开学第一课	1					
				在山的那边	1					
2			5—9日	童趣	5					
				龟虽寿	1					
				过故人庄	1					
3			13—16日	繁星春水	3					
				走一步，再走一步	2					
4		观沧海	19—23日	紫藤萝瀑布	2					
		次北固山下		口语交际；写作1	3					
		钱塘湖春兴		第一单元测试	2					
5			26—30日	试卷评讲	1					
				实词	2					
				第一次真好	1					
7	十月《汤姆索亚历险记》		8—14日	修(比喻、拟人、排比)	1					
				理想	2					
				论语十九则	4					
8		天净沙秋思	17—21日	口语交际：写作2	3					
		题破山寺后禅院		春	2					
				济南的冬天	2					
9			24—28日	口语交际：写作3	2					
				作文评讲	1					

续表

周数	月份	古诗	日期	课题	课时	负责人	公开课安排	中心发言	记录	备注
10			10月31日—11月2日	实词、修辞方法复习	2					
				古诗文复习	1					
				阅读复习	1					
				作文复习	1					
			3—4日	期中考试						
11			7—11日	试卷评讲	2					
		闻王昌龄左迁龙标遥有此寄		说明文文体常识	1					
		夜雨寄北		化石吟	2					
				看云识天气	2					
12	十一月《威尼斯商人》		14—18日	说明文训练	3					
		泊秦淮		风筝	2					
		浣溪沙		羚羊木雕	2					
13			21—25日	修辞手法：夸张、反问	1					
				世说新语	3					
				口语交际：写作4	2					
				作文讲评	1					
14		过松园晨炊漆公店	11月29日—12月2日	皇帝的新装	2					
		如梦令		郭沫若诗两首	2					
		观书有感		山市	3					
15	十二月 复习巩固		5—9日	口语交际：写作5	2					
				作文讲评	1					
				修辞方法：设问、反复	1					
				虚词	3					

续表

周数	月份	古诗	日期	课题	课时	负责人	公开课安排	中心发言	记录	备注
16			12—16日	《三峡》	3					
				寓言四则	1					
				智子疑邻	1					
				塞翁失马	1					
17			19—23日	第四五六单元测试	2					
				试卷评讲	1					
				修辞方法复习	2					
				散文阅读训练	1					
18			26—30日	期末复习古诗	2					
				期末复习古文	2					
				期末复习名著	2					
				说明文阅读训练	3					
19	一月		4—7日	散文阅读训练	2					
				期末模拟考	2					

常规检查
1. 学案每周 5 篇
2. 作业每周最少 5 次
3. 每篇课文生字需要听写
4. 本学期作文需要全批全改不少于 6 次

（本计划借鉴了中山市坦洲实验中学的集备做法）

第三阶段深入实践探索阶段（2015 年 3 月—2017 年 2 月），本阶段采用了案例研究方法，重点研究了如何以优秀教师领跑教师或教师团队的教师成长范式、等活动成功探索了一条以优秀领跑教师成长范式，开展了磨课研课、同课同构、同课异构、优秀教师队伍不断壮大的阶段成果。

本课题组借助集体备课这个平台，通过强弱联动、辐射带动这个集备活动方式，以提高初中语文教师专业素养，培养教师专业成长，打造强大的专业团队，达成教育教学质量提高的目的。

如何打造一个强大的专业团队？为何要打造一个强大的专业团队？

多年的学习、研究和思考，我们集备团队深深意识到：课堂教学低效、学校教学质量低下的原因，是还没有从根本上触及教师、以及由教师组成的学科教研组这个学校最基层的、对学校办学以及学校教学质量影响最大、变数最多、潜能最大的基本因素。教师，才是决定一所学校能否良性发展的最重要的主观能动因素。学科教研组的团队建设，才是决定一间学校能否均衡发展、良性发展、可持续发展的重要因素。

因此，一所好学校，除了要有一个好校长，更要有一群好老师，一个富有活力和战斗力的优秀教师团队。没有一群敬业、专业素养高的好老师，没有一个富有活力和战斗力的优秀教师团队，一所好学校将无从说起。而要培养一群敬业、专业素养高的好老师，培养一个富有活力和战斗力的优秀教师团队，单靠一学期的一两次全员培训、骨干教师培训，收效不会太大。

如何打造一个强大的专业团队？如何将教师专业发展核心化、常态化？如何培养一群敬业爱岗、专业素养高的好老师，如何培养一个富有活力和战斗力的优秀教师团队？以改变我区初中语文教师专业发展水平差距大，学校教学质量不均衡等现状？

我觉得开展辐射式区域强弱联动集体备课活动是解决该问题的最好渠道。因为它能让广大教师借此研究发展平台，培养教师团队合作素质；通过强弱联动，相互促进，培养教师成长；通过共同探讨、共同解决教学问题，培养教师团队精神以及专业共同成长，达到共同实现课堂精彩和专业成长的目的。

同时，通过抓集体备课活动，狠抓学科教研组建设，形成高效、优质的学科教研组，整体提升教师队伍素质，推动校本教研扎实开展。

下面谈谈具体做法。

做法一 加强研究型团队建设，加速教师团队成长

（一）加强学习，确定团队式教研活动学习与研究的主题

研究型团队应确立团队近期和长期的研究主题，紧紧围绕主题开展教研

活动。

如《咬住语文 扎实训练》《以学会探究为主题的语文活动实践研究》《文本对话式教学研究》《主题式语文实践活动的开发实践与研究》等，都可以作为主题开展研究活动。

（二）加强专家、名师和骨干教师的辐射引领

专家、名师和骨干教师的辐射引领，是促进教师团队整体快速成长的催化剂。专家、名师和骨干教师走入课堂，参与集体备课，将会极大地推动教师团队整体素质的快速提升。

（三）灵活开展丰富多彩的集备活动

活动形式如课前集体备课、磨课，课后集体反思、辐射上课等。课前集体备课包括备教材、备学生、备方法、备课堂训练等；磨课就是主备教师初备，集备团队磨课，主备教师再备再完善教学设计，然后上课、集体观课；集体评课；课后反思等；课后反思要求围绕以下要点展开：捕捉教学过程中的亮点或缺点；教学精彩片段；学生中闪现的独到见解或者偶发的事件以及授课教师瞬间的即兴灵感等。

在集备研讨中要求"学""思"结合，"教""思"结合，在研讨中追求集备活动的高效益。

（四）开展"同课异构""同课同构"等活动

同课异构是教师提高教学水平和教学能力，总结教学经验的一条有效途径。团队教师围绕一个课题进行集体备课，在此基础上每个老师再独立上课，课后大家针对这一课进行诊评课。虽然是集体备课，但在课堂实际中，每个教师教学的策略不同，所展示的方式方法都不同，这种方式保障教师在团队活动中的主体地位，并激励每个教师尽最大能力去实现团队所赋予自己的应尽职责，从而提升教师的研究能力，促进教师专业发展。

（五）加强实践型团队建设，促进教师专业水平不断提高

团队的成长需要在实践中磨炼，本课题通过各种集备研究团队式的教研活动，为教师的专业发展搭建了平台，促进了教师的专业化发展，推动了教师教育教学水平的整体提升。

做法二　加强骨干教师培养，打造骨干教师团队

（一）将集体备课纳入骨干教师考核奖励机制，调动骨干教师参与集体备课的积极性。

（二）采取灵活的、多样化的集体备课形式，让骨干教师在集体备课中切实起到辐射带动作用。

（三）引进网络教研，改进集体备课方式，给骨干教师成长减轻负担、搭建快速成长平台。如将集体备课的内容，如电子教案或课件挂在校园网站的学科论坛上，要求骨干教师和其他教师网络互动，随时交流互动，随时发表自己可长可短的教育教学感悟或评论，这样制约集体备课的时间因素就避免了，骨干教师的引领作用就十分明显。

（四）加大对骨干教师的奖励力度，调动骨干教师工作的积极性。重视骨干教师的选拔培养，建立骨干教师激励机制，充分发挥骨干教师的领头和辐射带动作用，努力打造骨干教师团队。

实践表明，教师队伍的培养有赖于骨干教师的引领带动。头雁在前，雁队就会奋力向前。这样，有了骨干教师的引领，其他教师就会在集体备课活动中互相交流，相互借鉴，相互启发，大家集思广益，可以集众人所长、避一己之短。这样庇千山之木于一林，汇百家之流于一体，教师队伍就会得到发展和成长。

第四阶段：总结评价阶段（2017年2月至今），采用了文献研究法总结了课题研究相关成果（下面章节有陈述），重点研究了如何以科学方法，评价或衡量集体备课与教师专业发展专业成长的相互促进关系，开展了自我评价、集体评价等评价活动，激励了教师自我发展、自我成长的专业、发展需求，取得了课题研究向客观评价、制度规范以评价促进教师更快成长的良性发展的阶段性成果。

要推动课题研究向纵深发展，促使教师团队专业素质整体发展提升，过程是关键，评价更加关键。打一比喻形容二者关系：如果集体备课的课题研究是一列轰鸣前行的火车，那么，过程就是那一节节容量丰厚、异彩纷呈的车厢，而评价就是那火车头。

我们集备团队通过借鉴其他地方学来的经验，制订了下面的评价方案，并以此来量化评价课题研究的质量、效率和教师专业成长的踪迹。

金湾区初中语文辐射式集备活动情况检查评价方案

（检查一项一分，共 50 分，总结反思 50 分，合共 100 分）

指标		具体要求	自查	区校检查 （1 项 1 分）	总结反思 （50 分）
集体备课	备考纲和课标	1. 熟读考试说明、课程标准			
		2. 掌握各知识点的能力层次要求（知道、了解、理解、掌握、运用）			
		3. 了解今年和上一年考试说明的变化情况			
		4. 站在把握考纲的高度，把近五年的中考试卷做一遍			
		5. 分析近五年中考试卷中各考点分布情况、占分比例，形成系列资料			
		6. 每次个人备课前，熟知所涉及的教学内容在考纲、历次中考中的地位			
		7. 熟读教材和教参，但不能以资料为本			
		8. 熟悉学科的知识结构，把教材读"薄"			
		9. 掌握教材中典型例题所体现的思想方法			
		10. 能用准确的学科语言表达教材中的各知识点			
	教材和教参	11. 认真做好教材中每一篇课文的课后练习			
		12. 重视课后练习，并思考如何评讲这些练习			
		13. 根据考纲、教材要求，确定每节课的教学目标			

指标		具体要求	自查	区校检查 （1项1分）	总结反思 （50分）
集体备课	备学生	14. 教学目标体现三维：知识与技能、过程与方法、情感态度价值观			
		15. 根据考纲、教材要求确定每节课的重难点			
		每次备课，从以下几方面分析、研究所教班级学生的"最近发展区"			
		（1）思想品德			
		（2）学习习惯			
		（3）学习兴趣			
		（4）知识基础			
		（5）学习能力			
		（6）勤奋程度			
		从以下几方面考虑学生的最近发展区			
		（1）"三维"教学目标			
		（2）确定教学重、难点			

续表

指标		具体要求	自查	区校检查 （1项1分）	总结反思 （50分）
集体备课	备学生	（3）突破教学重、难点的方法、手段			
		16. 教师主导讲与评、学生主体学与练的时间分配			
		17. 选择和布置课堂、课外作业的数量与难度			
		18. 批改课堂、课外作业次数			
	备教法	19. 选择好合理的教学方法			
		20. 讲授法。其基本要求：			
		①既突出重点、难点，又准确、系统、全面			
		②每句话都注意启发引导			
		③讲究语言艺术。力求语言清晰、简练、形象、通俗易懂。音量、语速恰当，音调抑扬顿挫。适当运用身体语言			
		（2）问答法。其基本要求			
		①准备好问题及提问的顺序			
		②问题要具体、明确、有趣，有启发性，难易要因人而异			
		③善于启发学生利用已有知识经验进行分析、思考、研究，一步步深入			

指标		具体要求	自查	区校检查 （1项1分）	总结反思 （50分）
集体备课	备教法	④做好归纳小结			
		（3）讨论法。其基本要求			
		①讨论的问题应简明、深浅适当，能激发兴趣，有讨论价值			
		②启发学生独立思考，勇于发表意见，引导讨论朝关键问题深入发展			
		③做好讨论小结			
		（4）读书指导法。其基本要求			
		①提出明确的目的、要求和思考题			
		②教给学生读书的方法			
		③对学生在自学教材中遇到的疑问及时指点			
		（5）以实际训练为主的教学方法。			
		训练法。其基本要求			
		①明确练习的目的和要求，避免盲目练习			
		②掌握好练习的质量、数量、难度、速度，逐步提高达到熟练			
		③做练习要求学生严肃认真，一丝不苟，刻苦训练，精益求精			

续表

指标		具体要求	自查	区校检查 （1项1分）	总结反思 （50分）
集体备课	备教法	（6）以引导探究为主的教学方法：			
		①正确选择探究课题			
		②探究要有循序渐进的步骤和过程			
		③创设良好的探究情境			
		④鼓励学生独立思考和自主探究			
		（7）教法选择的基本要求：			
		①熟练掌握每一种教学方法			
		②综合考虑考纲、教材的有关要求。			
		③根据教学内容选择			
		④切合学生实际情况			
		⑤恰当、灵活地运用教法，不能单一地选择一种			
		⑥融入自己的教学风格			

指标		具体要求	自查	区校检查 （1项1分）	总结反思 （50分）
集体备课	教案要求	21. 整体要求：一个课时一个教案			
		22. 教案形式：单独手写详案、手写教案和电子教案结合			
		手写详案和电子教案的基本内容			
		23. 必须有结合考纲、教材、学生实际的"三维"教学目标			
		24. 有明确、恰当的重难点			
		25. 有明确的两种或几种适当的教学方法体现			
		26. 教学过程能体现出清晰的教学思路，且主次分明			
		27. 课堂训练要能达到举一反三、触类旁通的目的，让学生掌握规律和方法			
		28. 作文课教案必须有具体的写作方法指导			
		29. 有课堂、课外作业的布置记载			
		30. 要有简明扼要的教学后记或反思			
		电子教案的基本要求			
		（1）电子教案可以由备课组集体讨论形成统一的版本			
		（2）个人使用时结合学生实际对以下关键节点进行修改			

指标		具体要求	自查	区校检查 （1项1分）	总结反思 （50分）
集体备课	教案要求	A. 教学目标细化			
		B. 教学重难点的解析			
		C. 课堂训练的指导、练习的使用			
		D. 方法的指导			
		（3）修改部分必须用不同颜色字体标记			
		（4）也可引用别人或自己以前的，但必须注明出处			
		配合电子教案的手写教案，可以简略，但要有最基本的教学流程			
		31. 本节内容在考纲中的地位、以往中考是否考过、占分比例。			
		32. 所有需要使用课件的步骤，应注明			
		33. 新授课，要记录如何处理上节课的作业问题、如何为新课做铺垫			

续表

指标		具体要求	自查	区校检查 （1项1分）	总结反思 （50分）
集体备课	教案要求	34. 如何处理新授或巩固课的关键环节，并注明每一步的使用时间长短			
		35. 要有课堂训练讲解的关键点分析、容易出现问题的环节、解解规律的思路分析记录			
		36. 评讲、归纳总结记录			
		37. 布置课堂巩固练习、课外练习时，要有具体记录			
		38. 要有简明扼要的教学后记或反思			
		39. 不同学年同一教学内容的教案，可结合学生实际进行修改后继续使用			
		40. 书写整洁			
		41. 有学生作业检查或批改记录			
		42. 有学生进步记录			

（本方案借鉴了中山市坦洲实验中学的集备做法）

第七节 实践活动

本课题组自开题研究以来，积极开展多种形式的集备活动实践活动，如依托本区优质资源，通过培训名师、骨干教师队伍，让他们成为辐射、带动我区教师队伍专业素质提高的领头雁。另外，我们课题组还借助本市名校名师力量以及全国名师资源，以示范上课，辐射带动；或同课异构、同课同构，示范引领等形式，开展了形式多样的集备活动，集备团队和整个教师队伍都从中获益良多，效果良好。下面将从五个方面谈谈我们的做法：

一、名师引领，辐射带动

我区初中语文学科的市级名师金培忠老师、市级骨干教师汪福义、夏云老师等多次举行全区教学公开课，起到了良好的示范引领作用。

试看市级名师金培忠老师参加集备引领的一个教学案例：

2014年11月26日下午2：30，中学语文学科名师引领暨"辐射式"集备研讨活动在金海岸中学报告厅举行，金湾区教科培中心语文教研员汤凤珍老师主持了该项活动，来自全区初二级全体语文教师及金海岸中学部分学科老师也慕名参加了该项活动。

首先由珠海市名师、金海岸中学语文教师金培忠执教了一节课题为《写出有故事的文字》的写作指导课。本节课以蒙古族著名作家鲍尔吉·原野的散文《雪地贺卡》为原点，让学生边体验边写作。通过师生之间写作体验、写作经验和写作过程的互相激活，发现作家文字背后的故事，从而激发学生的表达欲望和写作激情，从而达到提升写作思维能力的目的。

整堂课在金老师幽默风趣的引导下，精彩不断。学生的读书声、回答声；老师的诱导声、反问声；师生的鼓掌声、欢笑声，嘈嘈切切，声声入耳。最难得的是这声声中包含的丰富内涵，反映出师生思维的敏捷性、广阔性和深刻性。让听课老师享受了一场听觉盛宴。

随后的集体评课中，老师们给予了较高的评价，认为本节课教师选材有特点、导入有兴趣、过程有重点、讨论有载体，思考有内涵。学生思维活跃、想象丰富、交流顺畅、读写精彩、效果明显。汤老师除了充分肯定本节课的优点外，还从更高的要求的角度提出了需要改进的建议，如开课时要给学生明确学习目标，使课堂学习更有针对性；课堂评价还可做到更好，在评价中提升学生的思维能力，拔高学习的层次，使师生之间能迸发出更多思维的火花，达到课堂学习的高潮；在教学中可适当对书信的格式做出规范要求；不能忽视了教师的示范朗读等。

汤老师对"辐射式"集备研讨提出了下阶段的重点工作，进一步强调参与教师要根据主备教案，结合本班实际和个人教学风格，反思改进，形成二备教案；学校备课组要互相听课，集体评课，反思改进；这样通过辐射带动，提升整体教学质量与教师综合素养水平。汤老师还对各校初二老师提出殷切期望，希望大家在初二阶段就要有中考备考的大局意识，抓紧抓实默写、名著阅读、规范书写等环节，不要有等、观、望的思想，从而为提高我区的语文中考成绩做出自己不懈的努力。

附《写出有故事的文字》集备教案（金培忠）

教学目标：

1. 引导学生通过联想、想象，发现文字背后的故事，有效提高学生选材、构思、立意等能力。

2. 激活学生的写作体验，提升写作思维能力。

3. 让学生体验写作成功的快乐。

教学重难点：

激活学生的写作体验，提升写作思维能力。

教学方法：

问题引导，师生互动，小组合作。

教学步骤：

一、导入

写好记叙文很重要的一点是要能关注事物或事情的特别之处，写出有故事的文字。先请大家看一位作家写的一篇文章的开头。

二、写作实践活动（学生随情节的发展边体验边写作）

（一）阅读文章1～3段，思考、实践、交流

1. 思考：你能发现文中的雪人有什么特别之处吗？

追问：你能从文字中发现什么？

2. 假如你是写这张贺卡的人，你会写些什么呢？（提示：要明确写作者的身份和对象）

教师出示示例：

雪人：

（沈阳岐山三校二年级（4）班　李小屹）

你又白又胖，橘子皮嘴唇真好看。你一定不怕冷，半夜里自己害怕吗？饿了就吃雪吧。咱俩做个好朋友！

祝愿你新年快乐，心想事成！

3. 师生交流研讨。

（二）阅读文章4—5段，思考、实践、交流

1. 请你以雪人的口吻给李小屹回贺卡，（提示：你是"雪人"哟）。

2. 学生写贺卡。

3. 小组研讨，师生交流。

思考：你能从贺卡的内容中发现文字背后的故事吗？

（三）阅读文章第6段，思考、实践、交流

1. 请你以李小屹的口吻给雪人回贺卡，（提示：注意要抓住特别之处去写故事，还要按照人与人交往的逻辑去写故事）。

2. 学生动手回贺卡

3. 师生交流（教师引导：正是欣喜而又怀疑的矛盾心理推动了故事情节的发展，并预示着作者写作的意图）。

三、合作探究（结合情节的安排和文章凸显的主旨）

1. 故事接下来会怎么发展呢？（提示：故事的安排要根据主题的需要）

2. 文章的结尾你会怎么安排？（提示：结尾注意突出主题，引起思考）

3. 你能给文章拟一个合适的题目吗？（提示：文题注意概括故事情节）

四、教师总结

写有故事的文字很重要的是：一个特别的人，一个好奇的作者。

抓住事物特别的地方，写出一个特别的故事，揭示一个特别的主旨。

五、作业布置

谈谈你通过本节课，学到了什么？有怎样的思考？（300字左右）

附《写出有故事的文字》集体评课记录（金培忠）

集体评课发言摘要：

1. 本节课中学生联想丰富，课题选材恰当。特别是"以李小屹的口吻给雪人回贺卡"这一环节中，学生所写贺卡情感真挚，形成了有内涵、有感情的文字。本节作文指导课对提升学生写作水平有极大帮助。

2. 本节课抓住了学生的兴趣点，围绕中心交流讨论，学生愿意思考并且主动交流。

3. 学生有话可写，能充分发挥自己的想象能力与联想能力；设计理念好，对学生起到很好的引导作用。所选的《雪地贺卡》一文，情节一波三折。教师引导得当，有收有放。

4. 课堂由《石壕吏》一文导入，新颖别致，由课内延伸到课外；将阅读和写作相结合，所选文章悬念强，给学生以学习期待，激发学生兴趣；小组交流效果好，没有流于形式，给学生充分写作和展示的时间，课堂收效非常好。

5. 选文吸引学生，教师创设情境导入，在充分理解选文基础上再对学生进行指导，水到渠成。教师在课堂中收放自如，既能引导学生展开想象，又注意对学生的提点。抓住"好奇""特别""逻辑性"等方面进行课堂写作指导，学生展示后再交流写作意图，有助于同龄孩子间相互借鉴写作经验。

6. 本节课指导具体，以文章为载体进行写作指导，使内容具体而不抽象，提出"好奇""特别"的要求，强调了学生写作时所需写出的情节的曲折性。

7. 课堂中老师对听、说、读、写的指导全面，在老师引导下，学生读出了人物的角色特点。

8. 教师平时注重培养学生素养，因此才能在课堂上有精彩的表现，是我们应该学习的地方。

9. 对文章主旨的探讨应该是本节课的亮点，但因为时间关系，对结尾处的处理显得仓促。

10. 教师在引导学生关注细节、进行思维拓展方面做得非常突出，但"故事接下来怎么发展"一部分，教师所展示结尾是大人们的想法，不能代表孩子，是否能让故事有不同的结局，会更有利于鼓励学生思维的多元化，激发他们的写作热情。

11. 本节课重点突出，围绕教学目标与重难点进行环节设计，做到读写并重；学生讨论时间充分，师生相互交流气氛融洽；教师通过课堂评价，能带领学生进行深层次的思考；教学语言精致，幽默有亲和力，点评语言具有指引性；写作指导中注重学生想象和联想能力的培养，引导学生围绕人物形象进行思维训练，使学习有效益。

需改进之处：

应在开课时给学生明确学习目标，使课堂学习更有针对性；教学评价可做到更好，在评价中提升学生的思维能力，拔高学习的层次。使得师生之间能迸发出更多思维的火花，达到课堂学习的高潮；在教学中可适当对书信的格式做规范要求；教师示范朗读结尾处，要指导学生读出味道，课堂收束就更为有力了。

附《写出有故事的文字》学生收获（金培忠）

课后学生谈收获（摘要）：

1. 原来写作是那么有趣，每一个文字背后都隐藏着一个故事，而这个故事只有我们细细观察才能发现。（李柳羲）

2. 想写出特别的文章，就要从与众不同的角度出发，转换角度，文字会生动而不乏味。（钟希萌）

3. 学会根据人物的身份和性格特征来进行语言描写，学会联系上下文推动故事情节发展，丰富自己的形象力和联想能力，在联想的过程中体会写作的快乐。（刘玥）

4. 写故事要揣摩人物心理，体验人物感情，尝试进入角色，才能写出活的文字。（张惠明）

5. 有想象就会有发现，就会有神奇，让我们一起想象吧！（梁高熙）

6. 这篇文章的场景、人称不断变换，不同的心情阅读下总有别样的感受，原来故事也可以这样写！（向子轩）

7. 童心是很奇妙的，天真烂漫是孩子们独有的，我们不要刻意去打断他们，让这些美好的品质保留，才是最好的。（李香君）

8. 让童年留下问号而不是句号，这样的童年就会充满好奇，才会在孩子心里留下美好的回忆。（黄炽辉）

9. 文章只要手法运用得当、情节令人意外，就会充满活力，动人心弦、感人肺腑！（魏于钧）

10. 童心让我们永远年轻，充满活力，这是一件多么有趣而又美妙的事啊！（郑李婷）

11. 如果不能为这个世界增添一份美好，那么请你也不要去破坏属于这个世界的美好！（左原源）

12 写作要抓住重心，写人要抓人物的特征，转换角色则需抓住角色的心理，这样才能将人物写活。（庄泽玲）

13. 我明白了可以通过联想、想象去发现、去猜测文字背后的故事，激发自己的好奇心，提高写作兴趣，从而提升写作能力。（刘仲清）

14. 文字是一样神奇而又有趣的东西，每一段文字、每一句话都有着耐人寻味的神奇之处，只有多积累并灵活运用，才能写出有故事的文字！（曹歆宇）

15. 对事物有想法、有感触、有感悟，就会有灵感，写引起读者兴趣的文字要靠平时的积累，有新颖或有触动人心的事。（蒋海璇）

16. 写作要写得有真实感，这样才能让人体验到你的感情，这样写下的文字虽然朴实但却是一种升华！（周龙浩）

17. 简单朴实的文字中有深远的意义，这样的文字就有了故事。（张雅慧）

18. 写故事要把握内容，贯通全文，要能吸引读者，最好让人有那种悬念的感觉。写文章不必过于实在，最好在文章中多写暗示性的文字，让读者留有好奇心。（蓝宇灵）

19. 我们的童年也有许多的秘密：想把天上的星星摘下来，想爬上月亮去，儿时的想法是多么古怪稀奇，没有幻想的童年不是幸福的童年！（符致雄）

二、邀全国名师，推集备发展

曾邀请全国名师、江苏省洋思中学的蔡荣老师为我金湾区全体初中语文老师以及本课题组全体成员，做了一个题为《让语文课绽放出生命色彩》的讲座报告，并与我金湾区红旗中学何晓棠老师共同执教了一节课题为《我的叔叔于勒》的语文课。他们以同课异构的方式，展现了两地语文教师不同的教学风格、不同的教学风采。

2014年11月10日下午，红旗中学初三（6）班课室里，金湾区55名初中语文教师整整齐齐地坐在课室里，认真聆听洋思中学蔡荣老师题为《让语文课绽放出生命色彩》的讲座报告。老师们一边专心听讲，一边认真做好笔记。讲座完毕，纷纷提问，咨询"先学后教，当堂训练"各个环节的具体实施要领、效益、碰到的困难等，蔡荣老师一一做了耐心细致的解析回答。

蔡老师在题为《让语文课绽放出生命色彩》的讲座报告里，首先阐述了关于学习"先学后教，当堂训练"过程中的误区：认为三个"15"，并非时间的平均分配，只是学生先学15分钟，老师后教15分钟，当堂训练15分钟。也不是课堂只讲几分钟。蔡荣老师认为，"先学后教，当堂训练"与其说是一种模式，不如说是一种思想、一种理念更为确切。强调这是一种全新的教学思想，是实施新课程最有效的手段。它符合现代教育的理念，利于学生掌握知识、形成能力、熏陶情感；它使学生在课堂上获取的是真知识，课堂的效率高。所以，这种模式是实施素质教育的重要途径。运用这种模式教学，减轻了学生负担，真正做到了教为学服务，培养了学生良好的学习习惯，教会了学生学习的方法。

蔡老师详细解析了"先学后教，当堂训练"在语文课堂上的具体操作步骤：导入新课；揭示学习目标；先学阶段：要做好自学前的准备；要教给学生自学方法，让学生知道怎样学；学生自学，教师要作过细的调查。"后教"阶段：要明确教的内容；要明确教的方式；要明确教的要求。并且强调：

在"先学后教，当堂训练"这个实施过程里，语文老师应该着力于培养学生的语文能力和语文素养；训练应该贯穿于课堂的始终，要做到"以训练为主线"。在课堂教学的全过程要突出两条线：充分放手让学生学和练，突出学生的主体地位；每一步都离不开老师的指导，体现教师的主导地位。

蔡老师还强调了"先学后教，当堂训练"在操作时特别要注意的几个问题：关于"目标"，要区分好"教"的目标和"学"的目标；要统一好"文"的目标和"道"的目标；要结合好抽象性目标和可操作性目标；要调整好预设目标和生成性目标。关于"自学指导"，要求做到层次分明，做到"三个明确"：明确自学内容；明确自学方法；明确自学要求；自学指导题要精当，不能零碎；要充分利用好课文后的练习题，做到少讲、精讲；以学定教，以教促学；精确、精深、精辟。

蔡老师还详尽讲析了洋思中学"先学后教，当堂训练"语文课堂教学的三要素：诵读——没有诵读的语文课，不是美的语文课；品析——在朗读中理解、欣赏、运用语言文字；积累——课堂教学之魂；教学艺术的高层次境界是学生活动充分，积累丰富。强调了课堂教学设计二十四字口诀：目标明确；思路清晰；提问精粹；品读细腻；活动充分；积累丰富。讲析了洋思中学"先学后教，当堂训练"语文课堂教学结构：初读，整体感知。做到激发兴趣，引起需要；初读引思，了解大意。在整体上让学生初步感知语言材料，扫清阅读障碍，了解内容及其脉络，为深入学习语言打下基础。细读，理解感悟。做到读思结合：带着问题读书，在读中理解，读有所得，读有所悟，独立思考。读议结合：读书与讨论交流相结合，强调师生、生生互动，交流，讨论，以议促读，以读促悟，以悟导读。读练结合：阅读教学离不开语言文字的训练，各种训练都要以读为基础，做到在读中练习语言，在练习中提高语文能力。品读，熏陶情感。做到对课文进行品尝玩味地读，读出感情，实现与作者心灵的沟通，升华思想，陶冶情感。熟读，积累语言

最后，蔡荣老师语重心长地说，做一名语文人，要具有良好的语文素养。这语文素养就是：字词句篇的积累，语感，思维品质，语文学习方法和习惯，识字写字、阅读、写作和口语交际的能力，文化品位，审美情趣，知识视野，情感态度，思想观念等内容。这是语文人的核心特征。他希望我们做一名颇多书生意气的语文人，做一名颇多文学情结的语文人

最后，蔡老师动情地说，讲台之于我，是智慧、情感、信念、理想融汇成的神圣殿堂。每每站在三尺讲台上，我总发现那是一个浩瀚温馨的世界。我崇拜讲台的高尚圣洁，在这里，会生出一种无言的神圣与庄严；我敬慕讲台的淡泊宁静，在这里，会有一种摆脱了世俗喧闹的踏实与坦然；我感谢讲台的养育与磨炼，在这里，会有一种自我升华的愉悦……

我喜欢学生的笑脸，那是世上最美的花朵；我喜欢那些摇曳如旗、高高举起的手臂，那是智慧、勇气的象征；我喜欢学生激烈的争辩，那是人间最绚丽的风景……所以我热爱课堂，我喜欢我课堂里的一切，因为这里有我钟爱的学生，有我挚爱的语文。

课堂就是我的天堂，语文就是我的生命！站在讲台上，我就是语文！

11 月 11 日上午，红旗中学何晓棠老师与洋思中学蔡荣老师共同执教了一节课题为《我的叔叔于勒》的语文课。

"同课异构"活动后，组织了集体评课研讨活动。洋思中学蔡荣老师和红旗中学何晓棠老师分别谈了教学设计、教后感想；蔡荣老师还评析了红旗中学何晓棠老师的课堂。大家一致认为，蔡老师给我们上了一节成功的课，蔡老师以激情影响学生、感染学生的做法，以及他对课堂的设计、对课文的把握，都很值得我们学习。

三、与名校名师同课同（异）构，辐射带动集备团队整体提高

多次邀请名校名师与我区骨干教师开展同课同（异）构活动，如珠海市文园中学张翠霞老师、李召伟老师、紫荆中学多名骨干教师、九洲中学曹智琴老师、王欢老师、高明洁老师，市七中曾文老师，拱北中学刘芳老师、丰忠东老师等名校名师与我区骨干教师举行同课同（异）构活动，有效辐射带动了整个集备团队语文课堂教学能力和语文专业素养的整体提高。

下面谨以我区三灶中学王栩宁和九洲中学高明洁老师开展同课同构活动的情况，略谈我集备团队教师得到锻炼和成长的心路历程。

取长补短促圆满，求同存异酿新知
——《湖心亭看雪》同课同构教学反思
三灶中学 王栩宁

2016年11月初，接到同课同构公开课任务时，我心中满是忐忑，不仅因为这是一个全新的教学模式，还因为课堂由我和九洲中学的高明洁老师共同主持，得考虑如何与搭档配合。担心没办法完全掌控课堂，信心自然就不足了。

尤其是我们"异地备课"，我在金湾三灶，高老师在香洲九洲，同课同构的难度也因此变大了。刚开始我们的备课只能通过网络交流，发表各自的想法。但我们很快发现这样的备课效率太低，而且很多观点没办法表述清楚，于是又相约在周末碰头面对面交流。

首先我们阐述了自己对文章的理解赏析，对教学的目标、内容达成了共识。然后整理出了《湖心亭看雪》的第一份设计，把文章分为四个板块：分别是"独自出行""湖中赏雪""喜遇知音""舟子语痴"，每人负责两个板块，穿插进行，基本符合了"同课同构"的要求。

但是一个下午的纸上谈兵却走进了死胡同，好不容易商量好过渡的台词，尽量做到自然不造作已经很困难了——更麻烦的是"时间"。环节越多，时间就越难控制。难道要减少教学的内容，留下足够的空白时间应变？但《湖心亭看雪》是一篇自读课，课时有限，我们必须把该讲的内容讲完。最后我们为求稳妥，退而求其次把板块减少为两个，我擅长朗诵，所以负责第一自然段"出行、看雪"，高老师观察细致，由她解决"知音、舟子"。课堂一人一半，自己心里有数，讲完20分钟就撤，问题似乎就解决了。现在想来，那时候的我们真是"聪明反被聪明误"啊！

11月14日的试讲结果一如所料，十分顺利。老师们点评我的范读营造气氛效果好，高老师的提问关注细节，引导及时，我们两人合作各施所长，表现出色。正当我心里沾沾自喜时，王卫国主任一句点评把我们打回原形："两个人合作的课堂应该发挥出一加一大于二的效果，才算是成功的同课同构。"

是啊，我们自作聪明地把课堂一分为二，各自精彩，但一位老师讲课时，另一位老师只能在台下袖手旁观，这难道不是教育资源的浪费吗？表面上这节课可圈可点，大致没问题，实际上却是离"同课同构"的理念越行越远。

11月16日，我再次来到九洲中学一起集体备课。但这一次的讨论却也出乎意料的轻松，因为我们对上课的内容、双方的教学风格已了然于心。如何分配任务，衔接过渡，眼神动作交流等原来让人头疼的安排如今一气呵成，我心中慢慢理解了这一点，"首先从同课同构得益的不是学生，而是老师"。经过这段时间的集体备课，我能明显感觉到自己的成长，也真正和高老师培养出了默契。这一次的教学设计，我们根据各自的长处更细致地划分了任务，并保证了每个环节两位教师一主一辅，互相配合。

11月18日的正式上课，我们以课前练习开始，两人巡查并挑出学生优秀习作，穿插点评。然后布置学生朗读，我板书标题的同时，高老师操作电子屏幕准备导入。高老师的讲授部分结束就走进学生当中带领朗读，我步上讲台点评学生朗读情况并进行范读，然后开始讲授。各个阶段的衔接通过学生的朗读、默读完成，既是小结，也是两位老师交接的契机。一位老师在台上讲授时，另一位老师在台下引导鼓励学生发言，指点学生做好笔记。当学生小组讨论时，两位老师也在简短交流，为下一步做准备。

其中有两个不起眼的情景：一个是我在赏析雪景时讲得投入，学生踊跃回答时，高老师突然插话说了自己的见解，我心领神会，知道时间到了，便简单总结并安排学生朗读，两人心有默契地完成了过渡。另一个是课堂到了尾声，高老师走下讲台鼓励学生背诵课文时，我在讲台上顺手拿起"奖品"晃了晃，学生顿时兴奋起来——这些细节我们事前并没有商量过，此时却水到渠成，我们自然而然地互相配合。课后我特地找学生了解上课效果，他们纷纷点赞，这节课内容紧凑，生动有趣，两位老师不同风格的穿插让他们全程保持关注，师生互动也比往常更充分。

一节公开课结束了，对我来说却是一个新的开始。我从未试过这样配合着另一位老师上课，这让我对学生的观察，对教材的把握，对时间的控制……有了全新的感受。我甚至在想象，当我尝试和其他不同年级，不同学科的老师合作时，该又能碰撞出多少新的火花？如此区域联动集备，如此备课磨课上课，让我增长了能力，开阔了眼界，提高了专业素养，更让我快速成长进步。

附《湖心亭看雪》教学设计和导学案
——赏雪景深夜驾舟　逢知音亭中同饮
三灶中学　王栩宁

【教材分析】

这篇散文为八年级上册第六单元自读课文。文章以精练的笔墨，记叙了作者独往湖心亭看雪的经过，描绘了一幅幽静深远、洁白广阔的雪景图，表现了作者孤独寂寞的心境，突出了作者遗世独立、卓然不群的高雅情趣。

【学情分析】

《湖心亭看雪》是张岱寄情山水的一篇优秀散文，学生需从浩瀚雪景中感受作者孤高脱俗的心境。本文与《记承天寺夜游》相似，景物描写寥寥数语，但铺垫充分，以"痴"字破题，能有更深刻的解读。八年级学生思维活跃，但文言文基础较弱，需要教师引导巩固文言词汇，并在问答环节及时点拨。

【设计理念】

缺少曲折情节、鲜明人物的文言写景散文，要做到从内容上吸引学生，对授课老师是个挑战。因此在疏通文意后，通过朗诵营造气氛，结合背景赏析，让学生进行丰富想象，与作者产生精神共鸣。力图通过这种处理拉近作者与读者的心理距离。

【教学目标】

1. 知识目标：熟悉词汇，把握内容，积累语言，感受写法。

2. 能力目标：有感情地朗读，背诵文段。

3. 情感态度与价值观：感悟雅趣，体会含蓄深沉的情感；学会欣赏、表现美。

【教学重、难点】

重点：理解文章写景特点并熟读成诵。

难点：感受作者痴迷山水和遗世独立、卓然不群的高雅情趣。

教学过程：

一、检测

王老师布置检测，两位老师巡查，各选择一份学生答卷投影点评，王老师负责一词多义，高老师负责句子翻译。然后由王老师带领学生朗读，并板书标题，高老师通过电子屏幕展示学习目标，准备导入。

二、点题

承上启下以《记承天寺夜游》中的"闲"导入，提问学生最能评价张岱的词语。并追问能否在赏雪的时机上看出"痴"字，与解释中的"行为举止不同常人"呼应，由高老师负责。

三、赏景

高老师带领学生朗读第一自然段，王老师点评范读，过渡到赏析环节。

1. "上下一白"：直抒苍茫广阔之情。

2. "痕、点、芥、粒"：人、物的渺小更见天地之大。

3. "见余舟一芥"：沉醉雪景，脱俗忘我。

王老师布置学生轻声默读，结束该环节。

四、对话

高老师提问学生"当张岱知道赏雪的人不止他一个时，他的心情如何？"

1. "大喜"：知音相遇的惊喜。

2. "焉得更有此人"：同是痴迷山水之人。

3. "强饮三大白而别"：兴尽而归，却也不免失落。

4. "更有痴似相公者"：世人不解，却仍有知己。

五、共鸣

高老师投影张岱生平让学生观看，思考"为什么他会钟情山水"，要求学生朗读全文。王老师并联系《江雪》与《记承天寺夜游》进行总结。

六、互动练习

(一) 一词多义

1. 是：是日更定（这，指第三天），是金陵人（表判断）。

2. 一：一白（全）；长堤一痕（数量词）。

3. 更：是日更定矣（古代的计时单位）；更有痴似相公者（还）。

4. 白：一白（白色）；强饮三大白而别（这里指酒杯）。

（二）句子翻译

1. 雾凇沆砀，天与云与山与水，上下一白。

（湖上）弥漫着水汽凝成的冰花，天和云和山和水，浑然一体，白茫茫一片。

2. 莫说相公痴，更有痴似相公者！

不要说相公您痴，还有像您一样痴的人呢！

（三）赏析概括

用简洁的语言，概括文章雪景的特点。

（四）背诵

（两位老师各选两组，以小组竞争模式进行）

七、作业

1. 联系生活经历，根据所学文章，写一篇读后感。（作文本）

2. 预习《诗四首》，找出写景句子，品味作者情感。（课本）

四、给一个展示平台，创成长广阔天空

本课题组自开题研究以来，不断给予广大试验教师展示自我展示课堂的机会，为广大参与试验的教师提供一个广阔的自我成长的空间，教师们也得到了锻炼与进步。数年来，如三灶中学冯丽珠老师曾代表我区以《初三专题阅读训练课》一课，参加第二届全国中学语文教学论坛活动课堂展示，得到广泛好评；小林中学刘兵老师曾代表我区以《巧用思维导图，分析人物形象》一课，参加教育部主管的中国智慧工程研究会教育科研与教师发展专业委员会举办的常态翻转课堂实践教学观摩会，得到与会教师的高度称赞；外国语学校王焕老师曾代表我区以《展现人物心理的方法》为题，在教育部主管的中国智慧工程研究会教育科研与教师发展专业委员会举办的常态翻转课堂实践教学观摩会苏州会场，展示并介绍微课程制作的技巧与经验，得到与会教师的高度赞扬。

下面列举几个片断：

三灶中学冯丽珠老师：

我很荣幸有机会代表金湾区参加了第二届全国中学语文教学论坛活动，并做了题为《初三专题阅读训练课》的教学观摩课的课堂展示。

本届论坛的主题是"构建高效的语文课堂"，平行论坛主题是"课堂教学怎样有效培养学生品读文学的能力和中学语文课堂教学及复习备考经验交流"。如何更好地切入这一主题，如何能让素未谋面的孩子们在短短的一节课内既能达到情感上的共鸣，又能达到语文课堂教学对品读文学能力的培养呢？为此我和汤老师带领的集备团队做了深入的钻研和反复的备课磨课。

既然我将要面对的是初一学生，所以我首先想到的就是母爱这一主题。对于孩子们而言，母爱是最容易打动他们的，当敲定这一主题之后，开始进行选材，而我脑中立刻闪现的就是《让我看着你》这篇文章，仍然记得当初我自己看到这篇文章时的心情，感动而感慨，我相信能走进教师心灵的文章，才能更好地通过教师去感染孩子们。有了基本的设想后，我将自己的想法和同科组的老师们进行了交流和探讨，最终将本节课的教学目标定为以下三点：1. 把握全文感情脉络，了解文章如何刻画人物形象；2. 通过练习掌握记叙文的阅读要点，掌握基本的答题技巧；3. 感受人间真情，母爱伟大。接下来就是磨课，怎样将问题的设置，教学的环节合理化。在这里非常感谢集备组同人以及一起备课磨课的老师们，给了我很多宝贵的意见和建议。

在教学过程中，我首先激发学生的阅读兴趣，导入课题，请同学们用简单的语言概括出文章故事发生的时间、地点、人物、事件的起因、经过、结果，并明确记叙文的六要素。接着让同学们探讨文章所要表达的情感，同学们经过小组讨论以后，各抒己见。老师对不同的看法给予了点评和肯定。给文章拟标题环节，我先让同学们小组内交流，然后由小组派代表板书自己组内同学所拟题目，同学们积极踊跃，点评时先让同学们自己发现问题，同学指出没有写书名号的问题，字迹的问题，老师赞同并强调细节的重要性。接着让同学们选出最喜欢的题目，并由拟题的小组说明理由，在此基础上引导学生说出拟题的方法。文本阅读的部分，我仍然注重学生的合作交流学习，适当给予帮助和引导。

最后就这一节课让同学们谈谈自己的收获并将母爱拓展到自然界拓展到更宽广的境界，孩子们也的确很有感触。

这次的阅读课还是比较成功的，课堂气氛活跃，学生参与度高。既使学生们得到阅读的锻炼，学习了一些阅读的方法，同时学生们在阅读中谈了自己的感受，锻炼了学生的口头表达能力，更感悟了一份人间真情。取得了良好的教学效果。

而让我感触最深的就是磨课的整个过程，由开始的不知所措到有模有样，真是经历了一个全新的锻炼过程，在这个过程中，我一点点地成长起来了。

附《阅读训练教学设计》
三灶中学 冯丽珠

①从母亲住进我们医院的那一刻起，我就后悔自己当初选择的职业了。曾经有那么多的患者能在我的手上康复，母亲的病，却让我无能为力。面对越来越消瘦的母亲，我除了强颜欢笑地安慰她，就只能偷偷躲到某个角落抹眼泪。

②那个时候，她的癌细胞已扩散到整个胸部。整夜整夜的疼痛让她无法入睡，可她却从来不吱一声。每次进去看她的时候，她都装作很平静的样子，面带微笑地看着我："我觉得比先前好多了。你工作忙，不用老来看我。"我扭过头，眼泪无声地掉下来。

③午后的阳光照在洁白的病床上，我轻轻地梳理着母亲灰白的头发。母亲唠叨着她的身后事，她说她早在来之前就已准备好了自己的送老衣，可惜还少一条裙子，希望我们能尽快给她准备好。说这些的时候，母亲的脸上始终挂着平静的微笑，不像是谈死，倒像去赴一个美丽的宴会。母亲一生爱美，临终，都不忘记要完美地离去。我的泪，再也忍不住，一滴又一滴地落到母亲的头发里。

④母亲的病房，离我的办公室仅有几步之遥，可她从来没有主动要求我去她的病房。每一次去，她还忙不迭地催我走。她说还有很多病人等着我，她嘱咐我一定要像对待自己的家人那样对待病人。其实，我很清楚，每一次离开母

亲的病房，身后那双依依不舍的眼睛会一直随着我的身影，直到我拐过屋角。

⑤一天，一个女孩急需眼角膜，恰巧医院里有一位救治无望的男孩，出于一个医生的责任，我劝那个男孩的家长捐献出孩子的眼角膜。男孩的父亲同意了，不想他的母亲却发疯般地找到我，说她决不允许谁动儿子一根毫毛，哪怕他不在这个世界了。最后，也许被我劝得急了，那位痛得发狂的母亲突然大声地说："你觉悟高，怎么不让你的家人来捐献？"我一下子呆在那里，无言以对。

⑥母亲是何时出现在我的办公室门口的，我竟然一点都不知道。直到听到那声熟悉的呼唤，抬起头，看见母亲正泪流满面地立在那里："孩子，你看妈妈的眼角膜能给那个孩子用么？"屋子里一下子静下来，几乎所有的目光都集中到了母亲身上。我几乎不敢相信，那话是从母亲嘴里说出来的。母亲最不能忍受的就是残缺，可她竟然情愿让自己残缺着离开这个世界。看大家都在惊愕地盯着自己，母亲的脸上忽然现出少见的一点血色。她挣扎着走到我面前，静静地盯着我看了足足有一分钟，然后，我听见母亲轻轻地说："孩子，我想看着你，让我看着你！"

⑦泪水狂涌而出，我第一次在自己的病人面前失态。我知道，那是母亲临走之前努力为我做的最后一件事。

⑧后来，那个男孩的母亲含着泪同意了把儿子的眼角膜捐献给那个女孩，因为她觉得儿子的眼角膜毕竟比我母亲的要年轻。更重要的一点，她说，她也想让儿子的眼睛，一直看着她。从我母亲的身上，她明白：爱，原来可以用这样的方式延续。(选自《意林》2007年第11期，有删改)

教学目标：

知识目标：把握全文感情脉络，了解文章如何刻画人物形象。

能力目标：通过练习掌握记叙文的阅读要点，掌握基本的答题技巧。

情感目标：感受人间真情，母爱伟大。

教学重难点：了解文章如何刻画人物形象；掌握记叙文阅读要点。

课时安排：1课时。

教学过程：

导入：在我们的生活中，总会有一些人一些事让我们难以忘怀，也总会有一些情感让我们为之动容，今天我们就跟随作者的笔触去看看，爱原来可以用这样的方式延续，请同学们拿出我们的学案。

《导学案》

一、基础知识

给下列加点字注音（小组派代表上黑板书写，其他同学评改。让生选词造句）。

癌细胞（　　）　忙不迭（　　）　嘱咐（　　）（　　）　惊愕（　　）

二、整体感知

1. 根据文章内容填空。（共4分）

时间：某一天　地点：我的办公室门口　人物：我的母亲、男孩的母亲和我。

起因：我劝男孩的母亲捐献儿子的眼角膜给患者，她不肯，还责难我。

经过：我的母亲愿意捐献眼角膜。

结果：男孩的母亲同意捐献眼角膜。

（总结知识点：记叙文的六要素，由学生完成）

2. 作者想通过这个事情表达一种什么样的情感？

（学生表达观点，老师加以点拨）

（总结知识点：文章中心思想的归纳方法："此文记叙了（描写了、说明了）……表现了（赞美了、揭示了）……"）

3. "好题文一半"，这是一篇感人至深的文章，你能给它拟一个题目吗？并谈一谈你的理由。

小组交流后，派代表上黑板写下本组所拟题目，在此基础上引导学生归纳给文章拟标题的方法，老师加以归纳总结，拟标题的要点：找文章的线索或中心。（1）核心人物；（2）核心事物；（3）核心事件；（4）作者情感。

三、合作探究（此部分由学生小组讨论完成）

1 "母亲一生爱美，临终，都不忘记要完美地离去。"谈谈你对这句话的理解。

2. 男孩的母亲为什么会从"决不允许谁动儿子一根毫毛"变为同意捐献儿

子的眼角膜？写这一变化有什么作用？

3. 文章结尾说："爱，原来可以用这样的方式延续。""这样的方式"指什么？

4. 我的母亲是怎样一个人？请结合文中具体事例简要分析。（写出两个方面即可)？

（小组发言后，老师可以归纳总结母亲这一人物形象：爱孩子：怕我伤心难过，忍住病痛，强作平静；怕我为难而主动要求捐献眼角膜；坚强：整夜整夜的疼痛让她无法入睡，可她却从来不吱一声；豁达：说起身后事，脸上始终挂着平静的微笑，不像谈死，倒像去赴一个美丽的宴会；追求完美：唠叨身后事时，惦记少一条裙子；善良：不愿我为她耽误工作，嘱咐我要像对待家人一样对待病人。）

（教师还可引导学生明确对于一篇文章，分析其人物形象的意义。阅读时分析人物的形象是必需的，我们只有真正地了解人物的性格特点，才能更好地为理解全文做基础，也只有分析好人物形象，把握好每一个人物性格，才能体会作者写作的目的，理解全文的思想。）

四、朗读欣赏，品味语言

结合上下文，说说你对第⑥段画线句子的理解，注意加点的词。

（注意引导学生总结，理解句子需要抓住关键词来分析）

五、学习反馈

学习本文你有什么收获和感触？生活中你是否也经历或看到这样的故事，与大家分享交流。

六、作业：

1. 今晚回家为父母做一件能表达自己心意的小事。

2. 阅读课后的文章，写写自己的感受。

小林中学刘兵老师：

集体备课是在教师个人备课的基础上，由本教研组的教师共同合作的一种备课方式。近年来，金湾区语文教研员汤凤珍老师提出了"辐射式"集体备课的理念，即在集体备课的基础上，通过反复打磨，打造高效课堂，以骨干教师引领教师团队的整体进步与提高。这一做法打破了以往教师个人备课一贯采用的各自为政、孤军作战的局面，使教师在集体交流与探讨中对教学设计进行完善。

作为一名教龄尚短的青年教师，这几年通过深入参加辐射式集体备课活动，自感受益匪浅。接下来以我的一堂公开课为例，谈谈我的心得体会。

2016 年 11 月 22 日，接到汤老师的电话，征询我能否承担一节全国性展示课的任务。初生牛犊不怕虎，自认为已经历了市、区两级多次公开课经验的我毫不犹豫地接受了这个光荣的挑战。

本次课堂展示的主题是微课—翻转课堂实践探索，我结合自己任教初三的实践，加入了思维导图的探索运用，确定了本次公开课的课题为《巧用思维导图，分析人物形象》。首先，我进行了细致而又具体的个人初备。制作微课PPT、录制微视频、设计课前自主学习任务单及课堂自主学习任务单、形成完整的教学设计、制作上课 PPT。万事俱备，只待集备团队同仁听课、磨课、评课。

汤凤珍老师、金培忠老师、王默涵老师等人过来听课磨课，王默涵老师在翻转课堂及信息化教学方面给予了更加专业的指导性意见：

第一，微视频应在课前播放。

第二，微视频的内容要紧扣课前自主学习任务单进行录制。

第三，学生的展示环节要突出信息化教学的特点。

汤凤珍老师则从语文专业层面指出了这节课存在的几个问题：课堂环节过多，学生疲于应付；绘制思维导图的过程过于简短，建议给学生更多的发挥空间；老师相对而言讲得更多，可以大胆地放手给学生去讲解。

金培忠老师从中考备考的角度指出，由于是去深圳授课，那么建议联系深圳中考，突出初三备考课的特点。

宋洁老师则从细节方面提出了她的建议：PPT 字体过小；板书设计还可以优化；教师随时注意教态。其他同人也都从各个方面针对我的课堂提出了宝贵意见。

接收完如此多经验丰富的前辈们的真知灼见后，我立刻马不停蹄地开始了第二轮的个人备课。重新录制微视频、完善自主学习任务单、精简教学环节等诸多修改工作完成后，我忐忑地迎来了第二轮听课与评课。第二轮的课堂教学中，我尤其注意把课堂的更多自主权交还学生，鼓励学生大胆上台展示自我，最后自我感觉课堂效果与之前相比有了不少进步。

在评课过程中，金培忠老师首先肯定了我的进步，接着再次提出了他的小建议，学生展示环节为何不改变传统的背投方式，改为用平板进行拍照展示呢？程仟胜老师则建议加入小组评价机制，调动学生的学习积极性。众人拾柴火焰高，同人们对我的建议让我对即将进行的展示课有了更大的信心。第三轮的个人备课也水到渠成。

11 月 26 日，金湾教师一行在汤老师的带领下前往深圳东方英文书院参加教育部主管的中国智慧工程研究会教育科研与教师发展专业委员会举办的常态翻转课堂实践教学观摩会。11 月 28 日晚上，我前往借班上课的深圳东方英文书院与学生们见面，并引导学生们提前学习了微视频，完成了课前自主学习任务单。此次会面非常愉快，虽是初次见面，但可爱的学生与我非常投缘，也让我对第二天的课堂呈现效果倍加期待。第二天的课堂展示如期而来。课堂的第一个环节是测一测，针对微课的内容对学生们检测一下掌握的情况。第二个环节是议一议，学生们以小组为单位，针对课前自主学习任务单进行交流与讨论。同学们的讨论相当热烈，我巡堂给予适时指导和评价。第三个环节是讲一讲，小组推选代表针对课前任务单进行具体的分析和讲解。被推选出的代表们站上讲台，指点教室、激扬语言，其他小组成员的评价和补充也非常到位。第四个环节是绘一绘，学生们独立思考并绘制出以文中"小伙子"的人物形象为中心的思维导图，我随堂给予指导并对好的作品拍照上传，四位被上传作品的同学站上讲台，对自己绘制的思维导图进行讲解，其他小组成员予以评价和补充。最后，我在课堂小结中谈到了思维导图阅读法的好处，并对同学们提出了在语文学习中运用思维导图的建议和希望。

本次课堂展示获得了与会教师代表们的一致好评，我也从这次公开课的打磨过程中感受到了辐射式集体备课的魔力。在集体备课中，老教师把自己的教学思路和经验全都传授给青年教师，实现了资源共享，青年教师在探讨中，更容易发现他人的长处，审视自己的不足，有助于形成多元而合理的专业知识结构，从而在教学过程中更加游刃有余地把握整个课堂，最终促进专业成长。

外国语学校王焕老师：

2017年3月25—28日，我到苏州参加了全国第二届翻转课堂本土创新暨微课程教学法教学观摩会与首届全国翻转课堂教学基本功观摩活动。

在本次全国翻转课堂教学基本功大赛中，我有幸获得课例实录（KLSL）一等奖，于是应大会会务组邀请，将自己制作的《展现人物心理的方法》的微视频进行了展示和讲解。

观赏着别人精心制作的微视频，比照自己尚停留在"读屏"阶段的略显粗陋的微视频，感觉自惭形秽，不过这也许就是参会学习的意义，能让我有机会了解到更多的知识和技术，为我下一步制作出精美、高效的微视频、指导学生的课前学习提供了积极有益的帮助。

此次苏州之行，我收获满满，不仅深入接触了微课程教学法这一全新的教学理念，并以此为依托得以对翻转课堂有了进一步的认识。在以后的教育教学实践中，我一定会继续深入钻研、不断吸取经验，在翻转课堂之路上越走越远，让自己受益，让学生受益。

五、集思广益磨优课，博采众长促成长

本课题自开题以来，积极开展辐射式区域强弱联动集备活动，培养了一大批青年骨干教师，辐射带动了一大批教师进步成长。金海岸中学的汪福义老师、谭蓉老师、温伟权老师、刘靖老师、孙月老师、向芬芳老师，三灶中学的王栩宁老师、冯丽珠老师、李智玲老师、陈玉荣老师、黄文慧老师，红旗中学的黄最老师、文建辉老师、黎娜琼老师、何晓棠老师、甘伟英老师，外国语学校的王焕老师、周青老师、石媛媛老师；小林中学的金培忠老师、刘兵老师、宋洁老师等，都以骨干教师的身份，以身作则，率先垂范，积极参加集备活动，起到了极为良好的模范带头作用。

下面谨以金海岸中学孙月老师的《记叙文中的心理描写训练》一课的集备

过程、三灶中学陈玉荣老师《故乡》一课的集备收获，外国语学校周青老师的集备心得体会等文章，说说辐射式区域强弱联动集备活动对广大教师专业成长的推动作用。

例一　金海岸中学孙月老师谈《记叙文中的心理描写训练》一课的集备过程

珠海市金湾区教育科研培训中心教研员汤凤珍老师带领全区语文教师进行了"辐射式区域集体备课活动模式的实践与探索"的课题研究，积极开展以集体备课带动教师专业成长的探索，并取得突出成效。

下面就以初中语文七年级下册的《记叙文中的人物心理描写训练》一课为案例，谈谈我们如何进行集体备课，如何实现教师的专业成长。

一、钻研教材

《描写要生动》是七年级下册第六单元的写作实践内容，要求学生练习如何通过描写把人或动物写活，写出特点，具体而言，即要求学生可以通过对人物的外貌、动作、语言、心理等的刻画，表现他们的性格；通过对动物的形态、动作、叫声、习性的描写，刻画它们的特点。本课《记叙文中的人物心理描写训练》是《描写要生动》这个写作实践活动中的一个细小分支。本课从人物的心理描写入手，勾连课内、课外，让学生学习揣摩人物心理，掌握心理描写的方法，在作文中将心理描写应用自如。

二、备课磨课

（一）第一次集体备课

集体各课讨论时由主备人说课，自行"求医问药"——介绍自己的备课思路，教学设计的意图，重难点突破等；再由备课组其他成员分别"问诊"——根据自己的修改，发表意见、最后，达成初步的形成第一份教学设计。

1. 讨论情况

充分利用教材提供的学习资源，拓宽学习和运用领域。我们将课堂中运用的示例更改为课文片段、学生习作、电影片段，让学生利用已知知识去学习新知，加深理解。

2. 反思

学生通过学习课文片段、同学习作、电影片段将课堂和其生活世界结合起来，将新旧知识联系起来，实现有效教学。但在调动学生参与积极性，活跃课堂气氛方面还要再下功夫。另外，内容过多，需要做适当取舍。

(二) 第二次集体备课

主备人用第一份集体备课后形成的教学设计去上课。课后，对照第一次会诊中的病情表现，对二次课例进行自我诊查反馈。参加二次会诊的成员从课的整体着眼，会诊课堂教学中出现的新问题，并对重复出现的老问题进行研究分析，从而形成第二份教学设计。

1. 讨论情况

（1）教师语言要精练简洁，增加鼓励、赞赏性的表达。

（2）将课本剧表演更改为"猜一猜钥匙在谁手中"的游戏。

（3）学生桌面上的无关物品要少，避免分散注意力。

2. 反思

"纸上得来终觉浅，绝知此事要躬行"，学生在"猜一猜钥匙在谁手中"的游戏中，不仅得到快乐，而且锻炼了细致入微的观察能力和缜密的推断能力，让后面的当堂创作变得容易多了，有话可写，并且课堂环节更加连贯、流畅。

(三) 第三次集体备课

主备人用第二份集体备课的教学设计上完课后反思：在三次课例中我的"老毛病"是"治愈"了还是继续存在？我们的"诊疗方案"是否对提高课堂教学效率起到了相应的作用？在反思中、在研讨中主备人和会诊教师的教育理念、教学水平、评价能力都有了一个"质"的飞越，取得了双赢，获得了共同的成长。

1. 讨论情况

增加信息化手段的运用，提高课堂效率。采用观看微课、利用"拍照同屏"功能展示作业、课堂表演、在 QQ 相册中交流互评等方式来提高学生的学习兴趣和参与度。

2. 反思

(1) 微课，让学生在课前预习时对本课的难点知识先有所了解，减少了课中学习的难度。

(2) 看完微课后，要求学生完成预习作业，并将预习作业拍照上传至班级学生QQ群相册，然后要求学生在相册中对其他同学的作业从书写、语言、内容等方面进行点评或点赞。学生参与积极性高，作业质量得到提升。

(3) 在课堂上对学生在QQ相册发布的作业情况，点评情况进行小结，表扬、鼓励学生的积极参与。教师课前在班级学生QQ群相册中挑选具有代表性的学生作业作为课堂讲评的范例，增强学生的荣誉感。

(4) 当堂练笔之后，学生以小组为单位学生交流讨论，推选本组最优秀的小作文，发挥"小组合作探究"的优势。用平板电脑对学生推选出来的小作文进行拍照，然后利用同屏功能，将小作文投影到屏幕上，供全班同学欣赏、点评。

(5) 利用问卷星设置调查问卷，对学生的满意度进行调查统计。学生的反馈意见还可通过QQ留言来收集。以服务学生的姿态来改进教学，才能获得学生的认可。

信息化手段的运用提高了教学效率，增加了课堂的容量，带给学生更多的展示机会，但也对教师提出了很高的要求。

三、我们的集备高效策略

(一) 集思广益，和而不同

本案例集体备课，主备人要将主备的教学内容深入吃透，梳理出教学内容的知识点和教学目标，确定好教学的重、难点，并就教学目标的达成，教学重、难点的突破做深入的思考和设计，然后形成交流意见。其他备课组成员对教材认真研读，理清其知识体系，梳理出教学的知识点，并初步考虑相应的教学设计。无论是主备人还是辅备人都要在初步设计的基础上，发表自己对知识的理解、对教材的处理、对教法的运用、对练习的要求等的看法，列出自己的困惑和疑问，以便交流时供大家重点讨论。和而不同，让教育变得有个性有诗意；包容差异，在丰富多彩的教学实践中达成和谐。

（二）思辨明晰，专业引领

集体备课坚持的是求同存异的原则，考虑较多的是年级学生的共性。"教学有法，而无定法。"由于各班学生都有其各自的特殊性，教师也各有自己个性化的教学风格和特长，备课组统一一个教案显然不符合教学原则，也违背素质教育的根本要求。因此教师在集体备课的基础上进行了二次备课，即结合本班学生的实际和自己的教学风格，认真修改，合理取舍，这种修改可以包括教学方法的更换，可以是教学片断的增删等，使之更贴近自己的教学实际。在集体备课中碰撞思维，点燃智慧，沟通情感，经历了"个人自备，集体研讨→求同存异，合理取舍→教学反思，集体会诊→个性研修，再度调整"的流程，既注重了集体的交流与研讨，又注重了个性化的发展，最终实现集体备课的有效性。

（三）合作学习，团队和谐

集体备课为合作学习创设了平台。教师合作学习的主要方式是在学校中构建起学习型组织，基本的学习方法有头脑风暴法、分享式讨论和反思对话。老教师的科学"预设"、合理"生成"，值得年轻教师学习；年轻教师的激发情感、媒体活用也值得老教师借鉴。大家取长补短，分享经验，反思不足，共同进步。

实践证明，辐射式集体备课促进了教师专业成长，新老教师的共同成长，也实现了课堂教学的高效、优质。

例二　三灶中学陈玉荣老师以《故乡》集备过程为例谈集体备课的收获与反思

以《故乡》为例谈集体备课的收获与反思

金湾区三灶中学　　陈玉荣

集体备课是一种新的教科研方式，如果说传统的备课是"个人单枪匹马作战"的话，那么集体备课就可以算作"集团军规模化作战"。俗话说"三个臭皮匠，顶个诸葛亮"，集体备课的最大的特点是强调集思广益，相互切磋，发挥集体的群策群力和协作精神，使之产生"1+1>2"的效果。

近几年来，我有幸参加了金湾区的语文集体备课，感觉受益匪浅。印象特别深刻的是 2015 年 10 月执教《故乡》前的集体备课。

《故乡》是一篇传统的教材篇目，也是鲁迅先生的代表作之一。无论是从内容到形式，从人物塑造到环境描写，从历史意义到现实价值等，可讲、可学、可探究的内容太多了。过去，在教《故乡》这一课时，我总会为准备讲这一课而大费心思，从鲁迅先生的基本情况——祖籍、身份、笔名、原名，到他的代表作品小说集、散文集、杂文集等去收集资料，然后在课堂上灌输给学生，强调他们做笔记，重点字词一一罗列到黑板上，全文线索、讲重点段落词语的作用、中心等。用几节课详细讲给学生，有时，担心考试时因为自己没讲到，而使学生不会做还会不时补充一些我认为重要的点，其结果是我做了大量的工作，而学生呢？除了极少数自觉性强的学生外一大部分只是被动接受，印象不深刻，没有达到理想水平，有时，也很纳闷：我的付出和回报为什么不成正比呢？问题出在哪里？当时更多的是责怪学生，并没有从自身去寻找原因。而那一次在汤老师的指导和我们初三中心备课组成员的集体备课下，我采纳了大家的良好建议，第二课时的时候专门对人物形象结合中考考点进行分析，收到了意想不到的效果。

一、课前的小测，切合中考考点，题量适中，起到了很好的检测作用。

二、对闰土的任务形象分析细致深入，联系中考考点进行指导，不仅让学生理解了闰土的人物形象而且掌握了分析人物形象的基本方法、答题技巧以及答题的基本格式。有效地将新课教学与中考阅读板块考点进行了融合。

三、对闰土的人物形象进行了详细分析，并以此归纳了概括人物形象特点的方法之后，设计了中考题分析杨二嫂的人物形象，不仅对课文进行了学习，也以练习的形式巩固了中考的考点及答题技巧。

四、重视朗读，重视学生语文素养的培养，让学生在朗读中品味人物性格特征。

当然这一次还是存在了一些遗憾与不足：

一、由于是借班上课，作为老师我有些许的紧张与不放心，所以讲授过多，特别是对闰土的人物形象分析上讲授太多，导致耗时过多，最后造成课堂前松后紧。

二、第一次尝试这种教学形式，对课堂的把握还不够娴熟。

三、因课堂前松后紧，在总结归纳答题技巧与答题格式的时候不够细致，指导不够到位。

这一节课有收获有遗憾，但是更多的是留给我思考。初三的教学很紧张，如何能将我们的新课教学与中考考点有效融合？这将是我未来教学的思考方向。另外，集体的智慧带给我深深的震撼！正是因为有我们初三中心备课组成员的共同努力，不吝赐教，最终才有了我这一课时全新的教学设计，也才有了最后的课堂教学。在此，衷心感谢汤老师和中心备课组的每一位成员！

当然集体备课并不是万能，集体备课也不是一定能有效的生成。需要做的工作很多：

（一）主备人初备

定好主备人，主备人要认真钻研教材，形成完整的教学设计，并提前把教学设计分发给备课组的每位教师，让每位教师"挑刺"、找毛病。

（二）主备人说课

说课要涵盖教学设计的每一个环节，包括说教材、说学情、说教法、说学法、说教学过程等。

（三）研讨与修订

主备人说课完毕后，要在备课组长的组织下，就主备人的教案和说课情况进行广泛深入的讨论，每一位教师在集体备课中都应当积极参与讨论，发表自己的独到见解，集思广益。意见达成统一后，对教案进行修订，形成共案。

（四）教师再备完善

每一位教师要在共案的基础上，根据自己的教学风格、不同的教学对象，自己对教学理论、教学方法、教学内容的理解等，在集体备课之后进行二次备课，对共案做适当调整，使教案具有个性化特征，即形成个案。

（五）实践与反思

教师依据教学个案进行教学实践即上课，课后要认真做好教学反思，把成功之处、不成功之处、课堂感悟，以及拟改进的措施等记录在个案上，作为以后的借鉴。只有这样才能不断进步。

附《故乡》第二课时教学设计

珠海市三灶中学 陈玉荣

教学目标：

1. 学习运用外貌、语言、动作等描写手法分析人物形象。

2. 学习运用对比突出主题的方法。

教学重点：分析人物形象。

教学难点：运用对比突出主题。

教学过程：

一、课前小测：（10 分）

（一）根据拼音写词语

1. 渐近故乡时，天气又 yīn huì（　　　）了，冷风吹进船舱中，呜呜的响，从篷隙向外一望，苍黄的天底下，远近横着几个 xiāo suǒ（　　　　　）的荒村，没有一些活气。

2. 然而圆规很不平，显出 bǐ yí（　　　　）的神色，仿佛嗤笑法国人不知道拿破仑，美国人不知道华盛顿似的。

3. 也不愿意他们都如闰土的辛苦麻木而生活，也不愿意都如别人的辛苦 zì suī（　　　　）而生活。

（二）古诗词默写

4. 酒酣胸胆尚开张。鬓微霜，又何妨！持节云中，_____？_____，西北望，射天狼。（《江城子　密州出猎》）

5. 浊酒一杯家万里，_____，羌管悠悠霜满地，人不寐，_____。（《渔家傲　秋思》）

6. 了却君王天下事，_____。可怜白发生！（《破阵子　为陈同甫赋壮词以寄之》）

7. 足蒸暑土气，_____。(《观刈麦》)

二、预习检查

学习小组长检查本小组同学"导学案"完成情况，并汇报。

三、新课学习

人物形象分析：闰土

1. 在故乡，"我"见到了许多人，其中着重写了哪两个人物？这两个人物中，又重点以写谁为主？

2. 默读描写闰土的文段，思考：

（1）文章运用了哪些手法刻画闰土，突出了闰土怎样的性格特征，请完成下面的表格。

变化	少年闰土	中年闰土
外貌	十一二岁，紫色圆脸，头戴小毡帽，颈上套一个银项圈，有一双红活圆实的手	身材增加了一倍，脸色灰黄，很深的皱纹，眼睛周围肿得通红，头戴破毡帽，身上只一件极薄的棉衣，浑身瑟索着，手提一个纸包和一支长烟管，手又粗又笨而且开裂，像是松树皮了
动作语态	活泼刚健，动作干脆利落，说话脱口而出，朴质、生动；有智有勇，热情、纯真	说话吞吞吐吐，断断续续，谦恭而又含糊，显得迟钝麻木
对"我"的态度	"只是不怕我"，送我贝壳和鸟毛，告诉我很多稀奇的事。对"我"友好，热情，和"我"建立了纯真的友情	对"我"恭恭敬敬，称呼"我"为老爷，和"我"之间隔了一层可悲的厚障壁了
对生活的态度	天真活泼，无忧无虑	悲哀、痛苦，生活压得他喘不过气来。而他把幸福的希望寄托在神灵身上

101

少年闰土：生气勃勃　热情开朗　勇敢善良　小英雄

中年闰土：衰老贫困　因循守旧　麻木迟钝　木偶人

（2）造成闰土变化的原因是什么？

明确："多子……木偶人。"说明帝国主义、封建主义的双重压迫、统治是当时中国农村衰败、萧条、日趋破产的根源，揭示了辛亥革命的不彻底性。

封建等级制度的残害。

（3）闰土为什么要拣"香炉"和"烛台"？

明确：把未来寄托神佛。说明他受封建迷信思想愚弄之深，说明了他的麻木迟钝。说明了闰土是旧中国一个尚未觉醒的农民形象。

明确：说明了辛亥革命后，中国农村破产，农民生活痛苦的现实。劳苦大众在封建传统观念辖制下所受的毒害以及人与人之间的隔膜。

小结：分析人物形象的方法：

1. 通过典型事例来理解人物形象。

2. 通过人物描写来把握人物性格。

3. 在与周围人的对比中把握人物性格。

4. 通过故事背景、文章主旨概括人物性格。

四、考点链接：分析人物形象是中考的一个重要考点，2011 年《旧餐桌上的美好时光》第 15 题，2013 年《天使儿》第 15 题均为人物形象的分析。题型展示如下：

2011 年广东省卷《旧餐桌上的美好时光》：第 15. 你是怎样看待安东尼这个形象的？（4 分）

参考答案：安东尼是一个处于青春叛逆期的青少年，他自立、热情、冲动。（2 分）他的自立和热情值得肯定。然而，他追星狂热，过于冲动、固执，不可取。（2 分）

2013 年广东省卷《天使儿》：15. 请结合文本，概括商未央的形象特点。（4 分）

参考答案：（1）善良、有爱心：收养了低能儿葵葵，给他慈父般的关怀。

（2）有宽广的胸怀（有气量）：面对"用傻儿子来作秀、炒作"等指责，不做辩解。

（3）善于发现的孩子的潜能：发现画作、拍摄相片、给报社写文章等。

（答对一点给2分，答对任意两点给4分）

五、合作探究

1. 这两道中考题有何异同？

2011年广东省卷《旧餐桌上的美好时光》是"怎样看待"，不仅要分析人物性格品质，还需要进行评价；2013年广东省卷《天使儿》，是"结合文本，概括商未央的形象特点"，答题时不仅要写出人物性格品质，还需要结合文本答题。

2. 归纳人物形象答题技巧及答题格式

六、课堂训练

请结合课文34～52自然段描写杨二嫂的内容，根据中考人物形象的考点自行设计中考题，并附上答案与评分标准。

明确：昔日的杨二嫂：端庄文静　安分守己

今日的杨二嫂：自私　尖刻　贪婪　势利

归纳答题格式：品质特点＋具体依据

七、课堂总结：这节课我们不仅认识了活泼可爱的少年闰土，也见证了中年闰土的沧桑变化，作者通过生动的人物描写、典型的情节把昔日的小英雄、如今麻木迟钝的木偶人都刻画得淋漓尽致。也正因为这样，这节课我们着重讲解了分析人物形象的方法，希望同学们牢固掌握并灵活运用到我们的阅读和作文中。

八、作业布置：完成导学案第4小题：主题探究。

例三：外国语学校周青老师以个人集备经历谈教师专业成长（节选）

一、集体备课————发挥了教师团队优势

新课程理念提倡合作，不仅是指学生的学习方式，还应是教师的教研方式。发挥团队精神，发挥每个教师的特长，互相取长补短，群策群力，增强教师之间的合作关系，使原来势单力薄的教师个体走出封闭的圈子，每个教师的个人优势被整合为集体的智慧，会时时迸发出令人惊喜的创新思维和教学设计。

集体备课应坚持"资源共享、优势互补、酌情加减、课后反思"的原则。这也就是我们通常所提倡的"三级备课"：即自备、复备、完善。自备，教师分到备课任务后，根据备课要求先行备好教学设计；复备，备课组活动时，由备课教师先行说课，备课组成员就该教案的得失提出修改意见，备课教师根据成员意见修改教案；完善，各教师根据实际情况补充教案，使之更为完善，并在教后及时填写好"教后札记"，完成"教学反思"。

由于新课程课堂教学的动态生成性，由个人备课向个人与集体合作备课转变的同时，集体备课还应提倡由静态备课向动态备课转变；由于备课是终身随时的感悟，不仅仅是写在纸上的文字，因此集体备课应由文字教案向文字与思维相结合的教案转变。

二、集体评课———骨干示范、案例研讨引领教师专业成长

授课、说课、听课、评课是学校反思性教研的常规工作，集体评课也是我们学校的日常教研工作。在集体评课的教研定位上，是与校本培训接轨的。一次集体评课，就是一次有意义的案例引领式的培训。以一个个鲜活的课堂教学范例为载体，通过对课例的点评和分析，共同提炼出老师们平日教学中的问题和困惑，再合作设计突破的方案，并从教学实践中得到验证，从而提升教研质量。

每学期要召开几次全区性的教学研讨活动，形成"众人搭台，一人唱戏，大家受益"的良好局面，为老师们集体评课提供了平台。组织由下至上的集体评课，即先由备课组交流评议，再以"宣讲"或"沙龙"及"培训"等形式组织全体老师集中评课，为老师们集体评课创设对话、民主、具有指导意义的研讨氛围。在集体评课的过程中，我们老师都有分工，由学习层的教师做课堂实录的记录，由资深教师整理、宣讲评课稿或案例分析，并尽可能由专家教师提炼有指导意义的教学问题和教学困惑，参与的所有老师讨论交流。每一次集体评课就是一次宝贵的学习，教师与教师之间的互动、沟通、分享，会促使老师们用开放的心态彼此发现、彼此欣赏、彼此接纳，促进了教师间的团结。

在全区大的教改背景熏陶下，我个人也在潜移默化中变化着。

（一）改变了教学评价方式

首先我们必须改变现有的以考试作为单一的教学评价的方式。语文这个学科本来就不像数学等理工科学科一样拥有唯一的标准答案。正相反，语文应该鼓励学生在课堂上多思考，课后多阅读，培养学生的能力，扩大学生的视野。要实现语文课堂的改革，必须变革现有的评价方式。我们可以将考试作为学生对基础知识掌握程度的一个测试，但是不能"一考定终生"。对于教学评价必须采取综合评价的方式。考试只能是作为其中一项参考标准，除此之外，我们还要综合考虑学生平时的表现及其在生活中运用语文的能力。

（二）改变了语文教学理念

第一，语文教师要转变教学观念，将语文课堂还给学生。充分尊重学生的自主性与独立思考，引导学生主动学习，积极创新。改变传统单一的讲授法教学，而采取多种教学法相结合。例如，讲授《罗布泊，消逝的仙湖》这篇课文时，根据汤老师的建议，我在课前就录制了以"语言品析"为主题的微课，让同学们了解感知语言品析的特色和答题的规范。而在课堂上老师仅仅是各个环节的联络员和重难点的点拨者。重点突出的语言品析题的讲解和巧妙的板书设计都是学生在课堂上的精彩表现！只有这样，才能真正让语文课堂变得有趣起来，学生也才能充分参与其中，成为课堂的主人！

第二，要贯彻"一课一得"。有些语文教师总是担心不能完成教学任务，无法应付各种考试，便不顾学生的实际接受能力，将知识点塞满整个课堂，恨不得每一秒钟都讲授一个重要知识点。而实际上学生的学习效果并不好。我们要追求"事半功倍"，而不能"事倍功半"。比如在《成长还是毁灭》名著对比阅读教学中，单课题的设置就进行了三次集备。之前，我总顾虑太多，想讲的内容也太多。经过几轮讨论，汤老师最后敲定将目标通过人物的比较来探究主题时，整个构思就豁然开朗了。我一改一部名著阅读的常规，找准一个切口——探究人物结局的原因，将两部名著对比阅读。所以，这一节课重点就是在比较中梳理人物形象，探究原因。在梳理人物性格的同时何尝不是一场心灵的洗礼呢？这样的设计，激发了学生的学习兴趣，提高了学习的效果和学生的学习成就感，真正做到"一课一得"。

（三）提高了教师素质

课堂是学生的，但是教学的主导者仍然是老师。转变教学方式，对老师提出了更高的要求。第一，是知识准备方面。教师为了更好地回答学生在自主学习过程中会产生的各种问题，必须更加勤奋地学习专业知识。同时，只有教师本身具有开阔的视野，才能更好地引导学生进行自主学习。一味地依靠教参和教案是行不通的。第二，是教学准备方面。为了实现语文课堂的多样化，教师必须在课前进行更多的准备。例如，给学生分组，制作多媒体课件，收集与课程相关的资料，等等。都要求教师在前期进行更多的投入。第三，是情感准备方面。鼓舞人心的语文教育课堂要求以学生为主体，教师与学生之间建立平等的师生关系。这要求教师能够理解自己的学生，并能够尊重自己的学生。只有教师与学生多交往，建立起良好的师生情感，才能真正实现。

教研并不遥远，教研就在我们身边。走近你，温暖我——走向"集备"，也就是走向每一个教师自己生活的舞台，更大地激发教师的创造热情，使教育的理想成为教育的现实。如今，我区已营造了良好的教研氛围，促进了教师教育智慧的生成，促进了教师的专业化发展！我相信通过我们共同的努力，我区的教研之路会越走越宽，越走越精彩！

第三章

研究效应

第一节　研究成果

经过多年的实践与探索，在课题组全体成员的共同努力下，本课题取得以下成果。

一、认识性成果

1. 更新了教师的教育教学观念，树立了以生为本的思想。

2. 培养了教师的团队观念和团结合作精神。

二、理论性成果

1. 产生了由本课题研究探索出来的、自名为"教师发展决定论"的理论。其主要思想内涵为：

以区域集体备课促教师发展，以教师发展促学生发展，以师生发展促学校发展、教学质量提高。

2. 出版了题目为《初中语文区域集体备课模式的探索》的专著（约 13 万字，由光明日报出版社出版）。

三、实践性成果

1. 成功探索出一个较为完善的、操作性较强的区域强弱联动集备的模式：主备人个人初备——区域集体备课（形成主案）——主备人二次个性化备课（生成个性化特色教案）——课堂生成与演绎（集体观课）——反思与议课（集体评课）——辐射带动（观课老师以主备教案为蓝本，根据本班学生实际和个人风格，再备再上课）本研究在初中语文课程标准理念下，采取强弱联动、区校联动、多校合作等方式，注重团队作战、集体智慧、深层次探索研讨。以集中研讨或网络平台教研为形式，通过优秀教师、优质资源的带动辐射，让其他较为弱势的教师的语文专业水平得到进步或提高。它是教师进行校本教研的重要形式与阵地，是教师研究问题、解决问题的有效途径，是贯彻落实课程标准理念和提高教师专业发展水平的有效平台，它为提高教学质量、培养优秀教师团队、整体提升教师专业发展水平产生极大作用并带来深远影响。

2. 形成了系列研究案例（见第三节研究案例）。

四、创新性成果

本课题为原创课题，它根植本土，面向全国。它来自学科基层，又为学科基层解决了许多基本的问题。它就像一根线，能将学科许多问题有机联系起来，又有效地解决了许多实实在在的问题；它就像一个平台，老师们在其中磨炼、磨合，讨论、研究，发展、提高。本课题研究，确实富有重大而深远的现实意义和战略意义。

本项研究，创新了区域集体备课活动的理论，第一次形成了以集备促教师发展，以教师发展促学生发展，以师生发展促学校发展、教学质量提高的理论。

创新了区域集体备课活动的模式。第一次让集体备课活动区域化、强弱联动化，并起到了强大的辐射带动作用。

创新了区域集体备课活动的内容，第一次让集体备课活动与教师专业发展、教师队伍培养有机联系起来，并使之相互促进，相得益彰。区域集体备课帮助学校有效落实了教学常规，提高了课堂教学效益，均衡并提高了学科教学质量，加强了科组建设，增强了科组凝聚力和战斗力。教师们通过集备平台，学会了学习，学会了研究，语文专业得到了发展，综合素养得到了提高。

创新了区域集体备课活动的研究风气。第一次通过集体备课这个平台，开辟了一种真正民主、开放、多元、富有正能量的学术氛围、学术风气或研究氛围、研究风气，建立了一种相互促进、相互鼓舞、相互劝勉，共同发展提高的良好学术学风和教研风气，并使之成为推动本学科教学质量均衡、教师素质不断提高、教师队伍不断发展壮大的内动力。如科研课题研究初步实现了从无到有、到如今校校有课题，人人研究课题，个个争做研究型智慧教师的良好局面。

创新了区域集体备课活动的目标。第一次通过集体备课这个平台，通过优质资源共享，通过骨干教师的带动和辐射，实现了教师团队整体素质和整体专业发展水平的有效提升。初中语文的教学行为规范了，课堂精彩了，教师成长了。

能如此全面、深入、持久地将集体备课活动与优秀团队培养和教师专业发展有机联系起来、并作为课题展开深入研究与实践的做法，在本地区、本省乃至全国，可能都是一个创举。

五、发展性成果

1. 教师的语文专业素养得到加强和提高，教师团队的专业成长获得发展和提高，教师队伍建设整体得到加强和提高。教师的教学行为规范了，课堂教学质量与效益提高了，语文专业素养得到全面提高。

如小林中学的金培忠老师现已成长为市级语文名师、金海岸中学的汪福义老师、外国语学校的夏云老师等已成长为市级语文骨干教师；周青、刘兵、陈玉荣等老师被评为区级语文名师或骨干教师；金培忠老师还成立了金湾区语文教师工作室，骨干教师队伍培养成功，一批青年教师在茁壮成长。

2. 学校教学质量和初中语文教学质量都得到初步的均衡与提高。

我区外国语学校自成立至今，初中语文每年级均只有一位教师，多为刚毕业的年轻老师，缺乏教学经验，自参加本课题研究以来，语文教学成绩突飞猛进，一直遥遥领先于全区甚至全市同行。去年第一次参加全省中考，以平均分93.06分的成绩位居全市第二名，受到全市同行的高度赞誉。外国语学校的王焕老师的教学教研成果荣获国家一等奖；周青老师参加我区课堂教学竞赛荣获全区一等奖，周青、石媛媛老师多次参加广东省教学论文评比荣获三等奖。外国语学校三位语文老师在语文专业发展和个人专业方面均获得长足的发展和提高。

3. 科组建设得到加强。科组活动开展正常了、频密了，老师们爱参加了；也爱上学习和讨论了；研讨气氛热烈了；教师的凝聚力得到很大的加强，学校的常规教学得到有效落实和加强。

4. 教师的科研意识得到加强，学术氛围和学术研究风气初步形成，教学研究成为教师们的一种自觉行为。我区初中语文教师的课题研究从无到有、从浅到深，从低级到高级，学术研究已成为老师们的一种习惯，学术研究风气已渐渐浓厚。

六、奖励性成果

2011年金海岸中学夏云老师代表珠海市参加广东省初中语文课堂教学现场比赛荣获二等奖；2012—2016年以来，金海岸中学汪福义老师、三灶中学李智玲老师、金海岸中学的屈超彬老师、外国语学校的周青老师、红旗中学的叶梅老师代表金湾区参加珠海市初中语文课堂教学现场比赛分别荣获一等奖和二等奖。

三灶中学冯丽珠老师作为全国第二届以"构建高效的语文课堂"为主题的中学语文教学论坛会议特邀的优秀教师代表，为大会上了一堂生动、高效的教学观摩课，得到与会教师的一致好评。

2015年4月，外国语学校周青老师参加全国十大名校学校发展名校长论坛、名师献课暨重庆市初中名校"卓越课堂"大型精彩展示活动中，为来自全国的代表作了课题为《春酒》的精品课展示，受到一致好评。

2016年小林中学刘兵老师代表我区以《巧用思维导图　分析人物形象》一课，参加教育部主管的中国智慧工程研究会教育科研与教师发展专业委员会举办的常态翻转课堂实践教学观摩会，得到与会教师的高度称赞。

2017年外国语学校王焕老师代表我区以《展现人物心理的方法》为题，在教育部主管的中国智慧工程研究会教育科研与教师发展专业委员会举办的常态翻转课堂实践教学观摩会苏州会场，展示并介绍微课程制作的技巧与经验，得到与会教师的高度赞扬。

七、推广性成果

1. 与江苏省洋思中学合作，推广实践本课题区域集体备课模式和理论理念。我区的汪福义、何晓棠、宋洁等老师曾与洋思中学的共同备课、共同磨课，专业素质得到提高。邀请洋思中学的蔡荣老师等名师与我区语文老师进行区域集体备课，举行同课异构等教研活动，教师们在活动得到成长提高。

2. 与广东省中山市坦洲实验中学合作，学习他们先进的集体备课经验，修改完善了本课题的区域集体备课模式，也推动了课题的深入研究和发展。

3. 与珠海市香洲区多所名校合作，学习他们的集体备课先进经验，邀请了紫荆中学、文园中学、九洲中学、拱北中学、第七中学等学校的名师、优秀教师与我区老师举行同课异构、同课同构等教研活动，推广实践本课题区域集体备课模式和理论理念，教师们在活动得到较快成长和提高。

4. 与广东省四会市、广东省清远市清新区等地区的多所学校合作交流，推广实践本课题区域集体备课模式和理论理念，教师们开阔了眼界，吸收了经验，获得了成长与进步。

第二节　存在的问题和困惑

三年的课题研究，也发现不少的问题，也存在一些研究的困惑。对今后的工作，也做了一些思考和筹划。现简要谈谈课题研究存在的问题及今后的工作设想。

一、存在的问题和困惑

1. 教师专业发展评价难以全面实施与评价。

2. 如何将集体备课纳入学校教师考核奖励机制，调动教师参与集体备课的积极性。

3. 如何减轻教师集体备课的负担。

4. 要建立一个怎样的能促使教师团队发展和共同提高的好的评价机制，才能形成高效、务实、善于研究的集体备课团队？

5. 如何建立一个骨干教师激励机制，充分发挥骨干教师的领头和辐射带动作用？

6. 如何改进和完善教学评价管理制度，已便更加有效营造集体备课的和谐氛围，打造团队团结向上的精神？

7. 科研课题研究经费严重缺口，严重滞后了科研课题成果的实践和推广。

二、今后工作设想

1. 继续拓深拓宽课题研究。

2. 继续为教师专业发展与成长搭建平台。

3. 继续抓好学科教研组建设。

4. 继续为建设一支优秀教师团队竭尽全力。

5. 继续将提高语文教师专业素养，培养教师专业成长，打造强大的专业团队作为本课题研究的终极目标并将继续为之努力奋斗。

三年的课题研究，三年的风风雨雨，三年的艰苦磨砺，让我们成熟，让我们成长，也让我们经历了许多的困难和困惑。但不管如何，我们仍感激，是课题研究和课题研究团队，让我们得以进步和提高。教改之路漫漫，课题研究之路漫漫。在未来漫长的路上，我们仍将继续在辐射式集备研究方面倾注智慧和心血。

"路漫漫其修远兮，吾将上下而求索"，是为共勉。

第三节　研究案例

案例一：此案例是本人作为主备者，通过集体备课，集思广益，尝试运用课程标准的"非指示性"理念与形式所做的一个大胆创新。

《病梅馆记》教学设计（设计者 汤凤珍）

一、教学设想

通过课前预习，解决字词学习困难；通过课前收集课文有关信息，概括认识龚自珍其人其文，以及了解清朝封建统治的黑暗和压制人才，摧残人才的社会现实，进而把握课文主旨，理清文章思路。

在整个教学过程中，尝试贯彻运用新课标精神中的"非指示性"理念与形式来组织课堂教学。充分发挥学生的主体作用，体现学生的主体地位。

二、教学过程

（一）课前励志

我很欣赏这句话："给我一个支点，我将撑起整个地球！"利用这节课，创造机会，展现自己。敢吗？

（二）激趣引入

1. 现在我吟诵一句诗，请同学们也用一句诗来和应。要求是：咱们诗句所描述的事物必须相同。

请听："已是悬崖百丈冰，犹有花枝俏。"学生和应。

2. 咱们诗句吟诵的——就是梅花！

一枝枝冰清玉洁的梅花，仿佛让我看到了一个个品格高尚的人士——以物喻人是好文章的常用手法。

3. 今天我们学习的龚自珍的《病梅馆记》有运用这种手法吗？透过龚自珍《病梅馆记》里的梅花，你看到了什么？想起了什么？（点击打开《病梅馆记》课题幻灯片）

（三）自读检查

1. 同学们可有预习这篇文章？（点击打开"自读情况交流"幻灯片）你预习了什么内容？（提问）并在提问中弄清作者简况和写作时代背景。

2. 你在预习中有朗读课文吗？朗读是语文学习的好办法。现在请大家自由、响亮地朗读课文。要求：第一，读准字音；第二，读好节奏；第三，读出情感。

3. 赏读：

（1）刚才我听到有些同学读得真不错。谁敢展示一下你优美的朗读？（学生朗读展示）（点击打开"赏读"幻灯片）

（2）读得好吗？好在哪？请你像他一样读一次。有不足之处吗？不足之处在哪？请你示范读一次。（学生点评）

（四）说说初读感受

通过预习，朗读，相信大家对课文都有了或深或浅的感受。请用一句话把这种感受说出来。（学生谈感受）（点击打开"说说初读感受"的幻灯片）

（五）确定学习主题

1. 从大家的感受里，可以知道大家对《病梅馆记》已有了一个整体的了解。为了进一步深入学习课文，也为了提高本节课的学习效率，先请小组讨论，再全班共同确定一到两个方面作为本节课主要的学习内容。（点击打开"自定学习主题"幻灯片）

2. 归纳明确并板书：

学习目标：品语言、悟情感。

（六）学习研讨

既确定了学习目标，现在就请各小组分工合作，讲究方法，研讨学习，并且归纳记录好本小组的学习成果。（点击打开"自主研读学习"幻灯片，各小组自主研讨学习）

（七）交流研读成果

各小组派代表汇报学习成果。（点击打开"交流研读成果"幻灯片）

（八）提问讨论

在小组学习研讨过程中，大家一定碰到不少疑难问题。现在，请各小组派出代表，把你们的疑难问题提交给别的小组。大家共同讨论，达成共识。（小组展开讨论）（点击打开"提问讨论"幻灯片）

（九）延伸拓展

自主研读和提问讨论，让大家较为深入地领悟了课文。但学无止境，学习更讲究举一反三。为了加强同学们延伸拓展的能力，请同学们阅读《摘下面具》这篇文章，并思考两个问题。

1. 关于文章，你读懂了什么？

2. 关于做人，你想到了什么？点击打开文章《摘下面具》，学生阅读文章，展开讨论。

（十）反省

延伸拓展，展示了同学们学习的另一种风采。同学们，有反省才有进步。告诉老师，这一节课，你最成功的地方是什么？不足之处是什么？请提出一条下节课一定能做到的改进措施。（学生发言，谈自己在本节课的成败得失和下节课的改进措施）

（十一）结束语

假如你是老师，请你用一句优雅的话来总结一下这节课。（学生发言，尝试从不同角度来总结本节课）

（十二）老师寄语

同学们精彩的表现，使我犹如又一次沐浴在叶圣陶老先生"教是为了不教"那伟大教育思想的春风里。

谢谢大家！下课！

三、教后反思

在教学过程中也有很多不足的地方，比如，贯彻运用新课标精神理念还不够彻底；文言知识的教学由于放在了课前自学的环节，因而忽略了在课堂上的检查和反馈；对梅花姿态的审美观的引导，缺乏多角度的延伸和讨论等。

四、附短文《摘下面具》

摘下面具

又一个忙碌的六天半走进了历史，我终于能有这半天的空闲放松一下绷得紧紧的神经和韧带。

顺手拿来一张光碟，张惠妹，就是她了。《给我感觉》已听过多遍，但这一次，我的心仍被这音乐电视的画面深深震撼：

这是一个奇怪的世界，路上的行人，车上的乘客，男人女人，老人孩子，全都戴着面具，而且是一样的面具！一样的颜色，一样的嘴脸，千人一面，一个死气沉沉的世界！

突然，一位来自天国的使者，摘下了那将人遮得严严实实的、使世界变得黯淡无光的该死的面具，露出了属于他自己的，写满了个性的脸。每一个被摘掉面具的人，分明像重新发现自己似的，无不惊喜地张大了嘴巴。于是一个充满了生机的五彩缤纷的世界出现了，黑暗再也不见了踪影。

我顿时感动得想哭，疲劳，烦恼全都没有了。我站起来和着这节奏欢快地跳起来唱起来。

是的，正是由于有了亿万张不同的脸，亿万种不同的思想，这个世界才变得如此美丽。可是，谁要是用自己的嗓子大吼一声，肯定会被认为是疯子。我们不是在摘下面具，而是在使劲地往别人的脸上戴面具。

每个人都应该想想，我是谁，我在干什么，我们每天像机器一样运转是为了什么。我们失去了什么，又得到了什么。

让我们摘下面具，找回自己，找回自己的个性。让每个人都拥有一个写满自己个性的精彩人生！

附《病梅馆记》课堂教学实录（执教者　汤凤珍）

一、课前励志

老师（以下简称师）：今天，老师用一句自己喜欢的话跟大家共勉："给我一个支点，我将撑起整个地球。"利用这节课，创造机会，展现自己。敢吗？

齐：敢！

二、激趣引入

师：现在，我吟诵一句诗，请同学们也用一句诗来和应。要求是：咱们诗句所吟诵的事物必须相同。请听："已是悬崖百仗冰，尤有花枝俏。"谁来？

生1："待到山花灿烂时，她在丛中笑。"

师鼓励：谁还有？

生2："零落成泥碾作尘，唯有香如故。"

师纠正："只有"。

生3："落红不是无情物，化作春泥更护花。"

生4："遥知不是雪，唯有暗香来。"

师鼓励：还有谁要说？

生5："无意苦争春，一任群芳妒。"

生6："宝剑锋从磨砺出，梅花香自苦寒来。"

生7："梅须逊雪三分白，雪却输梅一段香。"

师明确：不错，同学们，咱们诗句吟诵的，就是——

齐：梅！

师小结：梅花，一枝枝冰清玉洁的梅花，让我仿佛看到了一个个品格高尚的人士。以物喻人，托物言志，是好文章常用的手法，今天我们学习的龚自珍的《病梅馆记》有运用这种手法吗？

齐：有。

师启迪：透过龚自珍《病梅馆记》里的梅花你看到了什么，想到了什么？同学们有预习吗？

齐：有。

三、自读检查

师检查预习：请告诉我你们预习了什么内容。谁来说，你预习了什么内容，把预习的内容用一句话说出来。

生1：我预习的内容大概是：整篇课文内容大概意思，课后练习的解答和这篇文章的思想感情。

师鼓励和肯定：不错，谁还说。

生2：我预习了这篇文章，知道这是一篇托物言志的文章。

师鼓励和肯定：运用了托物言志的手法，谁还来说？

生3：我预习的问题是本文的主题。本文是谴责人们对梅花的摧残，形象地揭露和批判了清朝统治阶级束缚人们的思想。

师继续检查预习：谁在预习时弄通了、收集了有关作者和写作背景的资料，谁有？

生4：这篇文章写于1839年，作者托梅喻政，以梅为喻，曲折地揭露了封建传统思想和病态社会对人们思想的束缚，对人才压制摧残的罪行。

师鼓励和肯定：很好，谁来介绍作者？

生5：我想补充一下：作者龚自珍对经学、史学、散文、诗词等都有很好的研究，在思想上提出"人性无善无不善，善恶后起"的一家之谈。

师鼓励：时代背景，谁来补充一下？

生6：当时的写作背景是在鸦片战争的前夕。

师鼓励：那，前夕——当时的社会环境怎么样？

生6：当时的社会环境是封建统治者摧残有才能、有骨气的人才。

师鼓励：为什么要摧残？

生6：当时清政府腐败无能，他不希望有些有骨气的人反对他的统治，只一味地和外国侵略者臭味相投，同流合污。

师鼓励和肯定：很好，封建统治者为了巩固他的统治，他们是大肆摧残人才，压制进步思想。是吧？

齐：是。

师再鼓励：再问一个问题：在预习中，大家可有朗读？

齐：有。

师再鼓励：现在，再请大家自由响亮地朗读至少三次课文，要求：一、读准字音；二、读好节奏；三、读出情感。开始。

学生自由朗读……

师鼓励：刚才我听到有的同学读得真不错。认为自己读得不错的，请站起来，有点自信。请展示一下你的朗读。

生7："此文人画士，心知其意，未可明诏大号以绳天下之梅也；又不可以使天下之民斫直，删密，锄正，以天梅病梅为业以求钱也。"

师鼓励：谁还要展示一下你的朗读？

生8："安得使予多暇日，又多闲田，以广贮江宁、杭州、苏州之病梅，穷予生之光阴以疗梅也哉！"

生9："江宁之龙蟠，苏州之邓尉，杭州之西溪，皆产梅。或曰：'梅以曲为美，直则无姿；以欹为美，正则无景；以疏为美，密则无态。固也。'"

师质疑：qi还是xi，谁还要读？

齐：QI

师鼓励：谁还来读？

生10："安得使予多暇日，又多闲田，以广贮江宁、杭州、苏州之病梅，穷予生之光阴以疗梅也哉！"

生11："纵之顺之，毁其盆，悉埋于地，解其棕缚；以五年为期，必复之全之。予本非文人画士，甘受诟历，辟病梅之馆以贮之。"

生13："有以文人画士孤癖之隐明告鬻梅者，斫其正，养其旁条，删其密，夭其稚枝，锄其直，遏其生气，以求重价，而江浙之梅皆病。文人画士之祸之烈至此哉！"

师引导：现在问一下：你认为谁读得最好？

生1：我认为钟育真读得最好。

师鼓励：怎么好？

生1：因为她读出了那种节奏。

师鼓励：什么节奏？

生1：荡气回肠的节奏。

师质疑：荡气回肠的什么节奏？

生1：她读出了作者内心的那种悲愤。

师鼓励：悲愤的——

生1：情感。

师引导：请坐下。"悲愤的情感"，这是文章的——

齐：主旨。

师引导并小结：主基调。是吧？通篇文章都荡漾着悲愤之情，那是荡气回肠的节奏吗？整篇文章的节奏，你觉得他们读得怎样？铿锵有力？同学们说，是铿锵有力吗？

齐：是。

师引导并鼓励：好！试就我们读的那一段，读出铿锵有力，读出悲愤之情，行吗？

齐：行。

师：读哪一段？

齐：最后一段。

师鼓励并引导：好。最后一段除了悲愤还有一种什么样的情感，还有什么情感？如果要有更多的时间、更多的闲田来疗梅就好了，他有吗？

齐：没有。

师引导：因此，流露一种什么啊？

齐：惋惜。

师鼓励并引导：无可奈何，又悲愤。开始！

齐："呜呼！安得使予多暇日，又多闲田，以广贮江宁、杭州、苏州之病梅，穷予生之光阴以疗梅也哉！"

师：最后一句读出力量了吗？

齐：没有。

师鼓励并引导：没有！作者是"穷——"怎么样呀？作者是"穷予生之光阴以疗梅"也，那是一种什么？理想！一种斗志呀！是吗？多昂扬的斗志呀，读出来了吗？

齐：没有。

师鼓励：试一下，一、二读。

齐："穷予生之光阴以疗梅也哉！"

师鼓励并小结：像了！是嘛，以后再读得更好吧。通过预习，通过朗读，相信同学们对课文已有了或深或浅的理解。有理解就有感受，请用一句话来说说你对这篇课文的感受。谁来说？

四、交流初读感受

生1：通过读《病梅馆记》这篇文章，让我看到了清皇朝的覆灭是注定的，但我还是为中国有龚自珍这样的爱国者感到一丝丝安慰。

师鼓励：很好！

生2：读完这篇文章，我对饱受摧残的梅表示深深的同情。

师鼓励：谁还来说？

生3：通过朗读，我感受到作者对病梅的怜爱之情和对文人画士摧残梅这种行为的愤恨。

师肯定并鼓励：很好，谁还能讲？

生4：读完这篇文章的感受是全文皆写梅而作者运用了托物言志，以梅喻人，托梅喻政，借梅抒发了封建统治者扼杀人才的感受。

五、确定学习主题

师小结并鼓励：好，通过谈感受，大家对课文有了一个整体的了解，是吗。为了进一步深入学习课文，也为了提高本节课的学习效率，请同学们小组讨论一到两个方案作为本节课的学习主题，想一想定什么主题作为本节课的学习内容，谁先来讲？

生1：我们组研究的主题是，作者的写作意图和作者是怎样把梅和人才联系起来的。

师鼓励：谁还说？

生2：我们组决定，就是主要研究这篇课文的结构特点还有主题。

师质疑：主题？

生3：我们主要研究的是课文的思想立意。

师肯定：很好！

生4：通过讨论，我们组决定，以托物言志手法讨论。

生5：我们组在领略文章志趣的同时也不可忽略作者在炼字造句方面的真功，因为没有作者造句炼字上的匠心独运，文章的主旨就不可能表现得这样淋漓尽致。

师鼓励并引导：张宏菊的见解怎么样呀？

齐：真独到。

师鼓励并引导：要品清、要领悟深透作者的思想感情，必须先品味深透什么？

齐：字、词、语言。

师引导：所以这么多组提到了"思想"这个词！那我们就把这个熟悉的主题确定在"品语言、悟情感"方面，好不好？

齐：好。

师鼓励并引导：请同学们自主研讨学习，"品语言、悟情感"，小组请注意分工合作，讲究方法，并且归纳记录好本小组的学习成果，等会儿指定一个代表发言。开始！

六、研讨学习

各学习小组展开热烈讨论……

七、交流研读成果

师鼓励：好了，经过一轮的学习，相信大家也有一定的成果，哪个组先来说？

生1：我们组通过研究学习知道了本文以病梅为主题，以疗梅为中心，针对的则是人才的问题，表面上字字句句都是说梅，实际上是以梅喻人，字字句句都抨击时政。全文以梅喻人才，以文人画士喻封建统治者，通过梅的惨况，压抑被摧残的事实，影射统治者对人才的扼杀，本文的写法委婉、含蓄、寓意深刻。

师肯定并鼓励：谈得很全面、很深刻。是吧？这组学得不错。

生2：我们组通过学习，了解了作者为改革现有的政治局面所体现的无畏勇气和忘我的牺牲精神，即使受到排挤主观上仍不消沉，体现了作者是一个不屈不挠的斗士。

师肯定并鼓励：非常好，谁再来？

生3：我们的研究成果是：作者写这篇文章时用了很多精湛的词语。比如，"斫其正，养其旁条，删其密，夭其稚枝，锄其正，遏其生气。"一字一句揭露了他们对政学人才的残暴摧残，"养"字形象地点出封建统治阶级专养奸佞小人的不良居心，而"删"字用暗喻的手法形象地点出封建统治暗害大批人才，人才遭到压抑迫害，标志着新生力量被扼杀，"锄"字则暗喻大量正直忠贞之士的被扼杀，"遏"字形象地写出了不让人才散发蓬勃的朝气，对应下面作者写疗梅行动和疗梅的决心。

师肯定并鼓励：罗毅影形象地阐述了怎么"品语言、悟情感"，是吧？

齐：是。

师小结并引导：这就是"品语言、悟情感"。课文抓住这些动词、体现了作者什么样的情感，哪一组还来发言？

生4：我们也是从"品语言、悟情感"这个角度出发进行研究的。文章开头第一段就引用了"梅以曲美，直则无姿；以欹为美，正则无景；以疏为美，密则无态"，这一段话通过了"曲"和"直"；"欹"和"正"；"疏"和"密"的对比表现出了两种不同的审美观，在文人画士眼里，他们追求"曲""疏"然后就对梅进行"锄其直，遏其生气，斫其正，养其旁条，删其密，夭其稚枝"，有些其中的动词全面揭露了封建统治阶级摧残人才的手段，其中由于封建主子的统治，作者就想对梅进行拯救治疗，表现他决心的文字在后面一段有写到，如"纵""顺""毁""悉""解""复""全"，这些词句都表现了作者满腔愤怒之情和与封建统治者战斗的激情。

师肯定：说得真好，也是抓住字词来分析情感。

生5：我从这篇文章的第一段的第一句"江宁之龙蟠，苏州之邓尉，杭州之西溪，皆产梅"。看到了龚自珍对人才的关注，也对作者的思想情感做好了铺垫。

师鼓励并引导：很好。文章一落笔就呈现给读者一片梅林呀！那它有什么深刻寓意呢！文章为什么一开头就申明"皆产梅"，并将产梅的地方告诉读者？

齐：是为了说明人才很多。

师鼓励并引导：并非只把读者置入梅林之中，更重要的是喻——

齐：人才多。

师鼓励并引导：对，江山代有才人出。是吧？江浙一带历来是中国最为人才荟萃之地，是吧？它为下文叙、议人才受摧残和抒写心里的那种悲愤之情做了什么？

生6：铺垫。

师鼓励并引导：铺垫。那好！现在请大家开始研读。在研读过程中，同学们可能会遇到疑难问题。可以把你的疑难问题提交给别的小组，希望通过研究，大家能达成共识。关于课文，谁还有问题？

八、提问讨论

生1：本文的"甘受诟厉"，体现了作者的什么思想感情，为什么他们只"甘受"而不反击。

生2：因为在当时政治非常黑暗，如果他反抗就会受到统治者的摧残和杀害，所以作者只能忍受，只能从侧面去抨击当时政府。

师鼓励并引导：很好，当时写"清风不识字，何故乱翻书"也有罪，也要坐牢。可见清政府当时怎么样？禁锢思想摧残人才之严重，是吧？

生3：课文的第二段倒数第二句，他说"以五年为期，必复之全之"。为什么一定要五年？不用更少的时间或是更多的时间来把他实现？

师鼓励并引导：谁来回答这个问题？

生3：我想请张弘菊同学回答。

师鼓励：张弘菊呀，点名要你回答了。

生4：我认为，因为人才的摧残是极为严重的，但是呢，使那些人才得到舒展的话需要更多的时间。

师鼓励并质疑：人才叫不叫舒展呢？人才得到疗救，人才受害之多之广，因此要的时间要长。五年仅是说明时间长，一定是五年吗？

齐：不一定。

生5：我想问一下，为什么那些人不爱健康的梅而偏爱病态的梅？请杨文龙同学回答一下！

生6：因为课文提到"梅，以曲美，直则无姿；以欹为美，正则无景；以疏为美，密则无态"，而那些"蠢蠢求钱之民"是以这种美态来美化梅的。

师鼓励：你们组谁再来补充么？谁来补充，我听见同学们在听的时候好像有反应，好像感觉杨文龙的回答得还不够全面。听见你有反应了，你来回答一下。

生7：就是反映了社会的思想感情。

师质疑："社会的思想感情"，这个句子有没有问题？

生8：有，因为历来都是以这个为标准，所以他们为了重钱就不顾它的病态。

师鼓励：林佩威，你来重复一下你的问题。

生9：为什么当时的人不爱自然健康的梅而偏爱病态的梅？

师鼓励并引导：首先，我们要弄清楚，那些人是什么样的人？

齐：文人画士。

师鼓励并引导：文人画士是什么人？

齐：封建统治者。

师引导：封建统治者为什么喜爱病梅不喜欢自然之梅？

师再引导：为了巩固他的统治，所以摧残人才不让你健康自然地成长，是吧？

齐：是。

师关切地问林佩威：你明白了吗？（林佩威点头）

杨水秀：我们组的问题是：为什么作者以梅的产地为开头，这样写有什么好处？我想请杨潇婷同学来回答这个问题。

杨潇婷：这篇文章首先写梅的病态，引出下文，起了一个启下的作用。

师鼓励：汤发强，你好像对这个问题有自己的见解？

汤发强：一开始写梅给读者一个……

师鼓励：一个想象的空间，一开头为什么写梅？刚才带着这个问题我们不是讨论过了么？

齐：讨论过了。

林嘉恩：江浙之梅皆病，恶果的产生哪些人是罪魁祸首呢？我请潘俊霖这组回答！

潘俊霖：江浙之梅皆病，都是那些文人画士，都是鬻梅者为了那些为业以求钱，所以就产生了那些病梅！

林嘉恩：我不是这么认为的。如果是鬻梅者的话，那么他只是一个销售者，那么背后的主使者是谁呢？

黄盛爱：我认为这背后的主使者是文人画士。因为文人画士需要这种病梅，所以鬻梅者为了顺应文人画士的心意，他们就生产种植一些病梅残梅。

师鼓励：讲得对吗？（大家点头）

钟育真：我认为文人画士只是帮凶，真正的主使者是封建统治者。

师引导并明确：对不对？课文层层深入论证了这个问题。是吧，听明白了吗？

齐：明白了！

余夏媚：为何作者用梅花喻人，不用莲花或者其他事物来喻人，来抒发自己的感受呢？

师鼓励并引导：是呀，这个问题提得真好，人才什么不好喻，为什么要用梅呢？

余夏媚：我请黄盛爱同学回答。

师鼓励：黄盛爱同学，再请你呢！

黄盛爱：我觉得以梅喻人才，因为梅品格高尚，它最适合人才，最像人才。

师鼓励：对呀！这个问题回答得行吗？

齐：行。

九、延伸拓展

师小结并引导：我都觉得很好了啊！我们要提的问题一定还很多，但因为时间的关系，我们就暂时讨论到这里。经过自主研读、提问，讨论，相信同学们对课文已经有了一个较为深刻的理解了，但学无止境，为了锻炼同学们延伸拓展的能力，请同学们阅读《摘下面具》这篇文章，并思考两个问题：1. 关于文章你读懂了什么？2. 关于做人你想到了什么？现在请各小组展开学习讨论。

各小组展开学习讨论……

师鼓励并引导：同学们，读懂了什么就说什么，想到什么就说什么。我们先请这组派一个代表来发言，好不好？这组哪个同学没发过言？

师鼓励并引导：关于做人，你想到了这个问题是吧？最好完整一点回答。想得好呀，还有哪个同学。

生1：我回答的也是第一个问题。我读完这篇文章以后，我懂得了文章是以"面具"为线索的，通过面具映射出的是人与人之间的虚伪，文章警示我们不要给自己戴面具，更不需要给别人戴面具。

师肯定：好，读懂了。

生2：我想纠正一下的就是说：做人要解放自己，解放自然的自己，做一个真诚自然的人，不要戴面具。

师鼓励并引导：真诚的人。不要戴着面具做人。

生3：关于做人：人生是要自己塑造的，不要被别人所塑造。自己的人生自己创。

师肯定：自己的人生自己创。美吗？

齐：美！

师肯定：真美呀！我都想不到这么美的句子。

生4：关于做人，每个人都会有得有失，既然是必然的事，那么我们就要勇敢面对，不要逃避。个性是人的灵魂，拥有灵魂的人才能真正地享受生活的点点滴滴。

师鼓励：个性是人的灵魂，说得真好。

生5：通过这篇课文的学习，我懂得了做人要有个性，要做真实的自我。

生6：戴着面具只会痛苦地活着，而唯有摘开面具真诚地对待一切，才能让世界更美好。我的地盘，我做主。

师鼓励并肯定："我的地盘，我做主。"希望你真能做个好主人。

生7：读完这篇课文，我想到了人与人之间的相处贵在坦诚，我们应该抛开虚伪，以一颗真挚坦诚的心，对待我们身边的每一个人。

师鼓励：给点掌声好吗？难得揭英华发言了。是吧？

生8：关于做人：生命满希望，胜利由我创。

师鼓励并引导：平时作文水平不怎么样，今天说得真好，真该给点掌声，要谈的可能会很多，同学们，孔子经常反省自己，我们作为一个普通的人也要反省，有反省才会有进步。请同学们用一句话说说你这节课成功的地方和不足之处，提出一条下节课一定能做到的改进措施。

十、总结反省

生1：我觉得我这节课可以做到的是我能认真地弄懂每一句而学到一点东

西，但不足的还是只学到这点东西，我不能更广泛地学习。

师鼓励：希望多一点时间学更多！

生2：这节课我觉得自己胆量不够，预习不够，想到的问题都非常愚笨。

师鼓励：那你觉得你最大的成功之处是什么？

生2：能够认真地听。

师鼓励：能够认真地听！会听也是一种素质，是吧？值得我们学习，现在，提出改进措施，哪个先说？

生3：我觉得这节课我发言还不够流畅，如果下节课能不那么紧张的话，我会表现得更好。

生4：我觉得这节课同学们反应还不错啊，很积极……

师鼓励：说你最成功的地方，不是说同学们。同学们的，让同学们自己反省。

生4：然后呢，我自己都觉得自己发言不是很积极，然后还有一些问题不够深入去理解，然后我希望同学们在朗读方面呢，还要加强。

师纠正：多少个"然后"？

齐：三个！

师鼓励：学会完整、流畅、优美地说话。

生5：我感谢龚自珍让我学到这篇课文，也感谢我们小组让我回答了一个问题，我希望下次我能回答更多的问题。

师鼓励：我也希望。谁还来说？

生6：我觉得这篇课文，给我们介绍了从前那些贤士。有才能都不能发挥自己的才能，而现在我们有机会应该好好地学习。

师鼓励：是，珍惜现在。

生7：从这篇文章中可以学到托物言志这种写作方法！

师鼓励：你以后想用它吗？

生7：想！

师：想，就好好用。

生8：这节课，我的成功之处是听取到很多同学对这篇课文的见解，所以我学到了不少，但是不足的地方是我没有掌握自己的舞台，我希望有机会可以展现自己。

师鼓励：是呀，支点没找到，是吗？谁还讲？

生9：我只是静静地听别人讲，没有自己讲，自己不足的地方就是自己组织语言的能力还不够强，希望下节课我的语言能够流畅，还要大胆地发言。

师鼓励：提高是吧！语言能力，希望能得到提高，其实你这次的表现比平时好多了！像老师那样，用一句优雅的话，说一句结束语，试一试！

十一、结束语

生1：这节课同学们都学到了很多东西，而且碰巧有这么多"革命同志"来听课，同学们都表现得那么活泼，我感觉到很骄傲。

师鼓励：我都为你们骄傲啊！谁还来说？

生2：同学们，你们让我看到了你们的亮点，希望以后继续努力。

师：行，说！

生3：千言万语难懂我现在的心！

师：你现在的心怎么样？

生3：我现在的心很激动也很兴奋。

师：为何激动兴奋？

生3：为这节课我能回答一个问题而兴奋。

师：我以为是因为我在你身边呢，呵呵！

生4：我要谢谢各位老师今天来听我们的课，希望你们再次光临我们502班，谢谢！

师：他代表老师，代表同学们说出了我们的心声。是吧？谢谢各位老师光临指导。你们还有话要说吗？你们说得那么优雅，让我不敢说，因此要借你们的嘴说一句结束语，你们再说吧！张迪诗人。

张迪：宝剑锋从磨砺出。

师：真做了一句诗。虽说是借他人的诗，也不错。

张迪：梅花香自苦寒来。

张迪：不经过磨炼怎么能见到彩虹。希望同学们努力，争取考到大学。

师：每节课都上好，肯定能考上大学的。噢，502班好样的！张迪真是句句有诗啊，是吧，平时好多同学都写诗。其实不说诗也行呀！

生5：同学们，今后我们要像屏幕上的那个天使一样：擦去黑暗，擦出我们的光辉。

师：擦出还是超出？

齐：擦去。

师：擦去黑暗，把黑暗擦去。

生5：找出属于自己的一条新路。

师：行，擦黑暗，能擦去吗？像橡皮擦那样能够擦去么？用点魔力可能行，是吧？行不行？

齐：行呀！

师：有魔力就行。一般情况下，黑暗我们叫擦去吗？冲出黑暗，走向光明，是吧？

齐：是。

生6：我们的舞台就在前面，等待我们的是优美的舞姿，用我们自己的行动去争取。

师鼓励：真美，跳舞。希望同学们都能在平凡中崛起。

生7：我觉得同学们都表现得很好，我觉得同学们可以表现得更好，我希望！

师鼓励：在平凡中崛起。男孩子表现不错，女孩子也展示一下，谁来？成银姬有没有讲过一句话？成银姬，你来！

生8：时间总是过得很快，要是让我们再有一次机会的话，我想各位老师和各位同学能再次光临502班，再上一节更好的课。

十二、老师寄语

师：跟我提要求啊！我也想说一句，同学们精彩的表现，让我犹如沐浴在叶圣陶先生"教，是为了不教"那伟大教育思想的春风里，我如沐春风！感谢大家，下课！

齐：谢谢老师！

附《病梅馆记》集体评课记录

评课者1：吴老师

对汤老师的这节课，我谈谈个人看法：我觉得这堂课很好。首先，知识与能力的教学培养把握得非常准确，在课堂当中能够做到以学生为主，体现新课标精神。整个课堂注意贯彻了语文能力的培养，教学目标明确，过程方法非常清晰。

评课者2：黄老师

汤老师这节课，为我校高中语文课堂注入新的亮点。她的课，体现了师生一种双方的互动，这方面最突出。学生的学，老师的教，都很轻松，课堂的展示很完美。还有一点就是学生的发言，思维空间很广，跨越了一般的语文，很大很宽，大语文大气势，体现了最新的教学理念。还有一点是我们语文组值得学习的就是这节课有效的课堂组织教学，以及让每一个学生都参与学习，大家都学得很活跃。

有一个建议是，教学要讲究收和放。放了之后要收，收了之后要小结。不但内容思想要收，基础的东西也要收。

另外，文言文的教学要与高考接轨，教学与高考息息相关，高二过后马上要踏近高考。比如《病梅馆记》里有很多的句式，很多的实词和虚词都需要点一下，怎么点，什么时候点，要让学生在最短的时间里，既能学到知识，又得到能力。

总之这节课，汤老师上得非常有特色，是值得我们学习的。

评课者3：余老师

听了这节课后，我也很同意刚才两位老师的评价。我觉得有一点体会较深：汤老师能从以下这几个方面出发，如根据教学大纲的理念，以新的思想教老的篇目；她提升并优化了"非指示性"这样一个教育模式，把课堂的活动，学生的自主学习，自主探索和交流，当然包括对于基础知识的掌握等，都处理得很有新意。在这个过程中，学生能够掌握并表述了一定程度虽说是未必能够成系统的知识，老师注意引导同学进一步把这些知识系统化。

另外，从教学方法的角度来说，老师引导学生的讨论很活跃。文言文的教学本来是很沉闷的，现在教学气氛很活跃，这方面做得很好。她采用了多种多样的教学手段，学生自己读、自己讨论、自己质疑、共同设疑、共同讨论。教学方法设计很好，教学重点突出，课文情感、价值的把握、处理得很好。

龚自珍这篇老课文为什么一直保留下来，从他的写作手段：托物言志，以梅喻人，课堂都做得很好。龚自珍是一个改良主义者，文章从字里行间，作者痛心疾首，作者让我们从语言中深切感受到他对祖国命运对人才的关怀，"我劝天公重抖擞，不拘一格降人才"，大声疾呼。课堂还让学生感受到了一种人文关怀，感受到了一种人文精神，它让我们想到：学生也是人才，最终能不能学有所用，当然跟我们所处的时代和背景很有关系。并从这个角度激发我们的学生：充分抓住时机来学习。这样的课堂学习对学生是很有帮助的，学生也能因此联想到：古往今来多少诗文大家，他们对病梅情有独钟。为什么要对病梅情有独钟？就是因为他们的那种人格那种傲性，如毛泽东这些伟人的思想，都能人感受到这一点。

总的来说，这堂课是很成功的，是新法教老篇，很值得我们借鉴，很值得我们学习。

评课者4：练老师

听了汤老师的课，感觉汤老师的课组织得好；从教学思路到课堂架构都很好；课堂教学思路清晰；在整个教学过程当中，学生都积极参与到课堂；从教学重点到问题设计，都做到以学生为主体，教师为主导。

这堂课在教学目标上是很明白、集中的，在教学目标上是很清晰的，从组织学生到课堂结束，目标都比较突出，在课堂上都很好的贯彻教学思路，整节课给人感觉都很不错。

我也赞同前面几个老师的意见，汤老师在成功运用新课标的思想于教学中这方面值得我们在座的学习。

评课者5：高老师

汤老师是我的导师。

这节课我觉得很好。在这里我发表个人不成熟的意见。汤老师的这节课充分体现了新课程的精神，以学生为主体，充分培养了学生自主合作探究的学习能力，我觉得这节课的闪光点在于学生能够全身心地投入学习，成为学习的主人，改变了以往单纯学习的状况，让老师成为课堂的组织者和引导者。

我就发表这一点意见。

评课者6：梁老师

我发表一下个人的想法，几个老师都把这节课评点得很到位，关于汤老师的教学理念和上课的思路，几个老师的评点我都赞成，我就讲一点关于这节课的知识教学。其实，汤老师虽然不是重点地引导，只是抓住几个字词来教学，但这几个字词都很典型，这几个文言字词也是高考经常着重要考的，这些字词能点到为止已经很不错了，其他的就不讲了，就简单讲讲这些。

评课者7：赵老师

我也来讲讲这节课，其他老师也讲得比较细致了。在整节课中我体会比较深刻的是汤老师的教态，说话的语气，都非常亲切，跟学生的交流很好，所以整节课几乎看不到他们之间有任何的界限，师生关系非常融洽。整节课让我们感受最深的就是这一点。

评课小结：汤凤珍老师

课堂教学永远是一门遗憾的艺术，学无止境，教亦永无止境，因为探索永无止境。能有所得，就是成功。

路漫漫其修远兮，吾将上下而求索。

《病梅馆记》教学反思（汤凤珍）

《病梅馆记》是高中语文第三册第六单元的一篇文言散文。我预设的本课时的教学目标是通过掌握"以""之"等虚词，"病""业"等实词，进而理解课文的内容；认识作者龚自珍先生反对束缚人才，追求个性解放的积极思想意义及存在的局限性；理解课文借梅议政，托物言志的写法。

我的教学设想是：通过课前预习，培养学生良好的学习习惯，解决字词学习困难；通过课前预习，收集课文有关信息，初步认识龚自珍其人其文，了解清朝封建统治的黑暗和压制人才、摧残人才的社会现实，进而把握课文主旨，理清文章思路。

在整个课堂教学过程中，我尝试贯彻运用新课标精神中的"非指示性"理念与形式来组织课堂教学。

所谓"非指示性"，其理念精髓就是指示学习目标，不指示问题答案，学习目标由学生自主决定，问题答案由学生讨论后达成共识。

我在课堂教学实践中，不但注意把握理念贯彻的分寸，并且在课堂教学互动中注意发挥学生的主体作用，体现学生的主体地位，因此我觉得这节课成功之处在于师生关系较为和谐，教与学的主导与主体地位较为突出，学生学习的积极性与主动性较高，课堂气氛较为活跃。

但教学永远是遗憾的艺术，一节课时间有限，一定有很多不足的地方，比如，文言知识的教学由于放在了课前自学的环节，因而忽略了在课堂上的检查和反馈；又如，对梅花姿态的审美观的引导，缺乏多角度的延伸和讨论等，诚恳希望各位老师、专家、领导就本节课为我个人多多提出宝贵意见，谢谢！

案例二：此课例是主备者是金海岸中学的温伟权老师，他通过集备活动，探索并实践本校"散合式"课堂教学模式，是"散合式"课堂教学的一个成功范例。

《大自然的语言》教学设想（金海岸中学　温伟权）

说明：本课安排在第一节课，其形式和要求如下：

1. 课前师生"三不"规定：

教师"三不"：课前老师对课文不作要求、不定目标、不作任何评价与暗示，要求学生完全用自己的脑子去读书，去思考。

学生"三不"：不迷信名家；不迷信书本；不迷信老师。

2. 课中师生各"三"。老师不点名发言，不讽刺发言，不搪塞发言，要以先学者的或同学者的身份，平等地参与讨论，给学生创造最宽松的思维环境。学生从三个方面对课文展开全方位思索，一是发问自己百思不解之处，二是评价令人击节之处，三是质疑、不妥、有误之处，并强调第三点为最高级思维，是创造力最强的表现。

附《大自然的语言》教学设计（金海岸中学　温伟权）

发散思维课问题预测：

1. 什么是大自然的语言？什么叫物候学？

2. 物候观察对农业有什么重要意义？

3. 决定物候现象来临的决定因素有哪些？

4. 研究物候学有什么意义？

5. 划分段落层次，理清文章的说明顺序。段落层次：第一部分（1~3）：说明什么是物候和物候学。第二部分（4~5）：说明物候观测对于农业的重要性。第三部分（6~10）：分项说明决定物候现象来临的因素。第四部分（11~12）：说明研究物候学的意义。说明顺序：采用了从现象到本质的逻辑顺序。

6. 文章为什么以"大自然的语言"为题，有什么好处？（课文以"大自然的语言"为题，作者是经过一番认真构思的。首先，在课文第二段中有"传语""暗示""唱歌"等词语，将大自然人格化了，生动含蓄地揭示了物候现象对于农业生产的重要作用。其次，"大自然的语言"概括了丰富多彩的物候现象，给人以形象生动的印象。说明抽象深奥的物候学知识，从生动丰富的自然现象说起，精彩动人地展示出一幅四季风景图，使人容易对其产生兴趣，也符合人们由表及里认识事物的过程。）（提问或评价）

7. 为什么作者把纬度差异这个因素放在第一个来讲？决定物候现象来临的四个因素的说明顺序能否调整？这四个因素运用了什么说明顺序？这样安排有什么好处？

8. 关于文章运用到的说明方法的评价。例如，举例子、列数字、作比较、下定义等。

9. 文章第一自然段为什么要描写四季的景色，有何作用？（文章第一段生动形象地勾勒出一幅充满诗情画意的"四季图"。让读者知道了物候的种种现象，为进一步说明物候做了铺垫）（提问或评价）

10. 本文在多数情况下只举一个例子，为什么在说明经度差异对物候的影响时却举了两个例子？

11. 第十自然段中，"根据英国南部物候的一种长期记录"可否删去？为什么？（起限制作用，体现了说明文语言的准确性）（提问或评价）

12. 揣摩语言，体会本文语言准确、生动、典雅的特点。

如：文章第一自然段："萌"——准确地反映了草木开始生长的状态；"次第"——贴切地表现了花开的次序，渲染了春天的气息；"渐渐"——确切地表达了叶子枯黄的过程；"簌簌"——模拟风吹落叶的声音，使人感到秋天的肃杀；"载"——即充满，恰当地描写了风雪飘落的程度。

如：杏花"传语"、桃花"暗示"和布谷鸟"唱歌"，用拟人的笔调写来，十分生动，情趣盎然。写人们常见的自然现象，语言准确，描写生动。

附《大自然的语言》教学反思（金海岸中学　温伟权）

根据新课改的要求，注意发挥学生的主体地位，调动学生的参与意识。散合式教学法体现了新课改的精神，学生真正成了学习的主人。开放的课堂，给予了学生一个表演的舞台，学生在阐述自己的观点的同时不仅扣住了疑点要点，而且更重要的是，他获得了一份成就感，这对于学生的成长无疑能起到促进作用。学生通过自己的眼睛主动寻求到文章的要点，也必定会令其本身记忆得更加深刻，理解也必定更加透彻。

附《大自然的语言》集体评课记录

刘燕：这节课学生发言相当积极，发言质量也高。这节课真正做到了把课堂还给学生，给了学生一个表现的舞台。

谭蓉：发散思维课的评分在整节课贯穿始终，没有遗漏，而且评分恰当，能调动学生发言的积极性。

陈丽：教师教态自然，和学生亲切地打成一片。融洽的师生关系让学生能更积极地参与课堂，课堂的效果也会更好，在这节课上很好地体现了。

金培忠：学生高质量的发言有赖于平时的训练，有赖于散合式教学法的培养，从这节课学生的表现来看，我们对于散合式教学法的信心要更坚定一些。因为，它对于学生综合素质的提高是有很大帮助的。

丘卓如：授课者对于散合式教学法的操作从这节课上来看，已经是很熟练的了。学生对于散合式的课堂也已经很熟悉了。师生在充分了解了散合式教学法的基础上，课堂上肯定会有越来越多的闪光点。

向芬芳：这节课我觉得上得挺成功的，成功当然有赖于学生的精彩，不过教师的引导也是一个很重要的方面。在这节课上，教师通过引导让学生能抓住文章的重点，或者让学生深入地去思考文章的内容，教师的引导起到了一个让学生由浅入深地理解文章的作用。

孙月：我很惊讶初中学生的参与课堂的激情，我所教的高中学生，在这方面要逊色很多。听完这节课，我觉得在调动学生发言的积极性方面，看来我还得做很多的努力。

陈明能：学生发言面广，有提问，有回答，有评价。发言的质量很高，学生能够在课上能够做到不紧张，口齿伶俐地表达自己的观点，这点有赖于平时的训练。从这里我们也可以看来，发散思维课对于培养学生的勇气和口头表达能力是有很好的作用的。

郭铭辉：首先，我很欣喜地看到温老师又成长了。他对于散合式教学法的操作已经达到了非常熟练的程度，而且很善于引导学生发现问题，善于调动学生参与课堂的积极性。其次，我很惊讶。惊讶的是，学生争先恐后的热情，让我看到了学生在学习中的快乐。能够让学生在课堂上快乐地学，我想这是作为老师最大的安慰。

案例三：此案例是作为主备者的刘婧老师在参加了广东省中考复习备考课堂教学观摩学习之后，通过集体备课活动，向全区初三老师上的一节汇报研讨课。

《课内文言文复习（三）》教学设计
金海岸中学　刘婧

授课时间：2014/3/26 第 5 节　授课班级：金海岸中学初三（4）班

授课人：刘婧

教学目标：

1. 熟悉中考课内文言文问答题考点。

2. 掌握课内文言文问答题解题技巧。

教学重点：熟悉中考课内文言文问答题考点。

教学难点：揣摩中考课内文言文问答题命题思路。

教学思路：

一、回顾旧知识

1. 中考课内文言文选择题、翻译题考纲要求及分值。

①理解浅易文言文中常见文言词语的意思。（选择题 3 分）

②翻译浅易文言文中的句子。（翻译题 3 分）

2. 中考课内文言文选择题、翻译题解题方法。

①选择题：排除法。

②翻译题：保留、对应、更换、补充、调序、删除。

二、真题导航

1.（2011·广东）从选文中看出诸葛亮对后主有两方面的担忧：一是刑赏偏私，使"□□□□"；二是"□□□，□□□"。（选自《出师表》）

　　内外异法；亲小人，远贤臣

2.（2012·广东）选文抒写了"迁客骚人"两种不同的览物之情。一是"去国怀乡，忧谗畏讥"的"□□□□"的感情；二是"□□□□，□□□□"的"因物而喜"的感情。（选自《岳阳楼记》）

138

因己而悲；心旷神怡，宠辱偕忘

3. （2013·广东）第①段写城中的余寒景象，有什么作用？（3分）

答：这是欲扬先抑的写法；（1分）（选自《满井游记》）

烘托出作者"欲出不得"的压抑烦闷之情；（1分）

反衬了满井春意盎然的景象。（1分）

三、展示学习目标

1. 熟悉考点：

（1）理解浅易文言文中的基本内容。

（2）领会浅易文言文中作者的写作意图。

2. 揣摩命题思路

四、习题回放

1. 文章为什么详写方仲永才能初露的情形而略写他成年后才思衰退的情形？（模拟考二）

2.《生于忧患，死于安乐》文章开头列举六个历史人物的事例，他们的共同点是什么？列举这六个事例有什么作用？（期末考）

五、分析存在问题，归纳

1. 内容概括题（归纳提炼 筛选信息）

语言要简练；重点内容要点不遗漏。

2. 情感体味题

结合主旨句、哲理句、议论句；联系作者经历和写作背景。

六、模拟练习

1.《公输》文中墨子劝阻楚国攻打宋国可分为哪三个步骤？

①使公输盘理屈词穷；②使楚王理屈词穷；③模拟攻守。

2.《马说》全文的主旨句是什么？你是怎么理解的？

"其真无马耶？其真不知马也。"

表现作者对统治者不能识别人才，摧残、埋没人才的不满和愤慨。

3.《伤仲永》文中方仲永的变化经历了哪几个阶段？

第一阶段幼时天资聪慧；第二阶段是才能渐退；第三阶段是"泯然众人

矣"。

4.《送东阳马生序》作者从哪几个方面写自己的求学经历。

得书之难、抄书之艰、求师之诚、求学之苦。

5.《陋室铭》文中点明主旨的句子是哪一句？从中可以看出作者是一个什么样的人？

斯是陋室，惟吾德馨。

他是一个坦荡乐观、安贫乐道、不屑于世俗同流合污的人。

6.《鱼我所欲也》作者在文中赞扬的是怎样的人？批评的是怎样的人？告诫人们什么？

舍生取义的人；见利忘义的人。

告诫人们不辨礼义而贪求富贵的行为时不可取的。

7.《生于忧患，死于安乐》中孟子认为，一个国家要想避免"亡"的命运，必须具备哪些条件？

①内有法家拂士；②外有敌国外患。

七、拓展阅读：《范仲淹有志于天下》

范仲淹二岁而孤，家贫无依。少有大志，每以天下为己任，发愤苦读，或夜昏怠，辄以水沃面；食不给，啖（dàn）粥而读。既仕，每慷慨论天下事，奋不顾身。乃至被谗受贬，由参知政事谪守邓州。仲淹刻苦自励，食不重肉，妻子衣食仅自足而已。常自诵曰："士当先天下之忧而忧，后天下之乐而乐也。"

【注】①昏怠：昏沉困倦。②辄：往往，每。③沃：浇，这里当"洗"。

④啖：吃。⑤谗：说人坏话。

1. 我们应学习范仲淹的哪些精神？

2. 全文的主旨句是哪一句？

八、作业布置

1. 完成《中考宝典》92～93页。

2. 准备《中考诵读宝典》生字听写。

案例四：此课例是金海岸中学屈超彬老师作为集备活动的主备者，通过集体研讨，以与珠海市第七中学"同课异构"、在三灶中学借班上课的形式而上的一节初三专题复习研究课。

《说明文阅读拓展运用复习》教学设计

金湾区金海岸中学　屈超彬

复习目标：

能够结合文章内容，联系实际，发表独到的见解，培养学生的创新能力。

重点难点：

结合文章内容，联系实际，发表独到的见解，培养学生的创新能力。

课时：一课时。

教学过程：

一、解读说明文考纲考点

（一）解读考纲

1. 整体把握实用类文本的主要内容。

2. 阅读科技作品，筛选信息，概括要点。

3. 体会和分析实用类文本的语言特点。

4. 结合上下文理解文中关键语句的含义。

5. 运用文中知识对相关实际问题进行分析推断。

（二）解读考点

1. 考点直击

《语文课程标准》提出："阅读科技作品，注意领会作品中所体现的科学精神和科学思想方法。"纵观近几年全国各地中考说明文阅读的命题情况，拓展性试题已成了中考语文试卷中一大亮点。

拓展性试题体现了语文学习与现实生活的紧密联系，在解答这种题时能充分体现学生对文章的理解能力和对生活的感悟能力以及解决问题的能力，还可以考查学生的语言表述能力和创新能力。它是一种综合性较强的试题。

2. 考查内容与形式

课内外知识的迁移、学科知识间的渗透与运用、阅读文章后的感悟与探究、社会热点问题的思索与个人见解等。多以问答题的形式出现，分值为4分。

二、题型分析

（一）真题再现

1.（2011·广东《被妖魔化的沙尘暴》）根据文意，谈谈我们应该怎样科学地认识沙尘暴？（4分）

参考答案：①沙尘暴是一种自然现象，是地球自然生态系统不可或缺的一部分。②沙尘暴形成的根本原因与人类活动无关。③沙尘暴有害也有利。④沙尘暴的发生，人类没有能力、也没有必要阻挡。

2.（2012·广东《"毒胶囊"有多毒?》）根据文意，谈谈我们应该怎样理性对待胶囊药品？（4分）

参考答案：①用工业明胶替代药用明胶的只是少数黑心企业，不必恐慌；②要高度重视和充分认识"毒胶囊"的危害性；③要掌握鉴别"毒胶囊"的方法；④吃铬超标的胶囊类药品对身体造成的危害，并不会像传言所说的那样发生基因突变，我们不必谈药色变。

（二）题型归类

1.阅读文章得到的认识或启示。

2.对文章中提到的问题，联系实际出谋划策。

3.对文本与链接材料进行综合理解。

4.根据文章内容进行合理推断。

三、方法归纳

（一）考题举例及思路点拨

1.题型一：阅读文章得到的认识或启示。

（1）常见问法：读了本文，你对某一现象或问题有什么认识，或者你得到了什么启示？

（2）【例】（广东初中升学指导与强化训练第134页，《共生：双赢的生存智慧》第3题）文章最后提出"共生现象也给人类很好的启示"，读了本文，你能获得什么启示？

解析：这是一道典型的拓展性题目。命题要求结合文章内容谈启示，我们读完全文后，明白作者要告诉我们"互助与合作精神的共生或许是影响历史进程的另一重大因素"，也就是说作者对这一观念是持肯定态度的。

参考答案：①共生是自然界的法则和规律，包括人类在内的自然界各种生物只有服从这一规律，才能代代相传，生生不息。②人类的生存如同其他生物进化一样，不会只是单一的形式我们应努力寻求合作共生。③"合则双赢，争则俱败"，我们应努力创建和谐社会，与自然和睦相处。

（3）小结：①结合文章，联系社会和个人实际写出自己的感想。②要有正确的人生观和价值观，语言简洁，表达流畅。

2. 题型二：对文章中提到的问题，联系实际出谋划策。

（1）常见问法：①针对某种现象，提出合理化建议。②为××拟写一段广告语或标语。

（2）【例】（广东初中升学指导与强化训练第122页，《气温变化的利与弊》考点详解3 2008年辽宁中考试题）二氧化碳等温室气体的过渡排放导致全球变暖，请你提出两条应对全球变暖的措施？

解析：此题是一道开放性的学科渗透题，解答此题的前提是要有一定的知识储备，既要懂得是什么原因导致二氧化碳等温室气体过度排放，也要知道目前人类正在实施哪些应对措施。因此，平时要开阔视野，拓宽自己的知识面，这样才能从容应对此类开放性的学科渗透题。答题内容要有科学性，语言要通顺、简洁、流畅。

参考答案：措施：减排工业废气和汽车尾气，建人工湖、植树造林、开发新能源、控制人口增长等。

（3）小结①联系现实出谋划策，要符合题意，切合实际，具有可行性。语言简洁，表达流畅。②拟写广告语或标语，内容上要关注主题，形式上力求新颖。

3. 题型三：对文本与链接材料进行综合理解。

（1）常见问法：结合文章和相关链接的材料进行探究，用简洁的语言写出你的认识。

（2）【例】（广东初中升学指导与强化训练第130页，《海底飞船》第5题2007年山东滨州中考试题）阅读下面的三则连接材料，结合本文，谈谈你对我国加快发展深海载人潜水器意义的认识。

【相关链接】

材料一：中国国家"863"计划海洋领域首席科学家汪品先院士指出：深海基础研究是21世纪国际海洋竞争的重要部分。深海研究不只是人类了解地球亟待填补的空白，也是国家资源和安全保障之所系。

材料二：海洋地质专家估计，海底储存着约1350亿吨石油，近140万亿立方米的天然气，海底还沉积着极为丰富的多金属结核，其中铀的储藏量高达40亿吨，是陆地上的2000倍。

材料三：20世纪90年代以来，世界上影响最大、范围最广又难以解决的热点多发生在海洋上或沿海地区。据不完全统计，目前全世界有争议的岛礁近1000个。21世纪，中国海洋安全环境不容乐观。国外一些有识之士曾多次提醒我们："在中国海区，有70%以上的地区存在着危机！"

参考答案：①海洋是一个巨大的资源宝库，有很大的开发潜力，加快深海载人潜水器的研究对我国国家资源至关重要；②我国海洋安全存在着危机，加快深海载人潜水器的研究对我国安全保障至关重要。

（3）小结：①需要认真阅读提供的材料，从材料的内容、结构、主题等方面与原文对照并进行分析解剖，运用求同存异法，归纳出事物的共性和个性，或者理出因果关系。②透过现象看本质，总结归纳，语言简洁流畅，条理清晰。

4. 题型四：根据文章内容进行合理推断。

（1）【例】（2006年　南京试题《古诗词中的华夏春天》）我国的气候非常复杂。除了本文的介绍外，你从下列诗句中还能发现我国春天的什么特点？

①黄河远上白云间，一片孤城万仞山。羌笛何须怨杨柳，春风不度玉门关。

王之涣《凉州词》

②人间四月芳菲尽，山寺桃花始盛开。常恨春归无觅处，不知转入此中来。

白居易《大林寺桃花》

我选择第（　）首，我的发现是：

解析：这个题既考查了考生的文化积淀又注重了探究能力。要求考生首先要理解诗歌的诗意，然后在理解文章的基础上，进一步拓展研究。第一首中"春风不度玉门关"的原因是因为我国气候东西地域的差异。第二首"山寺桃花始盛开"是因为气候因地势高低不同而产生的差异。

参考答案：

我选择第①首，我的发现是：我国西北的一些干旱地区，由于气候干燥，就没有春天的物候现象出现。

我选择第②首，我的发现是：由于地势高低的不同，春天到来的时间也不同。

（2）小结：①加强课外阅读，善于观察生活，拓宽视野，重视积累。②语言简洁，表达流畅。

四、实战演练

（一）数字地球

①近来媒体的有关报道引起了人们对"数字地球"这一概念的兴趣，那么究竟什么是数字地球呢？

②为有效研究和解决有关地球的重大问题，目前世界上许多国家都在积极发展和运用先进的科学技术，如以遥感、地理信息系统、全球定位系统为代表的地球信息技术，以数字的方式获取、处理和应用关于地球自然和人文因素的空间数据。并以此为基础提出解决资源环境问题的科学方案和有力措施，增强对重大自然灾害的快速反应能力。与此同时，信息技术革命席卷全球，使人类对地球空间数据进行处理、分析的技术手段和观念发生了翻天覆地的变化。

③在这种情况下，近年来人们设想有关地球的大量的多分辨率的、三维的、动态的数据按地理坐标集成起来，形成一个数字地球。借助于这个数字地球，人们无论走到哪里，都可以按地理坐标了解地球上任何一处、任何方面的信息。

④数字地球是对真实地球及其相关现象统一性的数字化重现和认识，核心思想有两点。一是用数字化手段统一性处理地球问题；二是最大限度地利用信息资源。

⑤数字地球由下列体系构成：数据获取与更新系统、数据处理与存储体系、

信息提取与分析体系、数据与信息传播体系、数据库体系、网络体系、专用软件体系等。数字地球可以包容80%以上的人类信息资源，是未来信息资源的主体核心，是信息资源高速公路上的"车"和"货"。

⑥货币流通专家指出，数字地球这一概念的提出。是第二次世界大战以来，特别是21世纪70年代以来新技术革命的一个自然发展。无论是否提出数字地球的概念，地球信息集成和整体化工作都是当前地球科学和信息技术发展的一个重要趋势。数字地球并非一个孤立的科学项目和技术目标，而是以信息高速公路和国家空间数据基地设施为依托的具有整体性、导向性的战略思想。

练习题目：结合全文，阅读下列材料，回答下列问题。（4分）

1999年，首届"数字地球"国际会议在北京召开。专家认为"数字地球"是地图测绘、航空卫星遥感、探空和深钻的深化，是对地测绘系统（EOS）、全球定位系统（GPS）与地理信息系统（GIS）的综合，实现地球圈层间物质流、能量流与信息流数据的集成，从而对全球化进行广泛研究。以农业为例，它在农业信息通感、太空农业等领域有广阔的研究前景。一些国家利用资源卫星进行农业资源调查、作物长势和产量监测等。例如，美国利用资源卫星在估测本国小麦产量的同时，还对其他国家小麦产量进行估测，根据所得数据制定生产布局、储运、加工等计划，确定对外贸易策略，由此每年可获利数亿美元。

（1）根据材料推断，"数字地球"相关技术在"我国农业可持续发展"方面可做哪些工作？

（2）在全球问题的研究中，除农业外，还有哪些领域可以应用"数字地球"的相关技术？

题目解析：

本题主要考查学生对"数字地球"有关技术的初步认识，大致了解"数字地球"在测绘、遥感、全球定位、地理信息等方面运用的情况。

解答本题的基本思路和着眼点在于认真阅读理解所给材料中的重要信息，然后结合我国农业可持续发展进行分析。要弄清"数字地球"技术在"我国农业可持续发展"应用中的作用，就要首先分析影响农业生产的自然条件、社会经济条件和农业技术改革等因素对我国农业的影响。其次，要分析"数字地球"

相关技术对这些影响因素所能产生的良性影响，消除不良影响，实现农业的可持续发展。现在在全球问题的研究中，可以运用"数字地球"相关技术解决许多问题。如全球温室效应，海平面上升，臭氧层破坏，地震分布带，矿产监测，地形遥感，全球生态环境监测，全球气候预报，生物分布、生产结构监测等。

参考答案：

（1）土地资源利用状况遥感调查，合理布局农业。监测预报气候变化、旱涝、农作物长势以及进行产量预测，提高抗灾能力。进行农业环境污染状况监测与预报，揭示解决措施等。

（2）温室效应，海平面上升，臭氧层破坏，地震分布带，矿产监测，地形遥感，全球生态环境监测，全球气候预报，生物分布，生产结构监测等。

（二）恐惧是一种可以控制的情绪

①什么是恐惧？恐惧就是对于外部发生的危险做出的一种心理反应。有时，这种反应更近乎一种本能，例如遭遇到火灾、泥石流等危机时本能地逃跑，或是被人迎面打来一拳时本能地架起手臂防御，等等。这些因恐惧而产生的行动是对我们自身的保护，可以帮助我们回避危险。不过，如果保护过了头，我们就会变成厚厚盔甲下的"套中人"——过度、非理性、持续地害怕某种物体、现象、活动或场合，并夸大可能的危险，那就会给我们的日常生活带来许多不必要的麻烦。

②人们一般把常见的恐惧症分成四种：动物恐惧症、场所恐惧症、密集恐惧症、社交恐惧症。患有动物恐惧症的人见到一些动物的影像、图片，或看到关于动物的逼真文字描述，都会感到恐惧并想要逃避，甚至伴有强烈的生理症状，如心悸、胸闷、出汗、透气困难等。场所恐惧症主要是对封闭空间的恐惧，并且会因为无法逃离而感到担心、害怕，如处于影剧院、地铁，尤其是电梯中，感到憋闷、呼吸困难、恐慌。密集恐惧症是对排列密集的较小物体害怕或觉得恶心，如密密麻麻的虫卵、蜂巢、淋浴喷头的出水小孔，甚至草莓，等等。社交恐惧症大多存在于青少年，主要表现是对学校环境的恐惧，因升学、转学或者更换班级而焦虑等。

③恐惧自何而来？原因多种多样。可能源自于儿童时期的心理创伤，可能

受到环境中长期暗示的影响，也可能仅仅由某个单纯事件所导致，甚至还有些恐惧要归结到生物进化上去。例如，在某些惧怕蛇的人群里，有些人一生中甚至都未见过真正的蛇，但他们会不由自主地就会对蛇产生恐惧，这是为什么呢？其实，人类的这种恐惧心理是在长期的进化过程中形成的。早期的灵长类动物为了生存，在险象环生的丛林里面必须提高警惕，小心防范，一旦看到威胁生命的动物靠近（如毒蛇、蝎子、毒蜘蛛等），就会恐惧逃窜。长期的记忆被储存下来，恐惧心理由此而生。

④如何克服恐惧心理呢？一般说来，对恐惧的东西了解越多，莫名的恐惧感就有可能越少。动物学家不怕和蛇、蜘蛛等动物接触，在高楼表演杂技或修筑高楼的建筑工人不会恐高，尽管他们日常工作时就要面对这些危险，但是，通过知识的学习，技能的训练，他们已经掌握了自我保护的方法，并了解到遭遇危险应如何自我救助，因此能够泰然处之。所以，若想要摆脱你对某一事物的恐惧，就从积累知识并充分了解那件事物本身开始吧！

(选自《博物》2012年第4期，有改动)

练习题目：请结合上文和下面的链接材料回答问题。（4分）

【链接材料】电闪雷鸣时，我们很多人会感觉到强烈的恐惧，甚至会出现心悸、抽搐、身体蜷缩等症状，这就是我们常说的"雷电恐惧症"。

（1）雷电恐惧症产生的原因可能有哪些？（2分）

（2）怎样才能减少或消除对雷电的恐惧？（2分）

题目解析：

此题考查考生链接所给材料并结合原文探究信息的能力。所给材料说明的是"雷电恐惧症"的表现，其产生的原因可以运用原文第③段说明的知识进行解释，即"可能源自于儿童时期的心理创伤，可能受到环境中长期暗示的影响，也可能仅仅由某个单纯事件所导致，甚至还有些恐惧要归结到生物进化上去"。解答第（2）题，联系第④段中的"通过知识的学习，技能的训练经，掌握了自我保护的方法"一句可知，掌握雷电的常识、了解避雷有关知识是关键。

参考答案：

（1）可能源自雷电对儿童时期的心理创伤，可能受到环境中长期暗示的影响，也可能仅仅由某个单纯事件所导致，甚至还有些恐惧要归结到生物进化上去。

（2）学习雷电的常识，了解避雷有关知识，多听多看雷电这方面的声响和影片，可以减少或消除对雷电的恐惧。

五、归纳总结：

1. 答这类试题的答题要领，首先要有时代精神，关注社会热点问题、焦点问题和科技发展的前沿成果，关注国家、世界和人类的发展。做生活的有心人。

2. 其次要善于从原文中找有用信息，对社会和自然，我们渗透这样的思想理念，"不仅要能认识它，还要能改造和利用它，让它能更好地为人类服务。"

3. 做感悟启示类题，答题时要注意深入挖掘事物、事理、人物背后隐含的意义，然后联系自身生活、联系时代特征作答。

4. 做想象创新类题，要合乎科学，注重科学精神与人文精神的统一。

总之，我们在做说明文阅读拓展运用类型的题目的时候，谨记十六字诀：立足原文，联系实际，紧扣时代，大胆创新。

案例五：此课例是红旗中学何晓棠老师作为集体备课活动的主备者，为语文综合性学习活动而作的一次大胆创新和探索。

附《古诗苑漫步》课堂活动设计
金湾区红旗中学　何晓棠

教学设想

《古诗苑漫步》义务教育课程标准实验教科书《语文》八年级下册第五单元的综合性学习内容。本单元是一个古诗文单元。"古诗苑漫步"，是一次小型的古诗词的综合性学习活动。初中生积累学习了不少优秀的古典诗词，通过这次活动，对学生学过的诗词做一次较为专项的梳理，锻炼学生的收集、整理、探究信息的能力，激发学生学习古典诗词的兴趣，开阔视野，增长知识，陶冶情操。

活动设计

知识、能力目标：

1. 让学生梳理自己掌握的古诗词，让学生掌握欣赏、吟诵古诗词的基本方法。

2. 通过此次活动，引导学生体会中华诗词文化的灿烂，提高审美情趣和艺术修养。

3. 发展语言能力，培养学生写作和口语交际的能力；提高独立思考能力和合作探究意识。

活动重难点：

汲取、感悟、内化、创作。

活动策划

一、开题（提前两周布置）（1课时）

欣赏"唐诗"

二、策划设计编辑专刊

A. 收集整理：学生围绕本组专题动手查阅自己喜欢古诗的有关资料。

B. 合作交流探究法：阅读优秀的古诗词本身就是一种心灵的交流，组内交流，谈感悟和收获，并确定一首诗词作为自己组展示作品。

C. 读、诵、写一条龙：在这个活动中的整个过程中，充分发挥学生的主体作用。

三、课堂展示（1课时）

内容：a. 在诵读中体会所选古诗的情感；b. 借助各种形式解读自己对古诗的理解。形式：分小组展示，交流，评价。

活动过程

第一课时　启动指导

一、情境导入

从无名的诗人遗篇思无邪"诗"三百到"行行重行行"的古诗十九首；从汉风唐韵到宋词原唱；从罗江边到飞流直下的山涧；从卖炭翁到三代农人；从采篱东篱到充满幽香的雨巷；从"杭吆杭吆"派到后现代……千年的诗韵像一

个白发的典雅丽人虽跨越千年时空却依然熠熠生辉绚丽夺目，巧笑倩兮。美目盼兮，依然让无数人倾倒迷恋，这是跨越千年的魅力。让我们一起走进古诗词。

二、"唐诗"视频欣赏

播放多媒体

1. 千古唐诗。

2. 一代诗仙。

3. 山水诗人。

三、启动"古诗苑漫步"综合性活动

安排活动计划

（一）策划设计编辑专刊。（课外准备）

以小组为单位选角度，进行设计、编辑。（要求打印）

期刊要求：

1. 设计专刊名称。

2. 有封面设计。

3. 有目录、页码、序言。

4. 确定专题辑诗。

5. 每人选择一首古诗词及赏析。

6. 专题写作。

（二）具体指导

可以查阅书籍、网络、报刊各种资料。

1. 专题辑诗

提示：

主题：以"古诗中的_____"为题，引导学生围绕选定的专题将所记的和能查阅到的相关古诗记录到一起，编成一本专题诗集。如：

古诗中的离愁别绪；古诗中的春夏秋冬；古诗中的山水风光；古诗中的豪情壮志；古诗中的哲理；古诗中的风花雪月……

也可以是山水诗人及山水诗歌；边塞诗人及边塞诗。

中国古诗词是个浩瀚的海洋，希望同学们做勇敢的水手。

2. 最喜欢的诗及赏析

每人选择一首古诗词。

每组再选择其中的一首进行练习朗诵。

3. 专题写作

每组就其中的一首诗、诗人、事物等，进行专题思考、写作。

4. 评价表格

展示交流 教学实录一课时（两周后）

小组名称	发言/次（10分）	精彩度声音、仪态、内容（10分）	参与他组讨论（10分）	总分
第一组				
第二组				
第三组				

师生问好

师：（播放音乐）请同学们欣赏一段音乐，用一句话写出你对这首音乐的感受。

学生边听边想，开始写感受。

师：请发表你的感受。

生：绿茵成林，笛声悠扬。

生：花香鸟语，千言万语尽在不言当中。

生：春暖花开，水波荡漾。

生：春天，花朵绽放，一朵彩霞在空中飘荡。

生：优美的旋律，在我们悲伤的时刻，像母亲的爱抚摸着我们的心灵。

生：原始的气息，自然的美。

生：生机勃勃春天带给我们无限美好。

师：其实，刚才同学的每一句话连起来就是一首诗，这是现代人写诗的特点。中国向来有诗国之称，当我们刚开始说话的时候，父母就我教我们读诗、背诗。一路走来，古诗与我们相伴，我想每位同学一定对古诗有很多的理解和独特的感受。接下来，我们就按预习课上的要求，派一名代表把你们组选择的一首诗板书在黑板上，其他同学把它写在纸上，现在开始。

（六位同学在黑板上开始写诗，在座位上的同学开始在纸上写诗）

师：现在请同学评价一下黑板上的板书情况，谁来说？

生：我觉得各个组的书写的都比较好，各有各的风格。我个人比较喜欢我们组的，也就是第四组，字写得很工整，也很漂亮，一目了然。掌声！

生：我觉得第一组很有创意，竖着写，字大小适中。

师：第一组的同学很聪明，中国古人就是竖着写字的。据有关人统计竖着写要比横着写的速度快一倍以上。

生：我喜欢我们组的，字体清秀。

师：每个小组板书都有自己的特点，这些诗就是我们第五单元的内容：古诗苑漫步。大家齐读课题。

（投影的幻灯片内容出现，学生齐读课题）

师：在这节课上我们需要完成两个目标：

生：齐读（幻灯片出现课程目标）

1. 在诵读中体会所选古诗的情感；

2. 借助各种艺术形式解读自己对古诗的理解。

师：预习课上已经给大家布置了任务，接下来我们要完成第一个目标：在诵读中体会所选古诗的情感。哪个小组第一个来展示？

完成第一个目标

展示一

1. 内容：《登幽州台歌》陈子昂。

2. 形式：一位女同学背诵。

生：我觉得自己背的不是很好，想在重新朗读一遍，可以吗？掌声！

生：重新背诵。

3. 老师鼓励，学生评价

生：她感情丰富，肢体语言也很好，但是她的形式比较单调，如果能和她的组员合作会更好。

师：（师面对背诵的学生）你接受她的建议吗？

生：我不接受，因为陈子昂有一种怀才不遇的感觉，是孤独的，所以我觉得我一个人读出来比较好。

生：我很欣赏她的个性，很有自己的见解。

展示二

1. 内容《春望》杜甫。

2. 形式：两位男同学走到讲台前展示，每人半句的组合背诵。

学生开始评价

3. 学生评价：

生：左边同学加上了肢体语言很好。而另一位没有使用肢体语言，感觉不太好。

生：这两位同学背诵得很不错了，除了一些细微的地方。例如，一位同学在背诵中，轻微地摇着头，表达很伤心的感情很不错。

师：那你选择一下背诵其中的两句可以吗？大家想不想听？

生：（同学们鼓掌）并大声说："想!"

师：（学生背诵两句）谁来评价一下？

生：两位同学背诵时能把握诗的情感，如果另一位不再摇晃就好了。

展示三

1. 内容《无题》李商隐。

2. 形式：一位男同学和一位女同学走到讲台前每人一句的组合背诵。

3. 学生评价：

生：我觉得一男一女搭配很不错。因为这是李商隐写给他妻子的一首情诗，这样搭配很好。不过不足的是，这位男同学背诵到后面时不流利，如果能够把这首诗背得更熟练的话，效果会更好。

师：老师表扬这一对组合能够接受大家的建议，提示如何正确对待别人的评价。

生：我觉得这两位同学背诵得非常有感情，不过我觉得他们读到"春蚕到死丝方尽，蜡炬成灰泪始干"的时候，应该读得更加的坚定，这是李商隐表达的情感，我希望你们能够改进。

师：那你能示范一下吗？

生：春蚕到死丝方尽，蜡炬成灰泪始干。（非常有感情的背诵）

生：虽然这是代表我们组的，不过我还是要提一点建议。因为这是一首爱情的诗，并且有比较悲伤的感觉，所以我觉得速度应该再慢一点。

老师肯定学生能够很好地评价，不但能够指出问题，还能说出原因。

生：我觉得这首诗是写相思之苦的，我觉得一位同学背诵时比较活跃，如果能够表现得忧伤一些，效果会好一些。

生：我也觉得他们背得很不错，背得非常传情。

展示四

1. 内容：《长歌行》。

2. 形式：两位男同学和四位女同学走到讲台前，每三人一句的组合朗读。

3. 学生评价

生：我觉得他总体背诵的很好，但是他们有一个不足之处，站在前面的同学挡住了后面的同学。

生：他们刚开始太紧张了，声音有点颤抖。如果不紧张，他们会读得更好。而且他们虽然有动作，但是表情不太丰富，我觉得他们应该读出耐人寻味、浪费光阴的感觉。

师：怎样能够读出浪费光阴的感觉，你能试一下吗？

生：我觉得他们首先要摇一摇头，表示时间流逝了，追悔莫及的那种叹息，那种痛苦。这位学生自己朗读了一次。

生：我感觉这个组是非常团结，如果字音再准一点就更棒了。

生：（他们中）有的同学（使用肢体语言）做动作时，放得不开。

师：（对着这个小组的同学）有点紧张是吧。今天你们能当着这么多人面前，敢于这样朗读，下一次一定更好。你们很勇敢，掌声送给他们！掌声！

展示五

1. 内容：《登飞来峰》王安石。

2. 两位女同学走到讲台前展示，每人一句组合背诵。

3. 学生开始评价。

生：他们肢体语言非常生动，如果背诵时的速度快一点就更好了。

师：提示应该说：肢体语言丰富。并且请这位同学展示一下他对这首诗的理解。

这位学生朗读了一次。

生：他们表现得非常好，但是有一点不足之处，王安石的这首诗表现了作者高瞻远瞩的思想，这两位同学用肢体语言没有表达出这点。

生：我十分赞同这个说法，（尤其）最后两句"不畏浮云遮望眼，只缘身在最高层"，与"会当凌绝顶，一览众山小"是同工异曲的，我觉得应该读出那种气势来，是那种有远大政治抱负的气势来。而且两个同学的动作不协调。

师：谁愿意重新读，尤其最后两句要有气势。

两位正在展示的同学，重新朗读了最后的两句诗。

师：同学们能够理解他们刚才做的动作吗？

生：是表示山都在我的下面。

师：哪位同学还能读一下？

一位同学站起来朗读一遍。

师：很好，能不能加点动作？

这位同学增加了动作，又朗读一遍。

师：（对着展示的同学）你们两位想不想再朗读一次？

这两位同学又有表情和动作，朗读一次。

师：通过接受刚才同学们的评价，这两位同学的背诵有明显的进步。

生：最后一组的代表：一位女同学走到讲台前展示。

展示六

1. 内容：《早春呈水部张十八员外》韩愈。

2. 形式：一位女生背诵。

3. 组织学生评价。

生：这首诗比较清新自然，而且这位同学的声音比较柔，读这首诗更相宜。

生：这位同学一个人来读，说明她是大胆的。但我觉得他们组不是很团结，如果他们能够一起上台会更棒的。

生：我觉得她的声调读这首诗非常好，但是她还不够放松，还有一点点紧张。

完成第二个目标

师：通过刚才的诵读，同学们对古诗有自己的理解，通过同学的评价，你们对自己选取的古诗有更深刻的理解了。接下来，我们知道每首诗都有作者所表达的情感，你们读完这首诗，你们有什么感受呢？你是怎样理解这首诗的呢？谁愿意说自己对古诗的理解呢？

生：我对《登幽州台歌》这首诗特别地有感觉，时空无穷、人生有限、壮志难酬、怀才不遇的诗人啊，面对辽阔的山河，前师古人、后面来者，独立于天地悠悠之间，寂寞哀叹之情，我也不禁感叹一句，谁言英雄儿女心，谁明迁客骚人情。

掌声！教师鼓励，并且正面评价这位同学。

生：我们这首《无题》，"春蚕到死丝方尽，蜡炬成灰泪始干"，由此我们想到了老师，他们多么伟大，那么燃烧自己照亮他人，他们用行动教育我们学生，他们是伟大的！

师：都说"教师"是太阳底下最伟大的职业。

生：刚才我们组朗诵《长歌行》，长江滚滚向东流，一去大海不复返，时光也是这样流逝了。我们时常认为今天还有明天，明天还有后天。我们不会珍惜今天，因为有明天，明天又有后天，日复一日，年复一年，我们就会碌碌无为的。《长歌行》让我们感到了时光的流逝，青春的流淌，我们要珍惜学习的机会，把握今天，掌握明天，拥抱未来，让我们记住"少壮不努力，老大徒伤悲"的祖训，现在刻苦学习，长大为国家出一份力量。

师：学校是培养人才的地方，将来你们都是祖国的栋梁！

生：刚才我们组朗读《登飞来峰》，里面的"不畏浮云遮望眼，自缘身在最高层"让我思绪万千，这两句诗听起来像观赏风景的体会，但是仔细想一下却是人生哲理，在社会上不也是站得高看得远吗？所以，这首诗是作者雄心勃勃的体现，对我们是激发向上的启示吧！

师：这位同学感悟到了诗人的壮志豪情，我们要努力攀登人生的最高峰！

生：我对我们这组的"春蚕到死丝方尽，蜡炬成灰泪始干"特别有感悟。我觉得我们的生命是如此短暂，是有限的，我们应该在有限的生命里，努力学习，要珍惜，要把握它，要像黑夜一样永远地追求光明。

生：我由我们组的"少壮不努力，老大徒伤悲"，想到了"明日复明日，明日何其多"。是的，认得一生中有多少个明日呢？我们要珍惜时间，从现在开始，努力学习，拥抱未来吧！

生：我们这组"白头搔更短，浑欲不胜簪"，使我想到了《登岳阳楼》中"白头吊古风霜里，老木沧波无限悲"，这是一首爱国诗，我们想到抗日战争中有多少爱国者，我们一定要爱我们的祖国，我们祖国是伟大的，我们要努力学习，为社会和国家出一份力量。

师：我们国家强大了，人民的自信心才能提高，我们作为一个中国人应该感到骄傲和自豪。我们通过这首诗想到了祖国，很了不起，送给他们掌声！

生：我对"不畏浮云遮望眼，自缘身在最高层"特别有感悟。作者要把天地万物尽收眼底，那样地壮志凌云。我觉得我长大之后也要做这样有远大理想的人，正直的人。

师：通过你今天的表现，你一定能够实现你的理想的。

生：我们组的"少壮不努力，老大徒伤悲"，让我感悟到一个青年，在这个大好时光的时候，不努力学习，让青春白白浪费掉，到年迈的时候后悔也来不及。所以，这个时候，我们要努力学习。

生：听《登幽州台歌》让人顿觉，天地虽大，万物虽众，自己确实来是来，去是去，生来孤独，死也孤独，心境好时读它是淡淡的惆怅，心境不佳时是无尽的寂寞。

生：刚才我们组选择的《早春呈水部张十八员外》，是写春天的。春天或作照片，或作燕子，报来喜讯；春天或在空中，或落小雨，滋润万物；春天长在土里，或作小草，焕发生机；春天是一年的希望，它让我们看到了那草长莺飞，花红柳绿的一江春岸，它让我们看到了万物复苏，生机勃勃的万物大地。

师：同学们都用文字表达对诗感悟，还有没有其他形式？拓展一下我们表达的方式。

生：我要讲一个小故事，是我读《春望》有感。以前我们的国家正在抗日战争，邓稼先从美国回来，有人问他：祖国那么穷，那么贫困，你为什么要回来？他说：自己的国家，留在那里是没有理由的，而辞她而去，那才需要理由呢！我由此感到邓稼先是那么爱国，我也要做一个爱祖国的人。我觉得我有热血，时常在心里沸腾，时刻地响起祖国的耻辱，要为祖国的腾飞而努力！

师：这位同学，今天把握了很多发言的机会，收获也是特别大。谁还想给自己一个机会？

生（读写好的稿件）：我读了"念天地之悠悠，独怆然而涕下"，觉得这是每一个壮志未酬才子的心声，我想是金子总会发光的。

生：我对我们组的《登幽州台歌》特别有感悟，作者表现他的怀才不遇。但在二十一世纪的今天，我们要勇敢地表现自己，为自己铺设光辉之路，不能坐以待毙，等伯乐来发现了。

师：在现代社会中，我们需要表现自己，这是沟通的能力。还有没有要表达的？

生：我改编了一首诗，读这首诗。

生：我读了《无题》的"春蚕到死丝方尽，蜡炬成灰泪始干"，感受到那无私伟大的爱情。

总结

师：有人说，诗其实就是生命，是人的生命中最美的化身。今天这节课，我们同学唤醒了诗的灵魂。我希望我们班同学都有一颗如诗的心，绽放我们心中最美丽的笑颜。谢谢大家！

《古诗苑漫步》教学反思（红旗中学 何晓棠）

本次活动通过专刊的编辑，锻炼学生对古诗词进行专题收集、整理、编辑的能力，这是语文学习重要的基础能力，在实践中学习。在整理编辑的过程中，也是对我国古诗词文化认识不断加深的过程，诱发学生对我国古典文化的热爱之情，激发学生学习古典诗词的兴趣、开阔视野、增长知识、陶冶情操。专题写作中学生都写出自己的独特体验和真实感受，积累了大量的警示、名句。在展示环节中好多学生还比较拘谨展示的形式较单一，在完成第二个目标是如果学生能唱的话效果可能就更好了。本次活动以学生为主体，积极策划鼓励学生自主探究的精神，在活动中设计评价表是给予学生更多的鼓励，加强小组的集体荣誉感，培养学生的合作意识。

案例六：此课例是景山实验学校熊艳老师作为集备活动的主备者，为探索以"以读悟文""读为主线"的方式进行文言文教学的一个成功范例。

《陈太丘与友期》教学设计（金湾区景山实验学校　熊艳）

教学目标

1. 知识目标：

（1）积累"期""舍"等常见的文言词语。

（2）诵读背诵课文。

（3）理解理解"元方入门不顾"是否无礼。

2. 能力目标：能借助课下注释和工具书通过自主、合作、探究的方式理解课文内容。

3. 情感目标：认识诚实守信和尊重他人这些传统美德的价值。

教学重点：积累文言词语，诵读背诵课文。

教学难点：理解"元方入门不顾"是否无礼。

教学理念：先学后教，激扬生命。

教学思路：初中是学生人生观、世界观形成的关键时期，应着重培养学生的优秀品格。本文是学生上初中以来接触的第四篇古文，如何教学，促进学生学好本文，培养学生懂礼守信的好品质，是老师思考的重点。新课程标准在关于古文学习提出了明确的要求。注意语言品味，语感的形成，情感熏陶的基础上突出文体色彩，应以学生在主动积极的思维和情感活动中，加深理解和体验，有所感悟和思考，突出探究性。即自主、合作、探究的学习方式。结合课文特点和学生实际情况，我在教学过程中采用朗读法（读时品味人物语言，体会人物表达情感）探究法（交流读时的感受，疏通文义，理解课文内容）评价法（在理解的基础上对人物进行评价）且借助多媒体我采用了电教手段来丰富教学手段，扩大了教学容量；这样既吸引学生注意，激发学习热情，又通过直接感知，促进知识的理解和巩固，符合教育学中的自觉性、直观性原则来完成教学。

课时安排：1 课时

《陈太丘与友期》教学实录（金湾区景山实验学校 熊艳）

一、导入新课

师：同学们，"未若柳絮因风起"，大家知道这句话是谁说的吗？

生：谢道韫。

师：对，是东晋谢道韫说的，那么我想问一下谢道韫是哪篇文章里面的人物呢？

生：《咏雪》。

师：咏雪里面主要赞颂的是谁呢？

生：谢道韫。

师：主要赞颂她的什么呢？

生：聪明，才气。

师：对，是欣赏她的聪明，她的才气，她是一个有名的才女。

师：好，刚刚老师的一连串问题同学们回答得非常正确，自己给自己掌声鼓励。

师：其实，自古以来，关于聪明孩子的故事有很多，不仅仅是《咏雪》里面的谢道韫，还有《陈太丘与友期》里面的陈元方。这节课老师就带同学们一起走进《陈太丘与友期》，下面请同学们把课本翻到 129 页。

（老师随即出示多媒体课件）

师：好，同学们请看多媒体上面展示的内容，这是我们本节课的教学目标。下面请同学们大声地把多媒体上的内容朗读一遍。

生：

1. 积累"期""舍"等常见的文言词语，能借助注释和工具书理解课文的基本内容。

2. 认识诚实守信和尊重他人这些传统美德的价值。

生读后师评价：同学们刚刚朗读得很有激情，这预示着我们这堂课将会取得圆满的成功。

二、作者简介

师：下面我们看一下作者刘义庆，可以说我们在学习《咏雪》的时候大家已经与刘义庆见面了，下面老师请一位同学帮助一下老师用自己的声音把作者的资料再次送到同学们的耳边，重温一下。（多媒体展示作者资料）

生：刘义庆，生于403，结束于444年，南宋文学家。彭城（今江苏徐州）人。宋宗室，袭封临川王，曾任南什么（兖）州刺史。爱好文学，招纳文士。

生读完师评价：

师：刚刚这位同学可能太紧张，也许是太激动，所以有一点儿打嗝。

师：刘义庆，生于403，死于444，不是结束于。南宋文学家。彭城（今江苏徐州）人。宋宗室，袭封临川王，曾任南兖（yān）州刺史。爱好文学，招纳文士。

三、新课讲授

师：好，重温了一遍作者资料后，请同学们听录音，同学们看到多媒体展示给我们的是没有加句读的文章，所以同学们在听录音的时候要注意朗读的节奏、语气和停顿。

生：听录音。

师：刚刚大家听了录音，现在请同学们自己在下面大声地自由朗读课文，3分钟后，老师请同学们起来试着揣摩朗读这篇没有加句读的文章。好，下面请同学们自由朗读课文。

生自由朗读。

师：好，准备好了吗？

生：纷纷举手。

师：没想到同学们的速度这么快，说明预习花了很多时间。多媒体展示给我们的是没有加句读的，因为古人呢在写古文的时候是不加句读的，这个标点句读是后人加的，根据文章意思来断（句）的。

生：陈太丘与友期行，期日中，过中不至，太丘舍去，去后乃至。元方时年七岁，门外戏。客问元方："尊君在不？"答曰："待君久不至，已去。"友人便怒："非人哉！与人期行，相委而去。"元方曰："君与家君期日中。日中不至，则是无信；对子骂父，则是无礼。"友人惭，下车引之，元方入门不顾。

师：是"友人惭"还是"友人渐"？

生：惭。

师：刚刚那位同学有勇气站起来，并为大家展示自己，朗读没有加句读的文章，老师非常欣赏他，老师认为第一个吃螃蟹的人就是英雄，所以老师觉得这个学生就是英雄，虽然说他在朗读的过程中，有一个字读的不够正确，但是整体效果老师是非常满意的，希望大家向他学习，向英雄学习。

师：下面的时间请同学们一起看着多媒体把书关上，试着朗读课文。

生：陈太丘与友期。陈太丘与友期行，期日中，过中不至，太丘舍去，去后乃至。元方时年七岁，门外戏。客问元方："尊君在不？"答曰："待君久不至，已去。"友人便怒："非人哉！与人期行，相委而去。"元方曰："君与家君期日中。日中不至，则是无信；对子骂父，则是无礼。"友人惭，下车引之，元方入门不顾。

师：同学们都能在合上书的情况下，流利地读出来，但是老师发现有一点不足的地方，就是有部分同学在朗读的时候抢节拍，不知道大家有没有听出来？

师：现在大家自由朗读，前后桌分小组，结合注释翻译课文，待会儿老师点大家起来翻译，现在开始大家可以自由讨论了。

师：准备好了请举手。

生：陈太丘与朋友约定时候见面，约定的时候是正午，到了正午朋友还没有到来，陈太丘丢下朋友就离开了，他走了之后，朋友又来了。陈元方今年七岁，正在门外嬉戏。客人来了便问元方："你爸爸在家吗?"元方说："等你好久都没来，我爸已经走了"。那人便生气着说："不是个人，跟别人约定在一起，却丢下我走了。"元方说："你与我的父亲约定的时间是正午，正午的时候你没有到来就是不诚信，对着儿子骂他的父亲就是没有礼貌。"朋友很惭愧，走下车来想和他握握手，元方走入家门连头也不回。

师：我想问一下，需不需要老师为你们重新翻译一次?

生：不需要。

师：很好，说明大家在下面交流的效果非常好，也说明大家预习是花了非常多的时间。

师：既然大家不需要老师再帮你们翻译，那么下一个环节老师就要找你们起来，看一下干什么? 抢答题

期　舍　去　委　乃　信　引　顾　君　尊君　家君

师：第一个字是什么啊?（期）

生：约定。

师：第二个字：舍。

生：放弃。

师：第三个：去。

生：离开。

师：下一个（委）。

生：舍弃。

师：乃。

生：才

师：下一个。（信）

生：诚信。

师：诚信，信用都可以，这个字呢?（引）

生：拉。

师：拉，很好。下面这个字呢?（顾）

生：回头看。

师：谁能一口气把这五个词说出来。

生："尊君"的意思就是我的父亲，"君"就是您，家君还是我的父亲。

师："尊君"是我的父亲？

生："尊君"是你的父亲，"家君"是我的父亲，然后"不"是通"否"。然后"非人哉"是骂人的话。

师：我知道你平时是一个非常文明的孩子，因此看到骂人的话呢就不好意思说，是这样的吗？好，我想再找一个人起来回答。

生：首先呢，"尊君"是对别人父亲的尊称，"君"呢就是对别人的尊称，"家君"是对自己父亲的谦称，"尊君在不"那个"不"是通"否"字，"尊君在不"的意思就是"你爸爸在吗？"，"非人哉"是骂人的话，叫作"真不是东西"。

生抢答完毕。

师：刚刚这位同学回答的非常好，很全面地为我们解答了问题，我们看看是不是。"尊君"，您的父亲，对别人父亲的一种尊称。"君"，您，有礼貌的称呼对方。"家君"，我的父亲，谦辞，对别人称自己的父亲。"尊君在不"，注意这个字是通"否"，能不能读"不"啊？不能，注意我们通假字，通常是读所通那个字的音，记不记得我们在《童趣》里面有一个通假字是什么？"项为之强"，注意那个字本身是不是"将"字呢？不是，但是我们读的是"项为之qiang"还是"项为之jiang"啊？因此这里的"不"字要读fou，"尊君在不"，你父亲在家吗？"非人哉"，真不是人，真不是东西，骂人的话。

师：好，同学们对字词的把握还是非常不错的，现在老师请同学们在下面自由地朗读课文，注意文章有几个人物？哪几个？

生：三个，陈太丘，友人，元方。

师：下面大家自由朗读课文，揣摩人物的语言，待会儿根据角色扮演文中的人物。老师选两组同学，一组用文言文扮演，一组用现代文扮演。

古文扮演：

师：陈太丘与友期行，期日中，过中不至，太丘舍去。太丘怎么还不走啊？

师：去后乃至。元方时年七岁，门外戏。客问元方。

生一：尊君在不

生二：待君久不至，已去。

师：友人便怒。

生一：非人哉！与人期行，相委而去。

生二：君与家君期日中。日中不至，则是无信；对子骂父，则是无礼。

师：友人惭，下车引之，元方入门不顾。

现代文扮演：

师：陈太丘舍去。

生一：你父亲在吗？

生二：不在，等你太久，走了。

生一：真不是人，和我约定了时间却自己先走了。

生二：你想想看你跟我爸约在正午见面又不来，这就是没有信用，然后呢，又对着儿子骂老爸，这就是没有礼貌，你懂不懂啊你？

六、合作探究

思考下面3个问题。（多媒体展示3个问题）

1. 这个是否无礼？他到底有没有理客人？

师：同学们，当友人感到惭愧的时候，下车想拉元方给他道歉的时候，元方是怎么样啊？入门不顾，他有没有理友人？

生：没有理友人。

师：那么他没有理友人，你认为元方"入门不顾"是否失礼呢？

生一：我觉得元方没有礼，不懂人情世故，不肯原谅别人，但是友人当着他的面骂他的父亲，是不对的。

生二：我的观点是元方有礼，他还小，别人当着面骂他的父亲，是不对的，他可以反驳。

师：刚才有两种观点，一种认为元方有礼；一种认为元方没有礼。古人有句话叫"知错能改，善莫大焉"，当友人感到惭愧准备向元方道歉的时候，元方应该原谅他；有同学是这种观点；但是当时元方只有几岁？七岁。七岁的小孩子是非常天真的，友人是当着他的面骂他的父亲，对于一个小孩子来说，你当着他的面骂他的父亲，他会不会原谅你啊？因为你对他的父亲不尊重，首先是你不讲信用在先，如果说从元方的年龄特点来看，元方是失礼还是有礼？他有没有错啊？没有。所以说从不同角度来看，看法是不一样的。但是只要有理由，言之有理就行。元方只有七岁，我们对于一个七岁的孩子不应该求全责备，从这个角度来看，元方是有礼的。

2. 元方是个怎样的人？友人又是个怎样的人呢？

师：我们看第二个问题：元方是个怎样的人？友人又是个怎样的人？

生：元方是一个聪明，落落大方的人，友人是一个没有诚信没有礼貌，知错能改的人。

（多媒体展示板书）

3. 这个故事想告诉我们什么呢？

师：我们来看第三个问题：这个故事想告诉我们什么呢？

生：做人要有礼貌。

生：知错就改，要有诚信。

生：要有信用。

生：当别人真诚道歉的时候要接受别人的道歉，不能让别人感到尴尬。

师：同学们都各抒己见，非常好。元方是聪明机智，友人是知错能改，这篇文章告诉我们要诚信，要有礼貌。

七、拓展延伸

师：这个故事对今天的我们有用吗？

生：有。

师：诚信对于今天的我们是有着非常重大的意义的，大家知道当今是一个市场经济的时代，诚信是我们中华民族的传统美德，但很多人为了追求经济利益，不顾消费者的权益。前几年的假酒案，还有去年的三鹿奶粉事件，就是因为某些人丢掉诚信导致消费者权益受损。因此我们要做一个诚信的人，有这样一句话："生命诚可贵，爱情价更高"，老师想告诉大家"生命诚可贵，诚信价更高"，我们还应该从文章中看到，为什么元方不理友人呢？是因为友人失信了，所以说，我们还要做一个有信用的人。大家知道，不讲诚信的人，大家会不会尊重你？不会，那就是说，我们要想得到别人的尊重，就要尊重别人。

师：老师有这样两句话想和同学们分享："拥有诚信，你将拥有一切，失去诚信，你将失去一切。"请同学们一起把这两句话读一遍。

生：拥有诚信，你将拥有一切，失去诚信，你将失去一切。

师：好，请同学们记住这两句话。

师：老师觉得这篇文言文篇幅是非常短小的，老师想看一下同学们能不能当堂背诵这篇文言文？下面请同学们把这篇文章齐读一遍，然后看一下有谁能够站起来展示一下自己。

生：陈太丘与友期行，期日中，过中不至，太丘舍去，去后乃至。元方时年七岁，门外戏。客问元方："尊君在不？"答曰："待君久不至，已去。"友人便怒："非人哉！与人期行，相委而去。"元方曰："君与家君期日中。日中不至，则是无信；对子骂父，则是无礼。"友人惭，下车引之，元方入门不顾。

八、作业（多媒体展示）

师：下面老师布置一下作业，生活中有很多格言警句都含有"诚信"，请收集或自己创造几句有关诚信的佳句。

九、小结

师：这节课我们学习了《陈太丘与友期》，主要讲了一个七岁的儿童，直言责备父亲朋友的故事，从这个故事中我们看到了一个非常聪明的儿童，同时这个故事告诉我们要做一个诚信的人，有礼貌的人，要做一个学会尊重别人的人，要想得到别人的尊重，首先要尊重别人。这堂课就上到这里，下课。

生：谢谢老师，老师再见！

《陈太丘与友期》的教学反思（金湾区景山实验学校　熊艳）

《陈太丘与友期》写了一个7岁的儿童陈元方直言责父亲朋友的故事。通过这则故事我们可以看出陈元方是一个聪明，落落大方的少年，同时这则故事也告诉我们要诚信，要有礼貌。守信用的人才会受到别人的尊重，对他人不尊重就是对自己不尊重。

本课导入的设计，我反复设计了几次。因为我是去参加区里组织的"教学比武"竞赛——激扬生命。而学生是我从来没见过的，我对于学生，学生对于我都是陌生的。那么怎样才能让学生迅速进入状态呢？一是采取师生问话的形式，"同学们知道我国古代有哪些体现少年儿童聪明智慧的故事？"万一学生回答不上来怎么办？那气氛不是一开始就"冷"下来了吗？二是老师直接导入，"自古以来，出现过许许多多聪颖机智的少年儿童，关于他们的美谈，至今流传。我们今天也来了解这样一位儿童——陈元方。"事后又想这个导入没有学生的参与。后来，我想与陌生的学生见面最好是用最简单的问题导入。用最简单的问题导入可以消除学生的紧张感。能够把学生迅速拉入课堂。使课堂一开始就"热"起来。学生和老师之间的关系由紧张变亲切，最后决定用《咏雪》里面的才女——谢道韫导入。

在进入正文后，我重点采用了自主合作探究的阅读方法，主要分成五大板块进行：

一、让学生听录音，然后学生自己朗读。

二、疏通文义，小组合作结合注解翻译课文。

三、以抢答的方式来检查字词的落实情况。

四、话剧表演，拓展延伸。

五、读背课文，教师小结。

完成了《陈太丘与友期》的教学，反省自己的得失，我觉得有以下几个方面：

（一）古文教学一定要让学生反复朗读。

学好文言文的一个重要方法是培养语感。所以我首先让学生听录音，然后让学生大声朗读，最后让学生自由背诵。只有让学生通过大量的朗读练习，学生才能逐步掌握文章的语言、节奏、句式，进而体会到文章的内容及蕴涵的道理，并通过说的形式表现出来。这不仅锻炼了学生的口语表达能力，而且学生在谈自己独特的感受、体验和理解时也会受到情感熏陶，并获得思维的启迪，这也充分体现了新课程标准对阅读的要求。

（二）相信学生，把课堂还给学生。

话剧表演，让学生设身处地，以特定的身份，"参与"课文中的言语活动，让学生在了解课文的基础上分角色扮演，使学生模仿人物的语气、语调、神情，学生的兴致很高。扮演课文中人物的角色，使语文课堂变成"学生的话剧舞台"，学生扮演得有声有色，课堂气氛宽松和谐，课堂的教学也收到了意想不到的效果。

拓展延伸时，学生的表现很精彩，使我顺利地完成了教学任务。

（三）文言文教学，也要注意对学生品德的培养。

由于本文浅显易懂，对文章内容的理解，学生较易把握，因此我在教学设计中有意设计这样一个问题"这个故事想告诉我们什么呢？"加重了对学生道德情操的培养，将情感态度价值观的正确导向向贯穿于整个教学过程中，让学生在学习过程中受到潜移默化的影响，从而达到润物细无声的佳境。

（四）自主合作探究是学习方式贯穿整个课堂，有较大积极意义

本课从开始的自主学习，学生自由朗读，读准通假字，小组合作学习，疏通大意，到学生表演，学生质疑，学生各抒己见……学生在知识的掌握方面由易到难，由课内到课外，在能力的训练方面由浅入深，在情感价值观的体验方面由诚信到宽容，由做人到处世……自主合作探究贯穿整个课堂。

（五）师对生问题的回答评价到位。

（六）反思课堂

朗读课文应该多一点样式、形式多样化，既可以加强朗读，又可以提起学生的兴趣。

1. 文中字词句也许没有全面落实，在应付考试时也许不能令人很满意。

2. 学生质疑不够。

3. 学生对知识点的掌握程度仍然是个谜。

路漫漫其修远兮，吾将上下而求索。

课堂赏析

朗读，让语文课堂如此美丽！
——听熊艳老师《陈太丘与友期》有感

汤凤珍

听完熊艳老师《陈太丘与友期》这节课，心中始终回荡着这样一句话：朗读，让语文课堂如此美丽！

熊老师这节课，充分运用朗读这一手段，通过朗读，整体感知课文；通过朗读，领悟行文节奏、把握文章句读结构；通过朗读，疏通理解文意，解决字词学习；通过朗读，把握人物思想感情与形象；通过朗读，领悟文章主旨，实现拓展延伸，并相机进行了富有针对性的思想品德教育；通过朗读，训练识记积累能力；同样通过朗读，训练学生自读、自悟能力，自主合作、探究能力，自主学习能力、自我评价能力等等。朗读，是熊老师教学这节课最主要的手段，也是熊老师这节课最精彩、最亮丽的一道风景。

熊老师这节课做到了：朗读，让整个课堂书声琅琅，生动活泼，激情洋溢；朗读，让学生在整个课堂里始终积极地思考，快乐自主地学习，从而焕发出一种富有个性特色和生命价值的光辉。

面向全体，让每一位学生都精彩，让每一位学生在课堂上都有收获，都能得到素质提升。这是语文教学的理想，是激扬生命课堂教学的理想，是每一位老师课堂教学的梦想。我想，这，应该也是熊老师今后在教学工作上的追求和本节课还有待改进的地方吧。

案例七：此课例是外国语学校夏云老师作为集备活动的主备者，大胆实践探索"先学后教，当堂训练"的一个成功范例。

《孙权劝学》教学设计（金湾区外国语学校 夏云）

教学目标

知识与技能：

1. 读准字音，读清节奏，读出感情，朗读成诵。

2. 反复朗读理解并积累文言文词汇，疏通文意。

3. 品味人物对话的语气，揣摩想象人物当时的神态和心理，并能进行创造性阅读。

过程与方法：

1. 朗读体验。让"读"贯穿课堂始终，让学生在读中体验故事情节、人物个性。

2. 探究交流。采用师生同读同讲的方式。

情感与价值观：培养学生虚心接受正确意见，不断追求进步，努力读书学习的精神。

教学重点：理解并积累文言文词汇，反复朗读，当堂背诵。

教学难点：品味人物对话的语气，揣摩想象人物当时的神态和心理。

课时安排：一课时。

教学过程

板块一：激趣揭题

板块二：风采展示

（1）学法交流　要求：学生自由交流学习文言文的经验、方法。

（2）预习检测　要求：学生到黑板前展示预习的文言文基础知识。

从以下几个方面展示：文学常识、正确读音、古今异义词、一词多义、通假字、重点字词句、多义同词。

（3）我有我风采　要求：共享预习中的收获、探讨预习中的疑问。

板块三：感悟文本

（1）初读课文，分角色朗读，学生点评朗读得失。

（2）品读课文，探讨人物神态、心理，概括人物性格。

板块四：拓展延伸

要求：从孙权的劝说艺术、吕蒙虚心学习等角度谈自己的思考。结合《伤仲永》进行比较阅读。

板块五：课堂小结

板书设计　　　　　　　孙权劝学

　　　　　　　孙权——劝学——关心下属

　　　　　　　吕蒙——就学——知错就改

　　　　　　　鲁肃——赞学——赏识进步

《孙权劝学》课堂实录（夏云）

教学目标

知识与技能：

1. 读准字音，读清节奏，读出感情，朗读成诵。

2. 反复朗读理解并积累文言文词汇，疏通文义。

3. 品味人物对话的语气，揣摩想象人物当时的神态和心理，并能进行创造性阅读。

过程与方法：

1. 朗读体验。让"读"贯穿课堂始终，让学生在读中体验故事情节、人物个性。

2. 探究交流。采用师生同读同讲的方式。（在师生、生生交流中，达到知识互补和提高，有助于营造民主和谐的课堂气氛，充分调动学生的积极性）

情感与价值观：培养学生虚心接受正确意见，不断追求进步，努力读书学习的精神。

教学重点：理解并积累文言文词汇，反复朗读，当堂背诵。

教学难点：品味人物对话的语气，揣摩想象人物当时的神态和心理。

课时安排：一课时。

导语设计

师：话说三国鼎立之时，吴王孙权雄霸一方。其手下有一爱将，名叫吕蒙，此人骁勇异常，战功卓著，曾随周瑜、程普大破曹操于赤壁，后又袭破荆州、生擒关羽，深得吴王孙权的喜爱。可他就不爱读书，因为这个孙权曾多次劝说，但他总是推三阻四，不肯就学，这不，孙权又来劝说了，结果如何呢？今天咱们一起来看《孙权劝学》。

（板书课题）

风采展示

师：我们已经学过多篇文言文了，我想请同学们谈一谈我们应该怎样学习文言文？（学法交流）

生1：欣赏句子，理解重点词。

生2：我觉得学习文言文，应该了解文中的通假字、重点字词、古今异义词、词类活用。

生3：应该多看《古汉语字典》，了解重点词语的意思。

师：也就是借助工具书。

师：看来同学们都有了一些自己的经验，也有自己的小窍门。在预习中又落实的如何呢？下面我就来检测一下。请同学们到前面的黑板上展示自己整理的文言文基础知识。

（出示课件：文言文基础知识整理）

生1：我展示的是一词多义。

生2：我展示通假字。

生3：我展示的是古今异义词。

生4：我选择正确读音。

师：还有两项，一项是词类活用，一项是重点字词。

生（齐答）：这篇课文在预习时没发现有词类活用现象。

师：看来同学们预习的很认真。

（学生展示自己的预习成果）

师：在黄铮同学还在写的时候我们先来看这边同学的展示。第一项一词多义，是有哪位同学展示的？

生：（齐答）漆江蕙

师：她认为本文有两个一词多义：一个是"辞"，一个"耳"。除了这两个之外，你认为本文还有没有补充的一词多义？

生（!）：还有一个"见"，"但当涉猎，见往事耳""大兄何见事之晚乎"

生（2）；"及"，"及鲁肃过寻阳"。"及"是到了的意思。

师：（追问）还有哪里的"及"？

生：（迟疑）我是想的。

师：（笑）我们积累整理一词多义，要以课文为主，兼顾已经学过的，千万不要自己想。

生（3）：还有"当"。"但当涉猎"的"当"是"应当"的意思。"当涂掌事"的"当"是"担当"的意思。

生（4）："以"，"蒙辞以军中多务"的"以"是"用"的意思。"孤常读书，自以为大有所益"的"以"是和"为"合用，组成"认为"的意思。"何以战"的"以"是"用"的意思。

师："何以战"是我们没学过的《曹刿论战》一文中的。请同学们来看黑板，这两个词语（辞、耳）这两项是课外的，这一项是课外的。而这两个词（辞、耳）是不是都是课内出现的？

生：是

师：那我们应该把这两个词语作为学习的重点。

师：下面我们来看第二项通假字，整理者认为本文只有一个通假字，同学们同不同意？

生：同意

生：不同意

师：请你来说说还有哪个是通假字？

生；"卿今当涂掌事"的"涂"字通"途"，意思是道路、路途。

师：他认为这个"涂"字，（板书）通路途的"途"，意思是路途。有些资料确实把这个"涂"字当作通假字了，我们课文没有把它收录下来，这个可以作为一种观点。我个人认为我们能掌握课文内的就非常好了。

师：下面一项古今异义词。大家认为整理的够不够完整？一共是三个："博士""往事""但"。

生：完整。

师："正确读音"这一项，整理者认为有两个。你认为还有哪些字的读音容易读错。想提醒同学们注意的。

生（1）：卿、孰、

师：在文言文中出现的多音字、生僻字都应该作为重点字词来掌握。

师：最后来看重点字词。黄铮同学为我们介绍了六个重点字词，你在做预习时，有没有注意到有哪些是翻译时容易出现难点的字、词、句。

生（1）："大兄何见事之晚乎？"兄长怎么明白事物那么晚呢？

生（2）："士别三日即更刮目相待"。有志气的人分别几天就应用新的眼光来看待。

生（3）："但当涉猎，见往事耳"，只是应该广泛的阅读，了解一些历史罢了。

生（4）：我也认为应当重点掌握"涉猎"。

师：我认为除了同学们刚才讲到的重点字词外，还有一些固定的文言句式也应该作为重点掌握。

（出示课件：文言固定句式）

（1）权谓吕蒙曰　谓……曰　对……说

（2）孤岂欲卿治经为博士邪　岂……邪　难道……吗

（3）但当涉猎见往事耳　但……耳　只不过……罢了

风采展示

师：同学们，这篇课文在翻译上还有没有疑点提出来我们共同解决的？

生：没有了。

师：在预习中有没有别的发现想和大家分享的？或是有没有疑问想一起来探讨的？

生（1）：《孙权劝学》是写孙权劝吕蒙学习的，为什么没有写吕蒙是如何学习的？

师：《孙权劝学》的学习主体是吕蒙，文中只用一句话把结果说了出来，而对他的学习过程没有提到，同学们如何理解？

生："士别三日，即更刮目相待"，说明学习时间很短，但是学习效果却很好。

师：时间短，效果好，那是怎么学的呢？

生：（七嘴八舌回答）

师：既然同学们都知道如何才能学习好，那作者还有没有必要写吕蒙是如何学习的呢？

生：（齐答）没有。

生（2）：我想问为什么鲁肃为什么与吕蒙结友？

生：因为吕蒙学习了之后有了很大的长进，和他结友表达了对吕蒙的敬佩之意。

生：我补充一点，也表现出鲁肃很爱惜人才。

师：从中还能看出鲁肃的性格。（板书：爱惜人才）

古人有一句话"物以类聚……"

生：（抢答）人以群分。

师：（笑）要想和鲁肃这样的高雅之士成为朋友，自己首先也要成为这样的人。当然我们也从中看到了里吕蒙的学有所成。同学们还有没有疑惑需要提出来？

生：（摇头示意没有）

师：既然同学们的疑问都已问完了，预习中有没有"所得"呢？属于自己的思考、收获想和大家交流？

生（1）："初，权谓吕蒙曰；'卿今当涂掌事，不可不学'"，我从中明白了学习的必要性。"不可不学"用了双重否定的形式，语气坚定，说明了必须要对自己严格要求。

生（2）：这句话表明孙权对吕蒙还有厚望之意。

师：既有严格要求，又有厚望之意，我们看出孙权的什么性格？

生：（自由答）关心下属、爱惜人才……

师：（板书：关心下属）

生（3）："蒙曰：'士别三日，即更刮目相待。'"我从中懂得了，对别人要

177

以发展的眼光来看，不要用老眼光看人。

师：（笑）你不仅读懂了文意，而且能够跳出文本，明白了做人的道理。

生（4）："卿今者才略，非复吴下阿蒙。"这句话表明吕蒙经过认真的学习，取得了很大的进步。

生（5）：这篇文章告诉我们学习是不分年龄的，只要你下定决心，认认真真勤奋地学习，就一定会有进步。"士别三日，即更刮目相待"也说明学习是可以改变一个人的。

师：（补充）一句话就是"活到老，学到老"。

生点头表示赞同。

生（5）：吕蒙一开始并不是想学习，是在孙权的劝说下才开始学习的，后来还取得了很大的进步。

师：（追问）这表明了吕蒙怎样的性格呢？

生：虚心就受别人的意见，知错就改。

师：（板书：知错就改）

竟读课文，探究人物

1. 初读——读准字音，读清节奏，读出感情

师：大家的唇枪舌剑仿佛把我置身于三国那个战火纷飞、英雄辈出的年代了，我也想走近课文，去进一步的了解孙权、鲁肃、蒙等人物。这篇课文一共有三个人物，我们分角色来朗读，哪位同学愿意担任孙权的角色，哪位同学来读蒙，哪位同学来读鲁肃，谁来读旁白。

同学推荐苗洋读孙权，漆江慧读吕蒙，王润帆读鲁肃，侯跃读旁白。

生朗读

2. 品读——读出人物内涵

师：大家来做个裁判，这四位同学哪位读的最好？谁的朗读还有待改进？

生一致认为是侯跃读得最好。

生1：侯跃读得流畅。

生2：王润凡读得有感情。

师：最需要提高的是谁？

生：（异口同声）苗洋。

师：（笑）为什么？

生1：不够熟练。

生2：声音小。

生3："孤岂欲卿治经为博士邪"，停顿的不够准确。

生4：没有王者气概。

师：（赞扬的语气）这一句话很重要哟！孙权是一位什么人？

生：霸主、吴国的国君……

师：那应该怎么读？哪位同学愿意再来试读？

生1：朗读。

生2：朗读。

师：生2的朗读感情把握的如何？

生：把握的不错了。

师：美中不足的是什么？

生：读错字了。

师：我也来试读一下如何？

生：表示欢迎。

师：朗读

师：其实每个同学对文中人物的理解不同，每个人的朗读风格也不同。但在朗读文言文时我们应该共同遵守的准则是一样的。（出示课件：朗读目标），在这个目标下，我们一起来齐读课文，每个人都读出自己的风采来。

（设计说明，朗读是文言教学的基础，在诵读基础上，让学生提出疑难字音，词法方面的难词难句、重要字词，并由学生互相解答，教师"引而不发"，只把获得结论的途径指给学生，促其自求，使其自得）

拓展延伸

师：在同学们朗朗的读书声中，我在思考。这样一段精彩的对话，这样三个丰满的人物，它想给我们什么启示呢？

生1：这篇课文告诉我们要多读书。

生2：学习很重要，有时间要多读书。

生3：平时我们因为忙，就放弃了读书，其实读书是很有益的。还要善于听取他人的意见和建议。

生4：学习不分老少，正如战国时的苏秦。

生5：要向吕蒙那样刻苦学习知识。

生6：正确的接收别人的意见，毫不掩饰对别人的夸赞。

课堂小结

师：这节课我们一起穿越历史，结识英雄，获得感悟。最后在同学们的总结中，我也想到了冰心的一句话：好读书，读好书，读书好。希望学完这节课同学们有所思，有所得。

《孙权劝学》课后反思（夏 云）

《孙权劝学》一课是初中一年级下期的一篇文言文，学生在之前的语文学习中已经掌握了一些学习文言文的方法，所有这节课在教学设计上我就想以学生汇报交流自己课下学习的发现与思索为主，让学生成为课堂的主人。叶圣陶先生曾说："上课，在学生是报告和讨论，不是一味地听讲；在老师是指导和纠正，不是一味地讲解。"因此我在课堂上就是给学生提供充分的活动空间，尽量地把时间还给他们。转变我的角色定位，从一个单纯的"播音机"转变为学习活动的组织者和引导者。著名的特级教师窦桂梅也曾说过："差的教师只教语文知识，好一点的语文教师教语文学习方法，最好的教师提供学习资源。"课堂教学的时间和空间是有限的，教师在教学中要发挥好课堂教学向课外的辐射作用，引导学生通过各种渠道获取学习资源，使有限的时间、空间获得无限的延伸，使课内外学习相结合，做到"取法于课内，得益于课外"。本课课堂中，学生先是展示自己预习的文言字词，目的就是告诉学生学习文言文，积累字词、疏通文意是关键。我在一贯的教学中主张学生课前应该借助工具书、参照课下注释把这些自主完成，课堂上再来解决自己学习中难以跨越的障碍。有了这个意识，还要指导学生从什么角度来入手。教学中我和学生共同总结出文言文应该掌握的基础知识：文学常识、正确读音、古今异义词、通假字、词类活用、一词多义、多义同词、重点字词句。每位同学课前预习时按照这个标准整理，课堂拿来交流补充。每一个学生都会有自己认为重要的字词句，交流之后，应掌握的文言字词也就都涵盖了，这样还避免了单调枯燥的疏通字词环节。接下来是展示各自的风采环节，正如文学鉴赏的"一千个读者就有一千个哈姆雷特"原则一样，对文本的解读是各有各的世界。交流中学生提出各自的思考与发现，我为学生的发现而自豪，同样为他们能提出问题而骄傲，因为只有品读过后才会留下思考的足迹，只要学生勇于思考、勤于发问，何愁会缺少学习的兴趣呢？有了探究的兴趣，自然就成为学习的主人了。参照特级教师窦桂梅的好语文老师的标准，我认为自己还不能称为最好的语文老师，因为这节课为学生提供的学习资源还不够，这也是今后教学中努力的方向。

课堂赏析

导而有法，学而有序
汤凤珍

夏云老师的这节《孙权劝学》，感受最深的是夏老师引导有法，学生学习有序、高效，师生交流平等、平和、深入、活跃。

尤其欣赏夏老师的整个教学设计——严丝合缝，精妙严谨：预习检查——新课学习——拓展延伸——课堂总结——作业布置。通过预习检查既检查、扫清了字词学习障碍，整合了疑难词句和问题，又初通了文意，更重要的是培养了学生学习语文的良好习惯，彰显了夏老师严谨、敬业、成熟的教育风格——精彩课堂，功夫却在课外。

而且预习检查的过程，既是检查学生良好预习、学习习惯的试金石，更是学生自主学习，自主合作，探究能力及风采的展现。夏老师循循善诱，先引导学生归纳字法，再引导学生展示字词学习成果，进而探讨疑难字词，讨论解答疑难问题，最后交流预习收获。层层诱导，循序渐进，若没有老师课堂外一如既往的得当引导，就不会有课堂上学生积极、自主的精彩表现。

因为预习的有序，深入，所以新课学习就变得水到渠成，顺理成章了。学生在初步理清字词与人物性格后，再深入品读课文，进而深入理解人物及文艺。这个紧紧安排在预习检查环节后的以品读文、探究学习环节，就显得十分高效、精妙，充分体现了教育设计者的匠心独运，水平高超。

诚然，瑜不掩瑕。本节课亦有不足之处：如此隽永的文章，学生朗读或阅读还不够深入、细腻，学生自主、合作、探究的时间和空间还可以更多，更广阔，更深入。

案例八：此课例是红旗中学甘伟英老师作为集备活动的主备者，实践探索散文教学的一个范例。它的鲜明特点是重朗读，重语言感悟。

《散步》教学设计（红旗中学　甘伟英）

一、学案目标

1. 感受、体味浓浓的亲情。

2. 发扬尊老爱幼的优良传统。

二、知识与能力

能熟练正确流利地朗读课文，掌握好本文的字词义音。

三、情感态度价值观

让学生学会感恩，学会孝敬，学会和谐处理家庭关系。

四、学法

讨论、合作、探究。

五、学案准备

多媒体课件。

六、设计思路

初一学生，正处于人生观、价值观的形成期，应该对他们进行优良传统的教育。对学生的思想教育应避免空洞的说教，假、大、空的教育收不到良好的效果，也许还会使学生产生反感，所以应把阅读本文作为教育的契机，营造美的教学氛围，联系学生的实际生活体验，实实在在地对学生进行情感、态度、价值观的教育。

对课文基础知识的学习不必抠得太死，应从整体上去感受文章内容，让学生多体会、多交流，以认识和理解为主旨，注重对学生进行美好情感的熏陶。

七、学案过程

（一）激趣导入

请同学们欣赏歌曲《吉祥三宝》，听了这首歌之后，你觉得他们是一个怎样的家庭？（生答）

今天我们一齐看看莫怀戚先生一家又是个怎样的家庭？

（二）走进字词

1. 齐读生字词。

2. 一人说一个词的意思。

3. 请运用两个以上的词语说一段话，能运用得越多越好。

（此环节可以培养学生的说话能力，恰当运用词语的能力）

（三）感知课文

1. 小组读课文，然后点评。

2. 文章写了一件什么事？用简洁的语言概括出来。

3. 这篇课文你读懂了那些内容？还有哪些不懂？

（朗读课文是为了让学生对文章有个基本了解。学习用简洁的语言概括课文内容，旨在培养学生的概括能力）

（四）研读赏析（讨论、合作）

1. 划出最使你感动，你认为最美的词或句子，读给大家听，并说说自己的感受？

2. 看一段公益广告《给妈妈洗脚》，你知道它想表达什么吗？（小组讨论时，教师巡回指导）

（①合作探究是新课标理念中的重要内容。课文中，遇到较难的理解的句子，需要学生合作探究，通过集体的力量解决困难。②本文是一篇玲珑剔透、秀美永、蕴含的精美散文，学习文中精美的语言，多积累些好的词句，对写作有帮助。③以广告为例子，巩固课文主题）

（五）拓展延伸

1. 结合自己的家庭谈谈你从本文中学会了什么？

（让学生多体会、多交流，以认识和理解为主旨，注重对学生进行美好情感的熏陶。）

（六）课堂小结

让学生说出文章的内容和主题：《散步》这篇文章写了_____使我们懂得了_____。

现在请同学们欣赏《让爱住我家》，在歌声中去陶醉，去感受家的温暖、家的幸福、家的温馨、家的和睦、家的亲情。

（七）布置作业

回家为自己的父母、家人做一件事：捶捶背、洗洗脚、揉揉肩、陪父母散散步……

打个电话告诉家人，你很爱他们。

《散步》课堂教学实录（红旗中学　甘伟英）

一、激发兴趣，导入新课

师：请同学们欣赏《吉祥三宝》这首歌，一边欣赏一边思考：他们是一个怎样的家庭？（教师播放，屏幕显示歌词，学生认真听、看，兴致很高，播放完毕后学生举手回答）

生1：他们是吉祥如意的家庭。

生2：他们是幸福的家庭。

生3：他们是开心快乐的家庭。

生4：他们是和谐的家庭。

师：同学们概括得真好，词汇又丰富。今天，我们一起走进莫怀戚先生的家，看看他们又是一个怎样的家庭？

二、走进字词

师：请同学们翻开书本 123 页，把生字词读一遍，每个读两次。

生：响亮地读。

师：说说这些词的意思。

生1：信服——相信并佩服。

生2：嫩芽——刚长出来的苗子。

生3：霎时——形容时间很短。

生4：拆散——使家庭集体分散。

生5：委屈——受到不应有的指责，心里难过。

生6：各得其所——每个人或事物都得到合适的安顿。

师：请运用两个以上的词语说一段话，能运用得越多越好。

生1：我家门前的柳树长出嫩芽了。

师：这位同学运用了几个词语？（1 个）

生2：妈妈批评了我，霎时我感到很委屈。

师：这位同学运用了多少个词语？

学生们：两个。

师：真不错！

生3：爸爸批评我时，我感到很委屈就跑到长满嫩芽的大树下伤心地哭了。

师：刚才两位同学的造句，哪个说得精彩？

学生们：第二个，因为第二个说得更生动。

师：那以后我们写作文就多运用好词好句，这样作文就更生动、形象。

三、感知课文

师：全班同学读课文 1、2、8 自然段，然后回答屏幕上的问题。

生：齐读。

师：请同学来说说读得怎样？

（读完后，学生看大屏幕，边看边查找边议论。大屏幕上显示：1. 文章写了一件什么事？用简洁的语言概括出来。2.这篇课文你读懂了那些内容？还有哪些不懂？）

师：文章写了一件什么事？用简洁的语言概括出来。

生1：我、我的妻子、儿子在田野散步。

生2：散步。

师：概括文章内容有哪些方法？

生1：找关键的句子。

师：这也是一个好方法。还有其他方法吗？

生1：找中心句。

师：我们也试试找。

生1：第一段。

师：真不错，我们读一遍。

生：齐读第一自然段。

师：还有没有其他方法？

（学生默然）

师：老师教大家第三种方法。就是找出"人物是谁、干什么、怎么样"，然后串起来就可以了。

生1：我、我的母亲、我的妻子和儿子散步。

生2：我、我的母亲、我的妻子和儿子在田野散步。最后发生了分歧，儿子要走小路，我的母亲要走大路。最后选择了走小路。

生3：一家四口在田野散步。

师：真不错，同学们掌握得真快。好，请看第二题，谁来说说？

生1：为什么加上一段写景？

另一生：表现出他们开心愉快的心情。

老师补充：第四自然段写的是初春的景色，渲染生机勃勃的气氛。

生2：为什么说"今年的春天来得太迟，太迟了?"

师：谁来帮帮他？

班长：因为我的母亲年纪大，身体不大好，总担心她熬不过这冬天

四、研读赏析（讨论、合作）

师：请一、三、五排的同学往后转，跟同学一起讨论。

3. 画出最使你感动，你认为最美的词或句子，读给大家听，并说说自己的感受。

4. 看一段公益广告《给妈妈洗脚》，你知道它想表达什么吗？（小组讨论时，教师巡回指导）

生1："这一切都使人想着一样东西——生命"。

师：喜欢的理由是什么？

另一生：春天来了，万物复苏，这一句强调生命的重要。

生2："她现在很听我的话，就像我小时候很听她的话一样"。

师：喜欢的理由是什么？

另一生：因为母亲相信儿子，觉得儿子的话有道理。

学生们：（齐读）

生3："好像我背上的同她背上的加起来，就是整个世界。"

师：你为什么喜欢它？

另一生：表现出我对家庭、社会的责任重大，担负着承前启后的重任。

学生们：（齐读）

生4："但是母亲摸摸孙儿的小脑瓜，变了主意：'还是走小路吧。'"

师：喜欢的理由是什么？

另一生：体现出母亲疼爱孙子。

学生们：（齐读）

师：欣赏了优美的、令人感动的句子，一起来说说课文写了哪些人物？有哪些性格特征？

学生们一起归纳。

老师板书。

师：请大家看一段公益广告《给妈妈洗脚》，你知道它想表达什么吗？

（多媒体播放广告《给妈妈洗脚》）

生：学生很认真地看。

生1：妈妈师孩子的最好老师。

生2：妈妈是孩子的好榜样，妈妈的行为使儿子感动，妈妈做家务，孩子才会做家务。

生3：（老师引导学生说）多关爱母亲或老人。

生4：把爱传递下去。

公益广告告诉我们要把爱传递下去，营造和谐、幸福的家庭。那同学们说说你们家是怎样做的？

（屏幕显示：拓展延伸

2. 结合自己的家庭谈谈你从本文中学会了什么？

3. 课堂小结）

生1：帮妈妈做家务事。

生2：帮妈妈分担工作，当妈妈遇到困难时，鼓励她克服困难。

生3：帮妈妈煮饭，等爸爸妈妈工作回来就有饭吃。

生4：帮爸爸捶背。

生5：帮爸爸分担家务事。

生6：多关心长辈。

师：同学们都说出了自己在家的做法，也说明你们家是一个和谐、幸福的家庭。好，我们一起来回顾文章的内容。

（老师提示，学生回答）

屏幕显示：

让学生说出文章的内容和主题：《散步》这篇文章写了 　　　　 使我们懂得了 　　　　 。

生1：学了这篇文章，我们懂得了尊老爱幼。

生2：学了这篇文章，我们懂得了帮长辈分担家务事。

生3：学了这篇文章，我们懂得了多关心长辈。

生4：学了这篇文章，我们懂得了多一分迁就，家就会从一分幸福。

生5：学了这篇文章，我们懂得了一家人要互帮互助。

师：同学们的收获真不少。

现在请同学们欣赏《让爱住我家》，在歌声中去陶醉，去感受家的温暖、家的幸福、家的温馨、家的和睦、家的亲情。

五、布置作业

回家为自己的父母、家人做一件事：捶捶背、洗洗脚、揉揉肩、陪父母散步……

打个电话告诉家人，你很爱他们。

附：板书设计

散步	莫怀戚
人物	性格
儿子	天真活泼　调皮
母亲	慈祥
妻子	贤淑
我	善良　有责任感　孝顺

《散步》教学反思（红旗中学　甘伟英）

《散步》这节课虽然讲完了，但这节课留给我的求索却远远没有结束，它促人奋进，促人深思，使人产生许多感慨。现在静下心来反思这节课，既有设计的合理之处，又有不尽如人意之处，现将它们总结如下：

《散步》是一篇情浓境美的文章，文章记叙了一家三代野外散步的生活情景，表现出一家人之间的互敬互爱的真挚感情，体现了中华民族尊老爱幼的传统美德；同时，也以其清新淡雅的语言营造出了一种春意盎然、家庭和和美美的意境。

七年级的学生正处于发展独立思维的重要阶段，他们的主动性和求知欲都已大大提高，不再喜欢被动地接受知识，已初步具有自主、合作、探究学习的能力。但同时缺乏良好的观察生活的品质，对生活缺少体验，对散文知识的了解更少，而且由于受社会上许多不良因素影响和家庭的误导，许多学生没有形成正确的家庭道德伦理准则。因此，我通过引导学生去自读自悟，运用自主探究的方法学习，通过朗读、圈画、小组讨论、揣摩鉴赏从中对散文有初步的了解，体会课文浓浓的亲情，并从中感悟出正确的家庭伦理道德准则。

在教学方法上，我采用了讨论、合作、探究的教学法。学生自己勾画出精美的句子（如句式整齐的、描绘细腻的、意蕴深远的句子），由此来让学生品味语言，并且掌握分析词语或句子的方法。

在教学的过程中，切入点选择周密，教学思路清晰。在《散步》一课的设计上，我以歌曲《吉祥三宝》为切入点，歌曲所表现出一家的幸福、融洽、和谐跟《散步》的中心不谋而合，能帮助学生理解文章中心，过渡很自然。我通过让学生齐读，同学领读等形式并找同学评点，整体感知课文，概括内容要点，在此基础上再通过公益广告《妈妈洗脚》，鼓励学生结合自己的生活体验说出自己的感悟，与文本对话，深刻理解文章的主题。通过这几个环节，不仅使学生感悟文本，也提高了学生说话的能力，达到了教学目的。

当然，这堂课也有一些问题值得反思改进。第一，如在整个教学过程中，课堂的气氛开始有些紧张，一部分学生因课堂上有很多老师听课，产生了怯场的心理，以后要注意学生课前的心理疏导。第二，在朗读指导中教师要做适当的示范朗读，如在品读环节中，课文第三段中的语句"今年的春天来得太迟，太迟了，有些老人挺不住"。学生通过阅读理解到第二个"太迟了"要重读，以此表现作者对春天的渴望之情；"有些老人挺不住"这句时，学生都重读了"挺"字，像是在喊口号，我指出这句话的言外之意是有些老人去世了，所以朗读时虽是重音，但应该轻读。怎样做才是重音轻读，学生理解起来比较困难，如果这时我示范朗读一下，读出重音轻读的韵味，一字一句读得缓慢而低沉，字字有声，声声有情，这样不但可以起到感染学生作用，更能激发了学生试读的欲望，这时再让学生试读，最后再齐读，这样的取得的效果会更好。在研读过程中，语句"我蹲下来背起了母亲，妻子也蹲下来背起了儿子"，"我和妻子都是慢慢地、稳稳地，走得很仔细，好像我背上的同她背上的加起来就是整个世界"，如果教学中我引导学生重读"蹲""背""也"等词以及"我和妻子都是慢慢地、稳稳地，走得很仔细"语句，突出我与妻子心甘情愿，主动承担责任的使命感。如果我此时能进行示范朗读，会促进学生的理解，感悟，相信我的缓慢而低沉的一字一句地示范朗读，以及停顿，轻重，缓急，语气上的示范朗读都会起到感染学生的作用，激发了学生试读的欲望，这时再让学生试读，最后再齐读。这样学生对课文的理解，感悟会更深，朗读的效果会更好。第三，对《散步》这文本剖析得不够透彻，文中的有些语句还是可以挖掘得更为深入的，比如文中的"生命"一词的深刻含义。

课堂赏析
巧设情景，注重基础，文以载道
汤凤珍

甘老师的《散步》，有三个方面的设计让我觉得精彩亮丽，值得学习。

第一个方面是重视情景设计，营造良好的学习气氛。如导入设计：甘老师以旋律优美、主旨充满幸福、和谐的《吉祥三宝》为切入点，既与《散步》的中心相近，便于学生理解课文，又为课堂创设了一种宽松、快乐的学习环境和氛围。

第二方面是整个教学设计过程中，处处重视语文基础的夯实，学习和语文能力的训练、提高，并且做到了循序渐进，导之有法。

甘老师在导入新课后，首先引导学生进行生字词学习，解决字词障碍后，才进入课文的整体感知，句段赏析，完全符合学生的认知规律，做到了循序渐进。

甘老师在整个语文教学设计过程中，十分重视学生的语文基础的夯实，语文能力的提高。如设计一个专项生字词学习的环节，通过朗读，析义、造句、评价，有效地训练了学生词语的学习，积累以及运用的能力。

在整体感知课文和重点句段的学习赏析中，重视学生朗读能力，归纳概括能力、品悟能力等的训练，使学生在读中领悟语言的魅力，从而提高运用语言的能力。

第三方面是文以载造。甘老师在引导学生深入赏析了课文后，通过播放多媒体片段《给妈妈洗脚》，引导学生结合生活实际，及时进行思想教育，并用作业形式引导学生感受父母养育之恩，为家人捶捶背，洗洗脚，陪家人散步，打电话告诉家人，你爱他们。使学生既感受到了语言文字的美，又受到心灵甘霖的沐浴。

本文是一篇情愫浓郁，景致优美、语言清新隽永的美文，还应该引导学生以更多形式多朗读，多品味领悟，让学生的生命在平和轻松的环境中快乐学习，激情绽放。

第四节　论著成果

本人较早开始对集体备课活动模式进行相关研究和收集有关资料，也为此撰写了一系列相关论文，借此阐述自己对集体备课活动模式研究的一些看法，也许粗浅，仅只是个人洞见，贻笑于大方之家，但也是心血之作，因此不怕简陋浅显，现一一呈献出来，就教于大方之家，以求指点迷津，也是抛砖引玉。

不管如何，在这几年的学习研究中，我和研究团队的老师们一起学习，一起进步，一起成长。我们学会了学习，学会了思考，学会了评价，学会了分享。

我想，这，也是一种成功吧！

论文一：此文旨在倡导广大教师养成团队精神，团结合作素质，认为唯此法方能令广大教师在集备的平台上更好更快地驰骋。

本文曾获珠海市论文评比一等奖。

中小学教师亟待养成团队合作素质

汤凤珍

内容提要：关于团队精神，过去人们强调得多的是在体育如篮球赛或者一家企业、公司里。随着社会的飞速发展，养成教师队伍的团队合作素质也显得越来越重要和紧迫。本文在分析了目前师资状况的基础上，对教师团队合作素质的养成进行了较为系统又具体、感性的阐述，以期引起人们特别是同行们的高度重视。

关键词：团队合作素质　教师

正文：

合作，《现代汉语词典》的解释是为了共同的目的一起工作或共同完成某项任务。中小学校教师的共同任务是教育学生"学会求知，学会做事，学会相处，学会做人"。《公民道德建设实施纲要》要求公民"团结友善，敬业奉献"。《现代汉语词典》对"团结"一词的解释是"①为了集中力量实现共同理想或完成共同任务而联合或合作；②"和睦，友好"。而"友善"的解释是"朋友之间亲近和睦"。随着中国加入世贸，素质教育继续向纵深推广等形势发展的需要，团体合作素质已上升到作为一个国家凝聚力的高度而引起国人的重视。为了落实教育优先发展战略的根本大计，为了全面推行素质教育，为了加强中小学德育工作，作为基础教育的实施者的中小学教师必须重视团体合作素质培养，以身作则，率先垂范，养成良好的师德师风。

长期以来，由于升学，竞争等原因，中小学教师习惯于"闭门造车"，"各人自扫门前雪"，很是缺乏团体合作精神。也正因此，科与科之间，级与级之间，"井水不犯河水"，"老死不相往来"……造成各科之间联系不深，物力与人力资源极度浪费，很不适应当前教育改革形势，尤其是 21 世纪的教育趋向。

21 世纪的教育，愈来愈趋向于课程综合，资源共享。课程之间的纵横联系越来越广，越来越深，而教师不可能总是"一肩担全职"。这就需要教师具备团体合作精神，胸怀全体，放眼全局。通过合作，了解课程的纵横联系，通过合作，了解学生的"过去，现在"，"在家，在校"，"爱好，特长"等各方面情况。没有合作，无法全方位了解；而没有全方位了解，就不可能有的放矢、对症下药，多角度、全方位的教育、鼓励学生，误人子弟的现象也就不可避免。

教师具有团队合作精神，这不仅是教育学生的需要，也是资源共享，师生减负的共同需要。学生要减负，教师之间必须合作。若每个教师都努力让学生在课堂内消化知识，形成能力。这样，教师之间互相配合，共同合作，学生减负就有了希望。教师要减负，方法之一就是资源共享。比如智慧共享——你想到了一个育人或讲课的好办法，拿出来，共享！课件、教案，教法共享！差生合作辅导：科任老师你帮扶一个，他帮扶一个，这就大大减轻了班主任的负担，一个班的优良班风就容易因此形成。教师减负也就指日可待。但教育界长期以来科目之间"分割"太过分明，太过零碎，以致学生的综合能力差，科学视野狭隘；教师之间"孤军作战"或者互相提防、互相嫉妒甚至互相拆台之陋习积习久远……所有这些，都不利于推行素质教育，都不适应 21 世纪国际教育的新形势，要改变这些，当务之急，教师必须迅速养成合作素质。

如何养成合作素质？

首先必须更新观念。毫不夸张地说，语文教学的改革，归根结底是语文教学思想的改革，是教学观念的更新。有些教师思想陈旧，观念保守，十几年坐守一隅，如井底之蛙，还"夜郎自大"，缺乏团体合作精神。要改变这些现象，必须自觉学习《公民道德建设实施纲要》，学习素质教育的有关文件，学习邓小平理论，学习"三个代表"思想……有了这些指路明灯，师德师风的根本扭转就有了希望，我们的教育也就有了成功的保障。

其次是加强文化素养。俗话说，打铁需得自身硬！中小学教师须有过硬本领，必须时时更新知识，才能教好学生，才能适应二十一世纪教改新形势。关于文化素养，过去教育界的口号是："要给学生一滴水，老师须有一桶水。"而今天则是："要给学生一滴水，老师须有多桶水。"教育形势在迅猛发展，但有些教师不仅观念陈旧，而且知识陈旧，见识浅显，各科综合知识狭窄，以致开展教学无法得心应手，也没法与其他科目或老师沟通合作，美其名曰毫无兴趣，不如干脆说一窍不通！21 世纪的教育是终身教育，21 世纪又是电脑的时代，是信息爆炸的时代，知识若不及时更新，随时会有落伍之虞。作为 21 世纪教育的实施者，中小学教师必须及时"充电"，时时"充电"。只有虚心学习，努力学习，终身学习，才能不落后于学生，不落后于教育形势，才能在教学教育领域里"跃马横枪，挥洒自如"。

三是加强交际能力。交际是现代社会沟通、合作的主要内容和形式，是现代社会发展的需要，也是现代人必备的一大自身素质。现在的学生"见"多而"识"不广，身体发育早熟而心智发育不成熟（却偏装作成熟），而有些家长却过分溺爱、偏袒孩子，加上社会上游戏机、黄色书籍泛滥成灾……这都给德育工作带来了许多难题。这就要求广大中小学教师发扬团队合作精神，发挥交际的魅力，以文明、合作的态度，加强学校、家庭、社会等多方面的联系、全方位合作，全方位教育。团结教师，礼遇家长，争取社会或舆论的支持帮助。共同把学生教好，把教学工作做好。

四是具备综合能力。许多事实证明，一个人具备的能力越多，对国家，对团体的贡献就愈大，与人合作的成功率就愈高。而对于有特长的人，人们总有一种崇拜的倾向，尤其中小学生。能"露一手"便很能赢得他们单纯的崇拜。因此，要走进学生心里，与他们真正融为一体，教师必须"有一手"或"有几手"。要知道一个教师的综合能力越高，本事越大，师德越高尚，赢得学生崇拜的砝码就越多，教育效果就会越加显著。

有些人害怕合作会降低自己的身份，尤其领导干部，不能听取群众意见，不愿吸取群众智慧，因而不同程度地妨碍了集体的前途发展。而有些教师也不大愿意与领导合作，美其名曰："不在其位，不谋其政。"因而采取"事不关己，高高挂起"的态度。其弊端是愈加放纵自己目无集体的劣根性。还有很多老师对学生放不下架子，总爱以高人一等的姿态教训学生，总爱高挂着"师道尊严"的牌子。久而久之，师生有了隔膜，教育效果往往只能事倍功半。

怎样才能加强团队合作精神，尤其我们普通的中小学教师？有一个故事，仿佛是专门为我们而准备的：某世界知名的跨国公司原来只是一家名不见经传的小公司，后来，此公司老板出了一条公告：谁给公司提意见并被公司采纳者给予重奖。公告一出，群情激昂，员工纷纷献计献策。公司不多久便飞速发展，不几年便成为国际知名企业。所以说，一个团体，若它的成员都具备团队合作精神，这个团体就会无往而不胜。

还有一个故事，说的是一国际知名的大石油公司的一个小职员，无论什么场会，什么情况下，都自觉的替公司宣传产品，如他与人通信、写帐单，便在信头上、帐单上写道：本公司石油每升 5 美分！十几年如一日毫无中断。这事让他们的董事长知道了，第二天便与他共进晚餐……后来这个小职员接任了董事长的职位。这个小职员胸怀集体的团队合作精神终于得到了报偿。

中小学教师如何与人合作？请尝试以下几种做法：

一、仰起头，与领导合作。广大中小学教师大多都是爱学校爱集体的，但是很多人都只是爱在心坎里，很少直接参与她的管理和建设。今天已踏入二十一世纪，"再不能埋头拉车，不问政治"了。抬起你高贵的头，仰起你尊严的脸，以主人翁的姿态关心你级组科组和学校的发展，参与级组科组和学校的管理，让级组科组学校团体都因为有了您的参与而变得更加充满活力。

二、伸出手，与同事合作。俗话说：三个臭皮匠顶个诸葛亮。老百姓说：众人是圣人。众人拾柴火焰高。毛泽东说：群众是推动历史前进的真正英雄。广大中小学教师要紧紧依靠群体，充分发挥自己以及同事的智慧。大到一个教改课题的研究，小到一个学生的转变提高，都必须发挥和依靠团队合作精神。伸出你热情友好的手，以平等之心待人，精诚所致，没有什么合作是不可以成功的。

三、蹲下身子，与学生合作。学生是未来的主人，是祖国的明天，教育好学生责任重大，意义深远。而有的老师对学生盛气凌人，居高临下，以为学生只是个一无所知的幼稚小孩，可以任意斥之训之，让学生敬之远之。其教育效果令人担忧。陶行之说：谁要把小孩当小孩看，自己就不如小孩。一位教育家也这样说。当学生知道是在说教他的时候，这样的教育往往是失败的。是啊，小孩子与大人同享一片蓝天，他们的天地只是大人的天地的雏形。我们作为教师必须放下架子，建立互尊互爱的新型师生关系。"互尊"是让学生把教师当成可敬可爱、可圈可点、有血有肉，可以互相探讨的人，不是说一不二的神圣化角色。"互尊"才能让学生从一个无论何时何地都是被"传道"、被"授业"、被"解惑"的角色，变为有主观能动性，有独立"启疑"能力的人。让学生提倡"吾爱吾师，吾尤爱真理"；让教师尊重他们，用爱心换取他们的信心，以平等的心态去看待他们，关心他们……如此蹲下身来教育学生，学生没有不接受，不转变，不提高的。

一个和尚挑水喝，两个和尚抬水喝，三个和尚没水喝……让我们一起来改写这个古老的故事吧，愿咱们的中小学教师都早日养成团队合作素质，愿二十一世纪的中国人都快快养成团队合作精神。

主要参考文献

1.《素质教育在美国》黄全愈著

2.《宁鸿彬中学语文教学改革探索》宁鸿彬著

3.《教海漫游》于永正著

论文二：此文旨在倡导广大教师张扬个性，飞扬神采。因为此乃集备神韵，教学艺术灵魂。

本文曾获珠海市论文评比二等奖。

让多彩的个性飞扬
汤凤珍

内容提要： 本文运用新课标理论，结合中国基础教育的实际，阐述了个性教育对于培养创新人才的重要意义及途径。

关键词： 个性教育　创新人才

正文：

什么是个性？个性就是一个人比较固定的特性。什么是教育？新课标指出："教育就是关注学生的全面发展。"现代教育最优化理论创始人巴班斯基指出："教育要致力于全面培养学生的个性。"可见个性培养对于教育的重要性。

但是，环顾中国教育现状，相信每个关心中国教育的人都有着这样一个沉痛的困惑：中国的教育到底行不行？如果说中国的教育不行，为什么中国的中学生年年能击败众多对手，获得国际奥林匹克竞赛的各种个人奖和集体奖？但如果说中国的教育很棒，为什么自从诺贝尔奖设立以来，没有任何一所中国的高校能培养出一个获诺贝尔奖的人才？原因何在呢？

我们先来看看一个美国学者在一所中国幼儿园拍下的镜头：

"十分钟后，绝大部分的孩子都已完成了他们的积木造型，老师们就过来检查孩子们的工作，如果有一个造型完成的很好（也就是说跟图片一模一样），这个孩子就被告知去把造型一片一片地拆下来，然后重新构造这个造型；如果老师发现了问题，就会要求孩子去纠正它。"

我们再看看一些看过此录像镜头的人员所作出的评价：

一位日本学前学校的管制人员这样评论："孩子们看起来是如此压抑，没有任何东西是自发的，学校给人的感觉是那样的冷淡，那样的缺乏欢乐，孩子被期望的就是变得如此的不像孩子。"

一位美国火努鲁鲁学前学校的老师的评价则是：

　　"过分严密的管理，使幼儿园看起来向一座军营……老师是如此过分的强调纪律秩序和行为规范，以至不惜以摧毁孩子们的创造性为代价……"

　　两位评价者所痛心疾首的，其实不就是学生被压抑被摧残而夭折了的个性吗？恐怕未等到他们长大，其创新能力就被残忍地扼杀了。如此"夭梅""病梅"，如何能与天生天养的"茁壮之梅"一决高下呢？而此种现状又何止存在于学前教育？中国的高等教育如此！中国的基础教育也许更甚！

　　追本溯源，中国数千年的传统文化从来就没把学生当作过教育的主体，从来都只是把学生当作知识的接受器，而从不是知识的主人。韩愈就曾这样形容教师："师者，所以传道受业解惑也。"一语道出了长期以来学生总是处于被传道、被授业、被解惑的被动地位。当今的教育，高考就更如一支魔力无穷的指挥棒，"分，分，学生的命根"，于是高分低能者应运而生，中国教育于是被称之为"填鸭式"教育，学生始终还是处于"被灌"的被动位置，因而总被扼杀个性，总是缺乏学习自由，总是缺乏一种主体意识和主动精神。如此种种，其后果是什么呢？

　　留美学者黄全愈认为："如果由于个性受到压抑，从而使个性没有得到全面、健康的发展，就不敢'为天下先'……就只会做那些别人做过的事，而不敢去做别人未做过的事。"他进一步指出："没有个性就没有独特性，而没有独特性又怎么会有另辟蹊径的创造性？"

　　一个人存活于世界上，受社会、学校、家庭等各种因素的影响，因而个性各异，姿彩纷呈。现代教育认为人是教育的核心和精髓，因而人既应是教育的起点，也应是教育的终点。新一轮的课程标准改革就提倡"教育应以人为本，以人的发展为本。"个性是创新的策源地，一个没有个性的人何谈创新？一个没有创新能力的民族又焉能自立于世界民族之林？关于创新对于一个民族、一个国家的深远意义，中国科学院院长路甬祥曾有这样一段精辟的论述：

　　"一个拥有持续创新能力的国家，将具备发展知识经济的重大潜力，一个缺少科学储备和创新能力的国家将失去知识经济带来的机遇。"可见创新对于一个民族一个国家的重要性。而青少年是民族的未来和希望，正如毛泽东同志所指出的那样："青少年是早晨八、九点钟的太阳，希望寄托在你们身上。"所以，重视发展和培养他们的创新精神和创新能力是新时期每一个教育工作者义不容辞的神圣职责。因此，中国教育应从此真正重视人的个性，重视个性的培养，发展和张扬，从而使千千万万的孩子真正获得健康的发展和成长。

个性对于创新发展是如此重要，那么，如何去培养、发展、张扬学生的个性呢？我个人的观点如下：

一、让健康、宽松、和谐的环境成为培养个性的最佳"土壤"

中国古代曾流传这样一种说法：生长在淮南的又大又甜的橘，移植到了淮北，就变成又小又酸的枳了。这说明环境确实能造就人。你看，西北的汉子黑瘦粗犷，东北的汉子高大豪爽，南方的汉子矮小精明……人的外型是如此多种多样，其内在个性更是多姿多彩。但中国几千年来由于崇尚的是儒家文化，中国人于是都被要求"克己复礼"，"沉默是金"。凡事讲究含蓄，内敛修为。认为"木秀于林，风必摧之"。于是只好求同去异，圆滑处世。另一方面，中国人较为讲究辈分等级：君君臣臣，父父子子。上级就是上级，父辈就是父辈。讲究师道尊严："一日为师，终身为父。"，辈份不可逾越，天威不可冒犯。晚辈，下级必须绝对尊重服从长辈、上级。推广到教育，教师站在讲台，高高在上；学生坐在台下，中规中矩……

如此大环境与小环境，怎么能培养出个性突出、思维活跃的创新人才呢？二十一世纪是一个个性的世界，知识经济需要个性鲜明的创新人才。不仅中国教育，每一个关心中国关心中华民族未来的人，都有责任为每一个孩子在社会、家庭、学校营造一个宽松、和谐、健康的环境，使孩子们的个性在成长过程中得到最大的发展。

孩子活动最多的地方——学校和家庭——尤其应该注意环境建设，例如校风、学风、班风、家风等，总之，不管软环境硬环境，都必须有利于孩子的身心愉悦，个性发展，以及自由健康成长。而师生之间、父母与子女之间更应淡化等级，和谐关系。对孩子少些惩罚，多些鼓励。管理孩子少些军事化，多些自由、宽容、自主……让孩子真正健康成长。

二、让丰富多彩、适合自我的课程成为个性发展的最佳"食粮"

课程是什么？狭义的课程概念，它既指学科和活动的总和，又指教学计划、教学过程和教学内容。众所周知，教育的主体是人，是一个个活生生，有血有肉的人。既然如此，那么他们无论在生理还是心理上，就都会存在较大的差异。还因为如此，当课程面对一个个具有独特个性的学生或学生群体时，学校课程必须为这些个性、能力各异的学生提供多样化的课程，给他们以选择的自由和机会，让他们在自己喜爱和适合的课程天地里遨游……只有这样，学生的个性和创新精神才不会在课程中遭受压抑和埋没。而现行中国基础教育的基本实际是：无论中学小学，无论城市农村，无论何种类型何种个性的学生，除了一套教材范本，除了一张人人合用的课程表，一套个个均用的教学计划，很少再有别的专为个性各异的学生专设的个性化课程。

另外，中国基础教育长期以来一直重自然科学轻人文地理，重科学教育轻社会道德养成教育，重知识灌输轻实践能力培养，重分数轻美育……这种种课程弊端，都直接或间接地压抑甚至扼杀了学生个性的萌芽、发展，以致夭折了创新人才的成长和培养。

再者，课程内容严重脱离现实生活和社会实际，把学生的校园生活和读书生活真空般与世隔绝开来。因而当学生从校园走向社会，真实面对各种社会现象和社会问题时，便如一个个缺乏免疫力的试管婴儿，只好在万花筒般的社会多棱镜中徘徊、迷茫，甚至迷失自己，走上犯罪道路。只有少数人能在社会熔炉中重新铸造自己，走上成功之路。如此过程和代价，教育的付出毕竟太惨重了！

种种的教训在昭示我们：一刀切的课程无法培养出多姿多彩的创新人才，因此，我们应该承认学生的个性，重视学生的个性，培养、发展学生的个性，并为个性各异的学生提供个性化的充足的课程保障，让学生在真正适合自己的课程里享受到学习的自由和乐趣，从而在学习中张扬个性、充分发展。

三、让轻松自在，自主发展的课堂成为个性展现的最佳"舞台"

现代课程理论强调课堂的多样性，个性化，强调课堂要在尊重学生个性发展的基础上，满足学生多样性发展的需要，为学生发展提供多样的发展空间和资源，为学生的个性和创造性的形成提供最好的环境和条件。另外，课堂既然是实施素质教育的主阵地，它就更应成为学生个性展现的最佳"舞台"。

那么，怎样的课堂才更有利于鼓励、培养、发展学生的个性，使它成为学生个性展现的最佳"舞台"？我们先来看看美国的课堂：

著名学者黄全愈先生在其《素质教育在美国》里如是形容：课堂秩序可用"乱七八糟"来形容。学生们虽然"坐无坐相"，但思维极其活跃，常常有"如果人是猴子变的，为什么现在猴子还是猴子，人还是人？"之类的反问，在座的"学生"中有四位是美国教授，也跟他人一道起哄"。

再看看他的儿子——一个真正的美国小学生对一节美术课堂的描述：老师根本不教绘画，一点都不教！每次都是给一个题目，就让我们自己画啦。想怎么画就怎么画的，爱怎么就怎么画。老师一点也不管，画完了老师就知道说"好哇！好哇！"而孩子们有站着画的，有跪着画的，也有趴着画的……要说"八仙过海"一点不为过，而"八仙"们的笔下所绘，更是不敢恭维。不成比例，不讲布局，不管结构，无方圆没设计，甚至连基本笔法都没有。老师们对这些"大作"竟是赞不绝口。

这真是一个生动活泼，自由发展的课堂！孩子们好像不是在上课，而是在利用一切机会和可能去发展自己的个性，品尝学习的乐趣。它与我们课堂的本质区别是：我们忽视、压抑、有时甚至可能是扼杀了 21 世纪最为重要、素质教育最为本质的个性教育，而这恰恰是美国课堂最为崇尚和扶植发展的。这也许就是为什么中国的教育总是起点赢而终点输的重要原因吧？但是，这难道还不足以引起我们的反省与警醒吗？

反观我们的课堂：首先是座位整齐划一，其次是安静得连一根针掉在地上也能听得见，还有就是满黑板的板书，学生满当当的整齐清洁的笔记，再有就是教师事先设计问题，学生再思考、讨论、作答，然后教师归纳、小结，明确问题答案，至多在课堂结束前几分钟象征性地质疑一下，一堂课就那么结束了。

试想，如此课堂，如何实施素质教育？如何培养学生个性？如何形成创新能力？要实施素质教育，要张扬学生个性，要培养创新精神，除了要有和谐宽松的环境，丰富多样的课程，还需要拥有与之相适应的课堂。为此，教师的教学要追求个性化，教学形式与教学方法必须能适应个性各异的学生实际，从而让每一个学生都能得到充分发展。另外，要注意引导学生善于寻找和探求适合自己个性和能力的学习方式和学习方法，使自己在学习中既能发展个性，发展自己，又能品尝到学习的快乐和成功的快乐，从而使适合学生自我的丰富多彩的课程成为他们个性发展的最佳"食粮"。

四、让作业、训练成为连接学习与生活实践的"桥梁"

现在我们设置的练习、作业、训练常常一刀切；常常只重视知识传授，而忽视动手实践能力的培养；常常只为追求高分数，只为考试服务。其目的几乎无一不是为了把学生变成"复读机"、"计算器"、"知识的容器"。严重脱离了生活实际，误导学生以为读书只为考试，知识无用，导致学生厌学，更严重的是不能把学生培养成为一个有个性的有作为的创新人才。因此，这个弊端不革除不行。

一方面，现代课程的走势正在催向综合化，而综合课程需要更多地与社会接触，更多地走进生活，更广泛地与现实联系，在生活中发现问题，解决问题；另一方面，生活是丰富多彩的，人的个性是丰富多彩的，一个人只有走进社会，走进生活，才能更好地增长才干，焕发个性光彩。课堂要精彩纷呈，课程要生命力常在，都离不开生活，离不开社会实践，所以，要让学生个性张扬，必须让学生多贴近生活，多走向生活，多动手实践，让学生觉得学有所用，学有所长，从而使我们的教育在完善个性、培养创造力、增强独立性方面真正跃上一个台阶，让孩子们多彩的个性在愉快的学习中得到长足的发展。如此的作业、练习、训练才是可取的，才符合素质教育的内蕴与要求，才更有利于学生个性的培养和发展。

我们不妨看看国外一些先进国家布置"作业"的内容和方式。例如德国蒙台梭利小学：地理课堂上，学生们用分到的地图模型，拼凑课堂上讲授的欧洲大陆；常识课中学到鸟和花，可以在课堂上学习喂养和种植；喜欢智力测验，可以从教室设置的作业练习中做各种有兴趣的智力测验……

这种以人为本，关注学生个性差异，注重学生的多样性发展的人性化做法很符合新课程标准的精神实质，因而是很值得我们效法的。

五、让良性、优化的考评机制成为师生个性飞扬的"蓝天"

长期以来，中国基础教育受应试教育的影响，过分重视考试成绩，并且常常把考试成绩和评价等同起来，以分数高低来衡量学生优势，以一把尺子评价一切，以一个目标要求所有学生，从而把复杂的评价简单化。结果是一个个欢蹦活跳的多姿多彩的生命进去，一个个模子般的复制品出来，严重埋没了学生的个性，严重影响了学生的健康发展。也挫伤了教师的教学积极性，影响了社会对学校的评价，误导了学校的教育方向，其弊端不少。

我们认为，现代教学评价机制必须承认学生个性的差异，必须有利于学生的个性培养和发展，必须有利于创新能力的养成，必须有利于学生充分发展自己的个性和才干，从而获得全面发展。因而评价首先要面向全体学生，要注重学生个体的培养和发展，要能体现每一个学生的个性，要符合公平原则，要能体现每一个学生的素质主流，还要能体现学生的知识、水平，能体现其实践能力，能体现学生的学习态度，情感态度和价值观念，要让每一个学生都能从评价中获得发展，获得成功。

长期以来，人们不仅以分数去评价学生，更是以分数去评价一个教师："不管白猫黑猫，抓到老鼠就是好猫。"升学率高，学生考试分数高的教师就是好教师！因而很长一段时间以来，教师把学生当作知识容器，考试机器，向学生拼命灌，灌！只为取得高分数。

教师是素质教育的实施者，我们要真正实施素质教育，真正重视学生个性培养，就一定要从多方面多角度去衡量教师的劳动和教师的素质，如对教育教学境界的追求、对教育的奉献精神，以及道德情操、职业道德，对学生的人文关怀、人本教育等等，全方位多角度，公平公正公开地去评价一个教师的劳动与贡献，从而使教学相长，教师教得快乐，学生也学得快乐。

社会对学校的评价一直以来对学校的教育教学都产生着巨大的影响，要让素质教育的精神得以畅行，社会应从物质、舆论等多方面大力支持素质教育，高度重视学生的个性教育和培养，为素质教育撑开一片丽日蓝天。

诚盼我们的校园，早日飞扬起多彩的个性；诚愿不久的将来，在高高的诺贝尔领奖台上，站着我们中国教育培养出来的炎黄子孙！

参考文献：

《新课标解读》

黄全愈：《素质教育在美国》

论文三：此文旨在倡导教师要焕发心底真爱，真心实意爱学生，爱教育。因为爱乃教育之魂，爱也是我们每位集备研究者应备的精神素养。

本文曾获珠海市论文评比一等奖。

爱，教育之魂

汤凤珍

一个小女孩曾深情的告诉我一件珍藏在她心底许多年的事：有一次，她被一群调皮的男孩子气哭了，当她委屈地哭着去找班主任却找不到时，一位老师轻轻地走了过来，蹲下，拉着她的小手，温和地说："小姑娘，谁欺负你了？"就这么平常的一句话，就这么平常的一个动作，可许多年过去了，那位老师手掌的温度却仍然留在她的手心！

爱，也许就是这么平平常常，简简单单！也许它就只是那么一句温暖的话，那么一个轻轻的笑，那么一个亲切的鼓励的眼神……可你可曾发现，那躺在叮咚溪流中棱角分明的顽石，让它变圆润柔美的，不是浮躁的风，不是狂暴的雨，而是每日从它身上潺潺流过的柔情的水！

如果说，儿童是祖国的花朵，那么，教师的爱便是那灿烂明媚的阳光，是那潺潺流动着的柔情的水……它是情的交流，心的呼唤，能夷平一道道沟壑，谱写一曲曲新时代教书育人的真情华章！你听——

全国著名特级教师于永正先生说，爱是微笑！他耕耘教坛几十个春秋，取得多少骄人的教育硕果，可他谦虚地说，这多半归功于他的微笑。是啊，爱在心灵，微笑是心底的自然流露，微笑是活跃课堂气氛的润滑剂……你看，老师带着亲切的微笑出现在课堂上，不就像在教师与学生之间架起了一座情感交流的桥梁么？不就能让学生在和谐亲切的气氛中喝下并消化更多更多的科学的乳浆么？

高林生老师说，爱是化雨的春风！他深情地回忆说，在他上小学时，有一天，他把蟋蟀带到了学校，上课时那小东西忽然吱吱地叫了起来，他惊恐万分，等待着老师的暴风与骤雨。谁知老师反而投给他一个亲切的微笑……那一节课他听得多认真啊，多少年过去了，可他仍然记得那节课的内容是《鸡兔同笼》，仍然记得那可亲可敬的老师！

爱是宽容，著名教育家丁有宽老师倡导要"偏爱差生"，斯霞老师对差生有一种深沉的爱，叶圣陶先生的告诫更是如雷贯耳："你这个糊涂先生，你这学堂成了害人坑，你的墨水笔下有冤魂！你说瓦特庸，你说牛顿笨，你说他像个鸡蛋坏了的爱迪生。若依你的话，哪来的火车？哪来的电灯？哪来的微积分？你这糊涂先生，你的教鞭下有瓦特，你的冷眼里有牛顿，你的讥笑中有爱迪生……你别忙着把他们赶跑了，你可要等到坐火车，点电灯，学微积分才认识他们是当年的学生？"先生言犹在耳，句句鞭辟入里，是啊，宽容更是一种博大胸怀的爱，学生千差万别，心态五彩缤纷，它需要理解，需要容纳，需要包容，需要掩盖，那么，就让宽容作为一把钥匙，让心灵之窗豁然开朗，永驻阳光！

爱是鼓励。一位老师有一次请一个学生读一个长句子，学生读了七遍都没有读准确，她就快失去信心了。这时，这位老师轻轻走过去，抚摸着她的肩，轻轻说："你深吸一口气，放松放松，然后一字一字在心里默读这句话一遍，第八次你准能把漏掉的字全部读出来……"她这样做了，她第八次终于获得了成功，后来这个学生动情地对那位老师说："我觉得您像我的爸爸妈妈！"孩子最亲最爱的就是父母啊，还有什么荣誉能比得上孩子心声的由衷流露呢？

爱是慷慨。12世纪英国著名医生歌德斯密在一个大雨倾盆的夜里，被一个穷苦的妇人请去为她丈夫看病。歌德斯密医生为妇人留下了一个包得严严实实的包裹，走了。妇人打开包裹一看，里面全是银币，一张纸条上写着："用这些钱买面包，是饥饿使你丈夫不能动弹了。"医生的慷慨施予的高尚品德感动了多少人，也赢得了多少人的崇敬！学生五彩缤纷，有的学习贫，有的心灵贫，有的物质贫……他们就如那位妇人，多么希望得到老师那慷慨的爱的给予。为人师表者啊，你今天的慷慨，换来的也许就是明天一个孩子命运的改变！

爱是奉献。受人敬佩的田沛发老师为了保护学校财产，致身残而不悔！我家乡一位年轻的女教师，在为学校送资料的途中不幸被一辆大卡车撞倒，至今昏迷不醒……还有一位身患心脏病的老教师，在备课时因为过于集中精神思考一个问题而导致神经过度兴奋，心脏病骤发，就这样永远永远地告别了他为之奉献了一生热爱了一生的教坛……

爱啊，你究竟是什么？千千万万流淌着炎黄子孙的热血的为人师表者啊，不都在用他们的心他们的血谱写着一支支感人肺腑的教书育人的歌吗！他们是蜡烛，蜡是他们的生命，火是他们的爱，无私地照亮着学生的心田！他们是太阳，学生就如那花朵，老师慷慨地把他们的光和热，照耀在一朵朵含苞欲放的鲜花上……

爱，你究竟是什么？

一位哲人说得好："一个热爱生命的人，不再靠自己而是靠他所爱的东西活着。离自己越远，渗透别人越深，他就越幸福。"

爱，是教师的武器，是教育之魂。

论文四：此文旨在为初涉教坛的集备者阐析备课之道。

如何"吃透"教材？

汤凤珍

一堂课能否圆满成功，有经验的教师都知道，吃透教材是最起码的保证。

但如何才算"吃透"？如何"吃"才能"透"，这个问题又历来争论不休，各说各法。下面我就几年来的教学实践，谈谈自己在钻研语文教材方面的一点做法。

吃透大纲，注重纵横联系

教学大纲是贯彻教育方针，实现培养目标的根本保证。它规定了教学目的、教学要求和基本技能训练等内容，阐述了教材的编排体系和教学指导思想，只是了基本的教学方法。教学大纲是编写教材的依据，是教师进行教学工作的依据，也是评估学生学习成绩的依据。因此，教师必须认真钻研和熟练掌握教学大纲，并严格按照教学大纲的要求进行教学，才能保证教学质量。

吃透大纲，还必须重视大纲在编排教学内容和教学要求方面的纵向联系和横向联系。

所谓纵向联系，指的是小学各个阶段，各个年级以至各个单元的教学要求、教学内容之间的联系。它有一个显著特点：具有阶段性和连续性。阶段性，就是实现每个阶段、每个年级、每个单元的具体教学要求，最终达到大纲规定的总的教学目的要求；连续性，就是低一级的教学为高一级打好学习基础，高一级的内容和要求又是低一级内容和要求的延伸和提高。举几个例子来说，比如低、中、高三个阶段都要进行听话和说话教学，但每个阶段的教学要求都不同：低年级能听明白别人说的一段话和一件简单的事，养成认真听话的习惯；能说一段完整、连贯的话，口述一件简单的事。中年级能听懂程度适合的讲话和少年儿童广播，理解内容：能清楚明白地口述一件事，讨论问题能说清楚自己的意思。高年级能听懂别人的讲话，理解主要内容：能口述见闻，能当众作简短的发言。各阶段的内容和要求既具有独立性，又互为基础，互有联系。

我们要吃透大纲，就要掌握大纲在教学要求和教学内容方面的纵向联系，钻研教材时，既要把握住小学语文教学总的目的要求，又要了解所教年级的具体教学要求；既要了解全套教材的内容和编排体系，又要掌握所教年级的重点和特点；而且要注意分析所教年级内容教学要求，在实现总目的的要求中的作用及与相邻年级内容，要求之间的具体联系。这样钻研教材，才能做到胸有全局，使教学具有明确的目的和较高的效益，学生的语文能力也因之能更好地形成和发展。

同事，我们还必须重视大纲在内容和要求上的横向联系。

所谓横向联系，是指小学语文各项教学内容和要求之间的联系。小学语文教学包括多项教学内容，如字词句段篇、听说读写等等，还包括语文和其他学科以及学生各方面生活实践的联系，一堂课不可能同时教这么多内容，进行这么多项训练，但这些内容和训练又是互相影响、互相制约或互相促进的。我们若要让学生的语文知识学得更加扎实，语文能力得到更快提高，就必须重视语文教学各项内容和要求之间的横向联系，在处理众多的教学内容和训练要求时，先确定它的重点和中心，然后把各项不同的教学内容有机地配合起来。比如：在课外开展读书、朗读讲故事、办小报等活动，能促进课内学习，提高学习的自觉性，促进听、说、读、写能力的提高，听说读写能力的提高又增强表达能力、理解能力的发展。重视横向发展，能促进学生语文能力的协调发展和德智体美劳诸方面的全面发展。

1. 吃透教材，注重因材施教

吃透了大纲，明确了教学的大方向，就必须考虑在每篇课文，每节课程的具体教学过程中，如何根据学生的实际，根据教材的特点，因材施教。在教法上废止注入式，提倡启发式。

要达到上述目标，必须做到：

第1，深入调查，充分了解学生的实际。然后根据学生的实际确定教学的重点和难点，深度和广度。

第2，把学生当做学习的主体，充分调动学生学习的积极性和主动性，启发学生自己思考和实践，自觉地去掌握知识，训练能力，发展智力，逐步达到"用不着教"的目标。

第3，把提高学生学习的积极性作为提高教学效果的决定因素。诱导学生积极学习，引导学生生动活泼地学习，知道学生按科学的方法学习，充分发挥学生的作用，达到教和学的有机统一。

第4，教师在教学过程中的讲解和提问要适合学生的年龄特点，适应学生的接受、理解能力，要富于启发性，要适合教材的特点，使学生愿意，能够并乐于积极思考，独立探索。

第5，教师要想方设法鼓励学生努力提出不同的见解和问题，通过引导和讨论，真正在认识上得到统一和提高。

第6，要加强师生间的交流，几时掌握反馈的信息，不断深入了解学生的实际，不断改进指导的内容，步骤和方法。

2. 文以载道，注重教书育人

《全日制小学语文教学大纲》明确规定："小学语文是基础教育中的一门重要学科，不仅具有工具性，而且有很强的思想性。"大纲这样阐述，充分强调了：学生要德、智、体、美、劳全面发展，成为有理想、有道德、有文化、有纪律的新一代接班人，提高科学文化素质固然重要，提高思想道德素质更加重要。因此语文教学要寓思想教育于语言文字训练之中、要在培养学生听说读写能力的过程中，注重思想内容与语言文字的内在联系。在教学中使学生认识祖国山河壮丽，人民勤劳勇敢，语言文字优美……从而激发他们热爱祖国，热爱人民，热爱祖国语言文字的情感；使学生了解革命领袖，千千万万共产党人和人民群众在革命和建设事业中作出的贡献，培养学生热爱中国共产党的思想感情……总之，进行思想教育史语文教学的一项重要任务，语文教师要用多种形式，多种方法，把思想教育生动地、深刻地寓于语言文字训练中，坚持文以载道，努力做到既教书，又育人。

论文五：此文旨在为涉教未深的集备研究者阐析备课之道。

怎样根据教材的特点进行思想教育？

汤凤珍

语文学科的重要特点是思想教育和语言文字训练的辩证统一。进行思想教育是语文教学的一项重要任务。小学语文教学大纲明确规定"在语文教学过程中，使学生受到辩证唯物主义的启蒙教育和社会主义道德品质的教育；逐步加深热爱祖国、热爱中国共产党、热爱社会主义的思想感情；陶冶爱美的情趣；锻炼观察、思维、想象、记忆的能力，岩层良好的意志、品格和学习习惯。"因此，教师要充分认识加强思想教育的重要性，提高自觉性。

那么，在语文课堂教学中，思想教育该如何开展：用多少时间，用什么方式，把它放在什么位置才科学、才合理呢？

由于小学语文教学担负着汉语拼音、识字写字听说读写等语文知识和发展学生智力等繁重的教学任务，思想教育要是占用时间过多，则完不成传授知识、开发智力的任务；要是占用的时间太少，则收不到应有的教育效果。为了保证思想教育能收到一定的实效，必须保障有一定的时间。许多教师经过实践总结出，思想教育所用的时间应以不少于总时间的八分之一或不超过总时间的四分之一为宜（指一节课）。至于方式：只要是学生喜闻乐听的，可以多种多样，比如可以是即兴发言，趁热打铁；可以使专题小结，教师有的放矢；可以是自我批评，自我教育……至于位置，可以穿插于课堂的知识传授中进行，也可以在完成知识性的教学任务后单独进行。总之，要在培养学生听说读写能力的过程中，注意思想内容和语言文字的内在联系，正确地进行思想教育。初教者出来要从时间，方式和位置灯方面去加以考虑外，还必须注意以下两方面：

1. 透彻领会课文内容，深入挖掘其思想意义

一篇好的文章，它所能起的教育意义往往不是单一的，这就需要挖掘，尤其需要教师深入地引导学生去体会认识和理解，带领学生透彻理解课文内容，并从中受到深刻的思想教育。

例如六年制小学语文课本第四册第七课《爱因斯坦小时候》，讲的是爱因斯坦小时候爱动脑筋、肯花力气的两个小故事。教参只要求我们对学生进行"要养成爱动脑筋的习惯"，"要迎接困难，做那些需要动脑筋、花力气的事"，"长大成为有作为的人"的思想教育、这些在明处的事显性教育，其实只要在进行语言文字的教学过程中稍加点拨，学生即能明白。重要的事能挖掘其在暗处的，隐性的、与学生实际联系密切的方面进行教育。如何挖掘呢？如《爱因斯坦小时候》小结时可以这样处理——

师：爱因斯坦小时候，同学取笑他，老师不喜欢他，只因为——

生：他笨！

师：因为笨就取笑，这样对吗？

生：不对！

师：是的，我们可不能因为别人笨，就取笑别人，不但不能取笑，还应该一齐——

生：去帮助他们。

师：也不能因为自己笨，就看不起自己，不肯努力上进。越是笨，越要——

生：努力学习！

生：勤奋用功！

……

师：对了！爱因斯坦小时候也一样，很笨，可是他——

生：肯动脑筋。

师：比如——

生：他五岁时打开指南针看。

师：还有——

生：他肯花力气。

师：比如——

生：他做小板凳。

师：做了几次？

生：三次，还做不好。

师：可他还是——

生：很认真地做。

师：爱因斯坦有恒心、有毅力，肯花力气肯动脑筋，不服输，他一定也不认为自己——

生：笨！

师：是的，他一定也没有认为自己笨！所以他通过努力，后来才成了世界上著名的科学家。

这样，占用的时间不多，内容挖掘恰到好处，学生也能受到深刻的思想教育。

2. 注意联系学生实际，让学生主动地接受思想教育。

在语文教材中进行思想教育，要根据教材的特点和学生的实际。针对学生的年龄特点，动之以情，晓之以理，使学生主动地接受教育。如小学六年制语文第六册《在艰苦的岁月里》，针对学生爱比穿着这个敏感又难以说服的问题展开思想教育——

师：《在艰苦的岁月里》是一篇看图学文，图上是两个红军，一老一小。同学们认真看图，仔细观察一下这两个人的穿着打扮。

生1：老红军赤着脚，身上的衣服很破，腰里挂着驳壳枪，帽子上的五角星红的十分鲜艳。

生2：小红军也赤着脚，衣服也很破，搂着一支跟他差不多高的步枪。

师：同学们请仔细打量一下自己的穿着打扮，一会我请个同学描绘一下同桌的打扮。

生1：他的脚上是半新的旅游鞋，白色，很新的袜子、牛仔裤、蓝黑色的毛线上衣，穿着打扮挺神气。

师：大家比较一下：一个"新"，一个

生：破！

师：一个可以说是穿戴整齐，一个却是——

生：衣衫褴褛！

师：一个生在新社会，一个长在——

生：旧社会！

师：是谁？替我们打出个红彤彤的新社会？

生：红军战士！

师：是红军！是共产党！在旧中国，劳动人民受着三座大山的压迫，生活在水深火热之中。是红军，是共产党，在艰苦的岁月里，在艰苦的条件下，推翻了三座大山，解放了劳动人民，我们从此才过上了幸福生活。红军过去的艰苦成了今天的光荣，红军过去的"破烂"，创造了今天的崭新。他们穿着破烂，却神态悠然，只为他们胸怀解放劳苦大众的远大理想。因此，我们在生活上，不应把追求物质享受作为乐事，一味比穿比吃，而应树立远大的理想，在生活上艰苦朴素，在学习上勤奋努力，长大才能成为一个对社会有用的人。

然后可以请学生个别发言，联系实际，谈谈感受。让学生在讨论畅谈中受到教益。

小学语文课文有着丰富的思想教育内容，开展教育的方式可以多种多样，小学生思维活动活跃，可塑性大。只要教师引导得法，是一定能很好地完成思想教育的任务的。

论文六：此文旨在为涉教未深的集备研究者阐析备课之道。

如何发掘教材中的智能因素？

汤凤珍

小学语文大纲特别强调：在语文教学中，不仅要使学生自觉地获得社会、自然、人体保健等知识，而且要在训练语言能力和获得知识的过程中，发展学生的智力。特别是发展学生的思维能力。

课内语文教材，是教师完成教学任务、实现教学目标的主要凭借；是学生完成学习任务，获取语文知识和训练语文能力的主要依据。

因此，每个小学语文教师都必须高度重视且充分发掘教材中的只能因素。

那么，怎样发掘教材中的只能因素？

1. 以单元为整体，知识为前提，能力为核心，方法为根本。

关于教学，梁启超有句很耐人寻味的话："教员不是拿所得的结论教人，最要紧的是拿怎样得着结论的方法教人。"我觉得这句话，是"发掘"二字的最好注脚。发掘教材的智能因素就是为了发展学生的智力，锻炼他们的语文能力。要达到这个目的，就必须将教材中蕴含的知识要素转化为能力。要实现这个转化，就必须授之以方法。化教学单元为单元教学，以令目标专一，训练循序渐进；从"授之以鱼"转为"授之以渔"；由"教学生学会"更新为"教学生会学"，从而达到发展智力，形成能力的目的。

例如《九年制义务教育六年制小学语文第六册》第七单元，单元教学目标是：词、句、连句成段的训练。

第一课是《视死如归》，通过理解词，体会王若飞同志在敌人的威胁下视死如归的高贵品质。

这一课的重点是训练词。通过理解词进而理解句子，理解课文，认识中心。但做到了这点还只不过是授以知识，进行了思想教育，还只是"授人以鱼"。要"授人以渔"还必须让学生懂得方法，学会运用，化"知"为"能"。

例如，课文为了表现王若飞同志视死如归的高贵品质，用了一系列词。如：镇定、从容轻蔑等，非常形象、贴切，一个共产党员坚贞不屈的高大形象由于这些词被刻划得栩栩如生。学生通过理解词，一般都能很好地体会课文要表现的中心。但我们要发展学生的只能，就要教学生"会学"。比如"镇定"和"从容"这两个词，都有"在紧急关头中态度自然"的意思。但"镇定"重在形容态度的平静，坚定。而"从容"侧重"态度的自如"。教师可以通过体态语言演示生活中的某一小片段，让学生深切领会这两词的确切涵义，然后让学生用语言把教师的演示记录下来，从而训练学生的观察力，遣词造句的能力和表达能力。再者为了加深理解，扩大成效，还可以设计让学生走上讲台，用自己的生活体验去表现，台下的学生揣摩，体会，并用语言表达，然后让台上的学生用一句话或几句话说出自己表扬的内容，两相对照，从而达到从"学会"到"会学"的目的。

第二课《一个降落伞》也是讲读课，侧重句子的训练。可以在前课词的训练的基础上，通过教会学生"懂知"，学会"怎样运用"。这样，讲读课起了"举一"作用，学生在独立或半独立学习阅读课时，就能起到"反三"作用。再通过练习，作业和基础训练的反复训练和巩固，学生的语文能力应该是能得到比较好的锻炼和发展的。

2. 了解学情，因材施导由专而博，开拓视野

从教与学的关系看，学生是主体，教师是主导，教师要很好地发挥其主导作用，必须全面了解学生各方面的情况，如年龄特点，生活特点，思想特点，每个阶段的知识的掌握，能力的形成情况，再根据教材的特点，充分引起学生的学习动机和兴趣，激发学生的积极思维活动。让学生学会思考问题的方法，因材施教，因势利导，真正调动学生学习语文的积极主动性。

例如一年级的学生，活泼好动，喜欢直观有趣、色彩鲜艳的事物。我们在进行识字教学时，就应尽可能地采用实物、图画、模型、标本、幻灯、录音、卡片、动作或语言描绘等手段，让学生通过观察，然后动脑、动手、动口。教师再引导他们思考、实践、运用，最后达到开发智力，形成能力的目的。

语文是基础工具。其工具性决定了语文具有实践性。语文知识要变"专"为"博"，语文能力要变单一为综合，必须从书本走向生活，走向社会，到实践中去证明，检验。因此，教师必须走出课本的苑囿，把学生带到社会、生活的广阔天地中去，开拓学生的视野，把学生在课堂中形成的语文能力拿到社会这个大熔炉中不断锻炼壮大，百炼成钢。

论文七：此文旨在为涉教未深的集备研究者阐析备课之道。

如何突出教学重点和突破教学难点

汤凤珍

突出教学重点和突破教学难点，是一堂课成功与否的关键所在，怎样才能突出教学重点和突破教学难点呢？下面就以《手术台就是阵地》这篇课文为例加以探讨。

《手术台就是阵地》（六年制第六册第26课）这篇课文是一篇讲读课文，讲的是白求恩大夫在中国的抗日战争中，在万分危急的环境里，把手术台当作阵地，连续工作六十九个小时，为八路军伤员做手术的感人事迹，高度赞扬了白求恩大夫毫不利己专门利人，对工作极端负责，对同志极端热忱的高尚品德。课后有三道思考练习题：

1. 师卫生部长为什么让白求恩大夫转移，白求恩大夫是怎样回答的？找出有关的语句，讲讲它们的意思。

2. 按下面的意思找出有关的语句，讲讲它们的意思。

（1）火苗向手术台扑过来，白求恩大夫仍然争分夺秒地给伤员做手术。

（2）炮弹在周围爆炸，师卫生部长让白求恩大夫转移，他不同意，继续给伤员做手术。

（3）炮弹落在小庙前的空地上，白求恩大夫仍然十分镇定地给伤员做手术。

3. 读读写写

腹腔，陆续，敏捷，气焰，形势，恳求，争分夺秒，硝烟滚滚。

根据教学大纲的要求，中年级的教学重点是段的训练，而三年级作为低中年级的衔接阶段，应以句子与自然段的关系为重点，让学生通过学习各自然段中的一些重点的语句来概述该段的主要意思，因此，结合大纲和该课课后的练习题的要求，教学重点便是最能体现白求恩大夫的精神的语句和概括段落大意。重点语句，由两方面组成，即描述当时危急情况的句子和表现白求恩大夫伟大品格的人物对话，对话中又以白求恩大夫的语言为重点，为此，在讲析课文时应注意对一下句子的分析：

（1）几发炮弹落在小庙前的空地上。硝烟滚滚，弹片纷飞，小庙被烟雾淹没了。

（2）敌机不断地在上空盘旋，炮弹不断地在周围爆炸。

（3）一连几发炮弹落在小庙的周围，庙的一角落下了许多瓦片。门口挂的布帘烧着了。火苗向手术台扑过来。

（4）手术台是医生的阵地，战士们没有离开他们的阵地，我怎么能离开自己的阵地呢？我是一名八路军战士，不是你们的客人。

（5）这次战斗进行了三天三夜，白求恩大夫在手术台旁连续工作了六十九个小时。

前三个句子是写白求恩大夫工作的险恶环境，第（4）句是能突出人物思想的个性化语言，第（5）句描述了白求恩大夫在险恶环境下工作的时间之长。通过对上述句子的分析，既可理清文章的基本脉络和各段的基本内容，又能使学生对白求恩大夫的伟大人格有更深入的了解，同时也完成了第一道练习题。

三年级的学生，刚接触到篇幅较长（相当于低年级而言）的课文，又是刚学习概括段落大意，难度自然就大。因而，概括段落大意便成了本科的一个难点所在。如何突破这一难点呢？做法有二：

第一，在分析重点语句的同事，应引导学生注意该语句跟前后语句的关系。如第（1）句的前面是写白求恩大夫已经连续两天两夜给伤员做手术，下一句是写尽管条件恶劣了，但白求恩大夫仍然在硝烟弥漫的小庙里继续做手术，所以段意就可以兼顾这三层意思而归纳为：炮弹落在小庙前的空地里，白求恩大夫仍然十分镇定地继续给伤员做手术。段意的归纳应考虑到学生初学的实际情况，尽可能地保留课文中的语句并且不要过于精简。

第二，利用课后练习二来巩固段意的归纳。练习二的三层意思，基本上是对课文中间三段的段意的归纳，只是顺序跟课文不一致。通过让学生"对号入座"，既进一步熟悉了故事的内容，同事也加深了对段意的理解。

本课的另一个难点就是有关齐会战斗的情况和白求恩大夫为什么千里迢迢跑到中国又忘我地工作的原因。三年级的学生，文史知识有限，老师可根据参考书作出必要的解释，但这不是本课的难点所在，故所占时间不宜太多。

对练习了的生字、词，除"敏捷"、"恳求"、"争分夺秒"、"硝烟滚滚"等四个词语能表现白求恩大夫的精神面貌，还须结合重点句子加以简要解释外，其他可让学生通过查词典等方式自行解决，不必占用课堂时间。

对于程度不算差的学生，本课可安排两课时完成，第一课时初步熟悉课文内容，解决生字词（先布置课外预习查词典，老师把生字词写在小黑板上，然后在课堂上让学生读、解、并作出相应的点评），分析课文第一、二、三段。第二课时分析课文后两段，然后结合课后练习及课堂的具体情况，对课文进行总结。

由此可见，要突出教学重点和突破教学难点，首先应该结合大纲及课文的具体要求来确定重难点，然后再通过一定的方式方法在课堂上加以体现和贯彻。这样，一堂课才显得主次分明，轻重有别，让学生学有所得。

论文八：此文旨在倡导广大集备者，要高度重视语言这一语文教学不可忽视的重要元素。

本文曾获珠海市论文评比二等奖。

精彩语文，当从感悟语言魅力开始！

汤凤珍

内容摘要：本文试以新课标理论为指导，探讨语言学习与语文素养的关系。认为要学出语文的精彩，当从感悟语言魅力开始。学好语言，乃是有效提高语文素养的必由之路。

关键词：感悟语言魅力　语文学习

正文：

长期以来，语文教师严重忽视语言教学，或是只重视语文知识的传授，把语文课上成语文知识专题课；或是只重视分析语文的思想艺术性，光重视语文技巧的条分缕析。凡此种种，均严重忽视了语言教学在语文教学中的重要地位，严重忽视了对语言美的鉴赏，倒置了语文的本末之位，是对语文本质概念的模糊。

语文的本质概念是什么？

殷铭荷、陈静老师在《呼唤科学的语文教育观》里一针见血地指出："真正的语文就是语言。它姓语名文，别号语言。"

在《以言语能力发展为本，实现跨越式发展》里余应源老师指出："语文教学之根本永远是运用汉语汉字的能力。"

伍岳老师也明明白白地指出："语文教育就是言语交往的教育。"

为什么要把语言学习放在如此重要的位置？

语文教育大家于漪老师在《语文课要教出语文个性》里意味深长地指出："课文深邃的思想，精辟的见解，丰富的感情，是借助精当、精彩、精妙的语言文字来表达的。也只有真正体会到文中语言文字的精湛，体会到它所表现的魅力与魔力，感受到站在纸上与你交谈，你才会真正触摸到作者思想的深处，感情的深处，跨越时空，与他们进行心灵的交流，乃至思想的碰撞。"

可见，语文教学就是要重视语言感悟。只有深刻鉴赏语言的美，才能深刻领悟语文的精彩。本人十几年的教学实践以及众多专家学者的探索论证，有理由让我们相信：学好语言是有效提高语文素养的必由之路。要学出语文的精彩，应当首先从感悟语言的魅力开始。那么，语文教师该如何引导学生去感悟语言之美？

一、在母语的海洋中感受语言无处不在的美

中华民族的语言是世界上最美的语言，每一个汉字，都包含着丰富的意义，响亮的声音，方正的外形。中国语言的美是多姿多彩的，她存在于语言的音韵里，节奏里。那一字一句里，无不渗透着朴实美、含蓄美、形象美、理性美、情感美。

罗丹说："美是到处都有的。对于我们的眼睛，不是缺少美，而是缺少发现。"这对于语言美的发现同样确切。因此，语文教师要多些带领学生"下海"，下咱们中华民族语言之海。让他们经常在母语的海洋里徜徉，领略汉语言的美，享受汉语言的美，吸收汉语言的美，然后准确地理解它，精彩地运用它。

汉语言的美确实是多姿多彩的。例如说明文语言的准确美，议论文语言的思辩美，记叙文的动态美、层次美。而诗歌散文就大多都体现了语言特有的音乐美、精确美、凝练美、形象美、意境美。语文之美，从来就依存于语言之美当中。如孟浩然的《春晓》:"春眠不觉晓,处处闻啼鸟。夜来风雨声,花落知多少。"韵脚响亮,平仄相对,充分显示出语言的音韵美。又如李白的《望庐山瀑布》:"日照香炉生紫烟,遥看瀑布挂前川。飞流直下三千尺,疑是银河落九天。"其中一个"生"字,就不仅把香炉峰写活了,同时也把山间云雾的冉冉上升,袅袅游动的情景表达得淋漓尽致,充分显示出语言的形象美。再如苏轼的《题西林壁》:"横看成岭侧成峰,远近高低各不同。不识庐山真面目,只缘身在此山中。"就给人丰富的哲理启示:对任何事物,只有全面观察,了解,不局限于一隅之见,才能获得全面正确的认识,充分显示出语言的理性美。这样的例子举不胜举。只要我们处处留心,语言之美无处不在。

二、以"开窍"的情感去感悟语言

语言,它不是孤立存在的,它作为一种特殊的载体,并不像汽车轮船等运输工具那样与所承载的对象毫无关系。感悟是情知展开,意趣流通,以及情感和价值形成和改变的过程,同时也是人格素养的养育过程。因此有人认为,要透彻地感悟语言,首要在于对语言材料掌握的多寡以及对这些语言材料所具备的情感的丰歉。语言是与它所承载的东西中所包含的内容、思想、情感等确实有着密不可分的内在联系的。因此,如果你的思想情感模模糊糊,语言必不能清清澈澈;你的思想情感呆滞木然,语言必不能生动丰富。所以,若我们孤立地进行语言感悟,必然不能完整、深刻、透彻地感悟语文丰富的内涵。因而,要深刻领悟语言之美,必先要陶冶、引发、开启学生的思想情感领域,让学生带着丰富的情感去感悟语言丰厚的内涵,进而感受酣泳的快乐,感受语言无尽的精彩。

陆游:"汝果欲学诗,工夫在诗外。"因此,为了深刻感悟语言,大力开发学生的情感资源显得尤其重要。在教学中,语文教师应通过创设情景等多种手段促使学生的情感"开窍",开启学生的情感荒漠,从而达到与作品的共鸣。

如白居易的《草》:"离离原上草,一岁一枯荣。野火烧不尽,春风吹又生。"充满了对生命力的热烈赞美之情。老师在引导学生学习时,可以用动人的语言礼赞生命来诱发学生情感,让学生带着对生命的敬畏之情进行语言感悟,进而达到领悟其精彩内涵的目的。

欣赏郑振铎的散文名篇《别了,我爱的中国》,我就很好地运用了我们珠海得天独厚的条件。我把学生带到九洲港，切身感受码头送别的情景和气氛。"船渐渐地离岸了，我的心……"看着亲人依依惜别的情景，同学们的情感一下子被感染了，不由自主地吟诵起来。不同的时代，不同的遭遇，不同的船只，不同的国力，千载不变的是炎黄子孙那如碧波般澄明汹涌的赤子之心！学生们所学到的又岂止是一篇散文？

三. 在课堂上以"摄入—内化—释放"的模式感悟语言的美

安徽省特级教师郭惠宇在《教学的感悟》中明确指出："让语文课真正成为语文课，研究语言、品味语言是关键。"

我们知道，阅读过程是文本的艺术形象和作者的情感意趣以及读者的认知感受相互作用的过程。而熏陶感悟会使读者的认知领域和情感世界都因此而发生潜移默化的变化。"摄入—内化—释放"就是探索在语文课堂教学中多方面、多角度、由表而内、由内而外地感悟语言和运用语言的一种模式。所谓"摄入—内化—释放"，就是通过让学生感悟语言的美，培养学生美的情操以及热爱母语的情感，进而达到完美自如地运用母语的目的。"摄入"语言，就是要多吸收语言资料，积累语言资料；"内化"语言，就是通过感受语言形象，体味语言情感，与语言物我交流，对语言展开审美鉴赏，进而内化为自身的"确切感受"，最终变成为"自己的"语言；"释放"语言，就是把已内化的语言外在化。如朗读，就是尝试把别人的文章的情感或思想以朗读的方式表露出来；如表达，就是用自己的语言表达对语言的感悟以及对文本的理解等；又如作文，就是把自己的意图、思想、情感等用文字的方式释放出来。在这中间，老师要善于引导学生学会从字里行间去发现思想的内核，要努力在语言的背后去挖掘出情感的意趣，进而领受涵泳语言的快乐，感受语言的魅力。比如欣赏刘白羽的《三峡之秋》、巴金的《日出》等散文名篇，就应当先从欣赏其优美动人的语言文字入手，以摄入吸收语言的精华；然后通过表情朗读，多种形式的朗读，美读，让学生在读中表达对语言美的感悟，对语文美的理解。在读中用声音去演绎语言缤纷多彩的美以及语文多姿多彩的美。

四、到生活中去感悟语言

"问渠哪得清如许，为有源头活水来"，生活就是语言的源头活水，大自然就是语言的源头活水。

徐厚安老师在《张扬个性，复归本源》一文中深刻指出："任何一本教材都覆盖不了生活中的语文。"生活就是最精彩的语文，生活处处有最精彩的语言，"处处留心皆学问，时时积累好辞章"。你看那芸芸众生，千姿百态，其一颦一笑，一衣一着，一动一静，一言一语，无一不是鲜活的语言，精彩的语文。

大自然就像是一位精于遣词造句的语言高手，你看那巍峨的高山，奔腾的长河，漠漠的黄沙，寂寥的原野，无一不是一篇篇语言的华美辞章。大自然用她诗一般的语言描绘着诗一般的画卷。只要我们细心观察，用心感悟，就不难采撷到语言的珠宝，体味到语文的精彩。

很羡慕日本的"自然教室"和"修学旅行"课程。日本学生能在较固定和较充裕的时间里，离开学校，离开家庭，体验大自然：观察动植物，观测天体气象，访问发电站，参观工厂农场，文化古迹；可以去搭建房子，制作玩具，参加农田劳动；可以去登山、远足、划船、滑雪跳民间舞、野炊。这个过程之后，别说是对语言的感悟，就是对整个人生的感悟，都已深刻得多了。

的确，要让学生真切地感悟到语言的真正魅力，除了让学生在课堂上接受大量的听说读写的语言训练外，更重要的是要接触和吸收大量的活生生的语言材料。生活和大自然就是语言的一个大课堂，它们都蕴含着丰富鲜活的语言资源。在这个生动而鲜活的语言世界里，学生们不仅能感悟到语言的魅力，语文的精彩，还能体验到生活和生命的意义，能学到很多课堂上学不到的知识，能在生活实践中去体验整个世界，从而充满激情地去学习去生活，并且能在学习和生活中一天天地长大成熟。因此，语文教师要引导学生更多地走进大自然，走进生活，走进社会实践，从中感受语言形态，把握语言主旨，并由此洞开感悟大门，开启领略窗户，敞开鉴赏心扉，从而全身心去感悟语言的魅力，领略语文的精彩。

参考书目：

彭刚全日制义务教育《语文课程标准（实验稿）》

张晓东《课程理念的更新》

陕西师范大学《中学语文教学参考》2004 年 7－10 期

论文九：此文旨在倡导广大集备研究者，关注多媒体等信息技术运用这一教学手段。本人认为在课堂教学中，在恰切的情景下，恰当运用信息技术这一教学元素，有时也能起到事半功倍的效果。

本文曾获广东省论文评比三等奖。

发挥多媒体组合优势，全面提高语文课堂教学质量

汤凤珍

江泽民总书记在第三次全教会上指出："面对世界科技飞速发展的挑战，我们必须把增强民族创新能力提高到关系中华民族兴衰存亡的高度来认识。教育在培育民族创新精神和培养创造人才方面，肩负着特殊的使命，必须转变那种妨碍学生创新能力发展的教育观念、教育模式，特别是由教师单向灌输知识，以考试分数为衡量教育成果的唯一标准，以及过于呆板的教育教学制度。"如何贯彻江总书记的这一精神，实现教育的跨越？"一支粉笔一本书打天下"的观念已难以在新形势下确立，发挥多媒体组合优势，全面提高课堂教学质量，已成为每个教师丞待研究的新课题。在长期的语文课堂教学实践中，我作了不少有益的尝试，下面以两个课例为例，作进一步的探讨。

一、利用多媒体，架构具体可感的教学立体形象

语文课堂教学的关键，是如何突出教学重点，突破教学难点。发挥多媒体组合优势，创建教学情景，构起具体可感的教学立体形象，是解决这个问题的理想途径。《三峡之秋》，表达了作者对三峡的热爱，是一篇深情之作。在教学时，我准备了与课文内容有密切关系的三峡风光的录象片和录音带。我首先以充沛的感情在乐曲的伴随下朗读课文，以情入文，以情感染学生，使大家都渐渐地进入作者所描绘的感情氛围中去。但这还不够，因为学生的理解和想象力参差不齐，所以，在学生初步熟悉课文内容后，我便用录象片有重点地展示课文中的情景，如：三峡早、午、晚的景象，以增强学生的感性认识。完成课文分析后，再让学生和着音乐，对着录象片中的景象进行朗读，就像电视片中的解说，并进行现场录音和播放，使学生真切而直观地感受到自己在课堂中的表

现与收获。由于各种媒体共同架构成了一个具体可感可亲的立体空间，课堂教学如同让学生亲临三峡胜景，体情于文，移情于人、生情于境，在教师、学生、情景之间，建立情感交流网，从而收到了一种立杆见影的教学效果。

二、利用多媒体，全方位开发学生智力。

智力通常是指人在心理过程中所表现出来的观察力、记忆力、思维力和想象力等知识因素的组合。心理学实验结果表明：让人认识一种东西，用语言描述需要2.8秒，用直接实物仅0.7秒。所以，若将语文教材的文字材料转换为符号性信息（少量文字、符号、线条、简表等）和模拟性信息（图文、图象等）就能使教学内容更具体，更形象，缩短传递的时间。另外，实验还表明，人对信息的接受，视觉占83%，听觉占11%，嗅觉占3.5%，触觉占1.5%，味觉占1%，其中视听两项合计达94%。而人对信息的记忆保持，单凭视觉为25%。单凭听觉为15%，视听结合要达65%，所以，通过信息转换从多路通道同时输入，能使器官同时起作用，最大限度地强化信息，提高学生信息接受的效果。语文教学中的智力训练亦然。请看《石榴》教学实例：

课前准备：1、石榴开花、结果的录象片；2、课文的录音；3、重点内容的投影片；4、一盆石榴盆景。

教学过程：首先明确教学目标：1.知识点：学习抓住事物特征逐层描绘的写法2.思想点：学习石榴那昂扬勃发，无所羁绊的奋斗精神。3.智力点：引导学生准确地进行观察，提高观察事物的能力。

具体操作：

播放轻柔优美的课文录音，重要的语句则投影于屏幕上，播完，即用激疑的语调设问："作者抓住了石榴的哪些特征，进行逐层描绘？"学生广泛发表意见后，教师适当点评，然后又一次带学生进入情景，去印证和修证自己的思维结果：录音、录象、投影一齐开动，课文的内容，作者描写角度的转换等学生一下子难以弄清的模糊因素，在多媒体的作用下，由抽象而具体进而凸现、立体化了。

在分析课文的过程中，还可以通过图片比较、直观的物体展示等，引导学生观察，培养其观察力及想象力。如一盆有花无果的盆景，通过引导学生观其花，引发他们的想象力："变成果又会如何?"课文的结尾说："有朋友从昆明来，说昆明石榴特别大，子粒特别丰腴，有酸甜两种，酸者味更美。"、"禁不住唾津的潜溢了"。将这两段投影于屏幕上，并用着重号标示"特别大"、"特别丰腴"、"更美"、"禁不住"这几个词语，然后引导学生思索："这特别大的石榴，这特别丰腴的子粒，这特别美妙的味道，会有什么样的花? 什么样的枝叶? 这枝、这叶、这花、这果身上又体现了怎样一种强烈的内在精神?"

这样，随着课堂的深入，学生的思维力、观察力、想象力就在不知不觉中得到发展和延伸。

教学过程是一个多任务、多层次、多要素构成的复杂系统，是一个由教学目标、教师、学生和媒体构成的运动过程。实践证明：充分利用现代化教学设备，进行各种教学媒体的优化组合，能最大限度地调动学生的学习积极性，从根本上改变满堂灌的教学模式，使学生能有更多的机会积极地进行观察、思考，做到动脑、动口、动手，积极参与教学的双边活动，从而使教师能以最少的时间和精力，取得最佳的教学效果。因此，发挥多媒体的组合优势，不仅是语文教学，应该是整个教学改革的必由之路。

论文十：此文旨在倡导、提醒广大集备研究者，探索高效语文阅读，一方面要注重个性化，另一方面要重视从小培养。本人认为，良好的阅读习惯较之方法对一个人的成长作用更大。

本文曾获中央教科所论文评比二等奖。

个性化阅读在小学高年级的探索

汤凤珍

提要：本文以新课标的理论为依据，结合个人的教学实践，对个性化阅读如何在小学高年级高效快捷地施行作了深入而有益的探索。

关键词：个性化探索　语文阅读　小学高年级

正文：

新课标认为：阅读是学生个性化的过程，个性化阅读是阅读教学的必由之路。什么是个性化阅读？先看"个性"一词在《现代汉语》的解释：个性即个体的整个精神世界，其核心内容是主体、创造性。再看"化"字在《新华字典》的解释是："化，后缀，加在名词或形容词的后面构成动词，表示转变成某种性质或状态。"而对于阅读，我个人比较赞赏这样的解释："阅读是心灵的对话与分享，是心与文字的交流，是一种感悟与体会，是楔入现实，介入生活，创造生活。"由此我们可以看出，阅读要实现个性化，必须高度关注每一阅读个体，尤其应该关注阅读个体的内在变化——如阅读感受、阅读能力的形成与提高等等。因此，我们是否可以这样理解个性化阅读这一概念：个性化阅读就是让阅读者的整个精神世界在与文字和现实的楔合与撞击中擦出独特的思想火花，从而使心灵得到滋润，灵魂受到振荡、升腾，得到纯净、宁静，并且锻炼成为一种实际本领，成为一种精神独创。这是一个动态的过程，在文本、心灵、现实的互动过程中，在指导者与阅读者的互动过程中，在环境与心灵的互动过程中，个性化阅读将色彩纷呈。

一、创设良好阅读环境，点燃浓厚阅读兴趣

这是从外在到内在为阅读主体进行有效的个性化阅读打造的主要软件。通过创设良好的阅读环境，点燃浓厚的阅读兴趣，从而从外而内催化并酿成阅读主体"我要读，我愿读！"的愿望。那么，怎样的环境才能使个性化阅读既适合小学高年级又使他们乐意读并读得有效呢？

我认为：健康、轻松、活跃、和谐的环境最为适应小学生阅读。因为健康纯洁的环境才有利于小学生的成长——他们还是一群年龄小、阅历浅、是非分辨能力不强的孩子！孩子需要更多的正面教育，正面引导和正面熏陶。实践证明：轻松、活跃、和谐的气氛最有利于培养学生的想象力，培养他们的求异思维和创新精神，发展他们的创新能力。通过这样入情入景培养学生进行个性化阅读，能使学生从中领略阅读的无限乐趣，从而提高阅读效果，形成语文能力。

如果说创设情境还只是从外在从浅层次引领小学生进入个性化阅读之门，那么点燃兴趣则是从内在、从深层次唤发学生自觉阅读的愿望，以及愉快阅读的乐趣，它们二者相互关联，相得益彰。那么，如何点燃小学生阅读的兴趣呢？

所谓兴趣，就是人对某事及物产生的愿意接近、探究或实践的感情状态。

可见兴趣对于推动学生自觉阅读具有不可忽视的内在推动力。请看美国著名学者罗伯特·清崎对兴趣的精辟见解："如果我们能点燃一个孩子对一门学科的兴趣，那么这个孩子就遇到了一个极好的挖掘天赋的机会。"现代教育的真正含义不就是发掘学生的天赋吗？个性化阅读其实就是要培养、挖掘孩子的阅读的天赋。对此，伊拉斯谟更是进一步具体指出："感性思维具有比理性思维大24倍的威力。"兴趣不就是属于感性思维吗？因此，如果我们善于点燃学生阅读的兴趣，个性化阅读将因此呈现无限魅力。

创设阅读环境其目的其实也是为了点燃兴趣，要点燃学生浓厚的阅读兴趣，作为个性化阅读的组织者和引导者，应该利用多种手段，通过多种渠道，比如说声音、画面、多媒体等为阅读创设合适的情景或氛围；通过改变课堂形式、变换课堂结构，改换文本角色，创设音乐背景等等手段，去帮助孩子们学到或找到他们感兴趣的课程，至少应帮助他们发现或发掘所学课程的兴趣，创设他们愿学的环境或条件，点燃他们爱学的愿望，增加他们乐学的情趣，使他们在兴味盎然的阅读学习中发现自己的天赋，练就语文本领，并最终获得成功。

比如《游子吟》的教学。我让学生与老师一起创设情景，于是学生们提议将课桌摆成一个大大的心形，循环播放温馨动人的《摇篮曲》，黑板上写上粉红色的美术字：亲情真好！然后每人交换一张珍贵的亲情照片，交流一段感人的亲情故事……这样，浓浓的亲情氛围就营造起来了。小朋友们沉浸其中，学得津津有味，阅读感受也深刻真切。

二、善于探索合适的阅读方法，注重养成良好的阅读习惯

如果说创设情景和点燃兴趣还只是催动学生"我要读"的愿望，那么，教会学生选择合适的阅读方式和方法，并且养成良好的阅读习惯，这是进一步引导学生"怎么学"，以达到"我会学"的目的。如何达到这一目的呢？

有人说，世界上没有完全相同的两片树叶，我也要说，这世界上也难有两个完全相同的孩子，哪怕他们出自同一对父母，同一位老师，同样的生活环境和教育环境。也就是说，学生是五彩缤纷的，他们的个性也是丰富多彩的。因此，语文老师应努力引导学生为自己寻找和创造一套适合于他们自己的、简便有效的阅读方式或方法，并且在个性化阅读训练过程中注重促成小学生养成良

好的阅读习惯，才能取得最好的阅读效果，才能显示出个性化阅读的无限魅力。

　　既然学生是如此的多姿多彩，那么，他们丰富的个性就意味着他们存在着各种各样的差别。例如有的孩子活泼外向，他们喜欢运动，并且能辨别出许多种类运动之间的细微差别。据推测，这类孩子的运动智商一般会较其他孩子要高，他们的动手能力也会更强；而有的孩子喜欢安静，喜欢思考，因而他们的学术智商较其他孩子突出，这类孩子更善于思考，他们的思维能力会更强。据专家考究，在进行个性化阅读时，学术型的孩子较适宜用质疑问难、感悟、思考、讨论等方式去学习；而对于运动型的孩子则更适宜用动手学习或玩游戏学习等方式效果更佳。语文老师在引导小学生进行个性化阅读时，必须了解小学生更多的个性差异，应该想方设法帮助每一个小学生选择或度身订做合适的学习方式和方法。只有这样，小学生阅读、学习的速度才会更快，阅读、学习的效果才会更好，阅读、学习的过程才会有更多乐趣。

　　仍以《游子吟》一课的教学为例。在个性化阅读的尝试教学中，我把学生分成两大组，一组合作学习琢磨诗句的意思，理解诗句的意境；另一组合作学习表演，将诗中意境用小戏剧的形式表演出来。这样，两组互相观摩，互相学习，既轻松愉快又深入全面的理解了课文。

　　众所周知，阅读训练是一项持之以恒的工作，学会个性化阅读更是一件艰辛持久又受益终身的美事，因而养成良好的阅读习惯比之找寻合适的阅读方式，其意义也许更加重大，其过程也会更加艰难，它既需要阅读者有足够的意志和毅力，更需要教育者有长远的目光，足够的恒心、耐心和宽容。而这中间，对小学生阅读习惯的培养绝对不容忽视。

　　所谓习惯，是指在长时间里逐渐养成的或因常常接触而逐渐适应而一时不容易改变的行为、倾向。可见，它也是一种能力，但这绝对需要语文教师长期的引导和培养，需要从小处着手大处着眼，作持之以恒的努力，才能让学生在动手中学会感悟，在游戏中学会感悟，在思考中学会感悟，在感悟中体味生活，在感悟中体察社会与人生，在感悟中形成能力，在感悟中完善自我，升华自我……这，也许就是个性化阅读该追求的良好的阅读习惯吧。

　　在个性化阅读教学的探索过程中，我常常要求小学生们养成碰到不会读或读不懂的字词要有查字典的习惯；提问题的习惯——常问自己：我读懂了什么；我还有什么没读懂；就所读文本我还能提出什么有价值的问题等等；质疑的习惯——敢于怀疑权威，敢于怀疑真理，敢于怀疑老师，敢于怀疑书本；针对文本寻找适于自己阅读的学习方法；总结阅读经验的习惯；积累语言和收集信息的习惯等等。而这些良好习惯的养成，对于提高小学生的个性化阅读能力将有极大帮助。

三、注重阅读过程的实践与体验，重视阅读心得的交流与评价

新课标一再强调指出：阅读是学生个性化的过程。要突出个性化，就必须尊重学生在阅读过程中的独特体验和感受。语文是一门实践性很强的课程，因而阅读要体现个性化，也必须加强阅读实践，重视阅读心得的交流与评价。通过实践与体验，将感性认识上升到理性认识；通过交流与评价阅读心得，又可以将理性认识回归到实践中去指导实践。这样，对于小学生语文能力的提高将是大有裨益的。那么，如何加强阅读过程的实践与体验？如何进行阅读心得的交流与评价呢？我认为，语文教师首先要改变传统观念，改变"一言堂"、"满堂灌"的做法，将课堂真正还给学生，将时间、空间的权利还给学生——让学生有更多自主阅读、自主表现的机会；将读书的权利还给学生——让学生真正自己读，读自己喜欢的书，并且喜欢读书；而不要嚼烂了、磨烂了"喂"给学生；将发言的权利还给学生——让学生有表现个人思想的机会、有质疑问难的机会，甚至有犯错误的机会……让学生在阅读过程中真正去自己读、自己想、自己说、自己写；真正是自己去体验、去品味，去感慨，去想象，去创新！教师只需在学生模糊时点拨一下，在迷茫时引导一下，在徘徊时推动一下，在犯错误时牵拉一下……从而给学生更多实践与体验的机会，更多交流与沟通的机会，让学生在阅读中学会合作、学生探索，学会学习，让学生真正成为学习的主人。

比如，我在教《游子吟》时除了让学生交流对诗句的字面理解外，更注重让学生交流对亲情的感悟，让学生评价亲人或师长与小辈的沟通与管束等问题。于是学生既透过诗句理解了诗意，又穿越时空地域探讨体验了亲情，以及父母与子女沟通等社会问题。这样，一举数得，学生的收获应该也是丰富多彩的。

四、注重找寻适合每一个体阅读学习的内容

俗话说，"到什么山唱什么歌。""看菜吃饭，量体裁衣。"这里都是有一个"适合"或"相称"的问题。过去的教育观点总是强调因材施教，而现代教育观念更注重以生为本，因人施教，给予学生更多自主学习，自主选择的机会。为此，教育者很有必要为不同层次的学生选择或帮助他们选择适合自己的阅读学习内容，为他们的个性发展和创新提供充分而必要的课程保障，使他们在个性化阅读过程中充分享受其独特性、自主性和自由化的乐趣。

前面我们也论证过，每一个阅读个体其阅读水平、阅读兴趣以及阅读爱好都不尽相同。"林妹妹虽好，换了焦大也是不喜欢的。"因此，为阅读个体找寻适合于他们的有针对性的阅读学习内容是非常重要的。

何为适合？适合就是适当，适用，符合实际情况或客观要求。能为每一个体都建立起自己喜欢的，适合个体阅读兴趣、爱好、水平等方面的独特的或者是唯一的阅读本文，也许并非所有学校或所有语文老师都有足够的资源或能力所能办到。比较切实可行的办法是利用一切可利用资源，挖掘一切可挖掘的因素，动员一切可动员的力量，去尽力满足学生的实际需要。而这其中最不可忽视的资源就是学生本身。他们自己本身的水平、本身的兴趣、本身的爱好，他们本身应该最为清楚，语文教师应该动员他们，利用他们本身的优势，在教师指导下，为自己度身订做他们自己喜欢的阅读文本，并可以把这些文本作为主体课本有益的补充，以满足各类学生的不同需要，从而使阅读天地更加广阔辽远，更加缤纷多彩，更能体现个性化阅读的自主创新。

如教《游子吟》时，我就发动学生寻找自己喜欢的关于亲情的文本，并告诉学生，只要能达到享受亲情，感悟亲情，理解亲情，歌颂亲情的目的就都可以。于是学生推荐了朱自清的《匆匆》、《血色母爱》等动人的文章，还有学生推荐了电影《世上只有妈妈好》，以及儿歌《世上只有妈妈好》、《摇篮曲》等。我一律采纳了，于是在歌声笑声里小学生们的个性化阅读达到了高度的身心愉悦。

五、探索与收获

我在小学六年级自行探索个性化阅读虽然还不够一年，但收益颇大：通过个性化阅读的探索和实践，不同层次的学生在听、说、读、写等方面的语文能力都有了不同程度的提高，尤其可喜的是，个性化阅读几乎使所有孩子都爱上了语文。孩子们已将学习语文当成是一件轻松又愉快的美事，这难道不是语文学习的曙光吗？

个性化阅读除了上面强调的那些内容与环节，还需注重序列化，科学化。讲究循环渐进。我在实践过程中，将每一课书当作一个相对完整的小循环，一个单元当作一个中循环，一个学期当作一个大循环。每个循环里都认真落实每个小环节：如创设情景，点燃兴趣，注重方式方法，培养良好习惯，重视阅读过程的实践与体验，重视阅读心得的交流与评价，注重为阅读者寻找合适的阅读学习内容……而且在每个循环里，学习者和指导者都注意认真总结得失，从中吸取经验教训。每个循环的实践中，既要讲究连贯性，又要根据不同的阅读内容以及阅读者的喜爱程度而有所侧重，并且注重进行阶段性总结检测，以利不断探索，不断完善，不断提高。个性化阅读让学生成了语文课堂的真正主人，他们是真正的主角——在这样轻松愉快的课堂里，他们有机会尽情去说，轻松去写，大胆去想……有人耐心去倾听、去关注他们的喜怒哀乐；他们有权利去选择、去表达、去实践……正是有了这些坚持不懈的努力，才使得个性化阅读自始至终都充满活力，充满魅力。

主要参考文献：

《新课程标准试验读本》

《穷爸爸，富爸爸》罗伯特 T. 清崎

《教海漫游》于永正

论文十一：此文以身说法，认为教研员作为教师成长的引领者，必须紧紧抓住课堂，才能全面锻炼教师的语文综合素养；教研员必须心中有爱有法，才能更好引领教师的成长。

教研员应如何引领学科教师实施有效课堂教学

汤凤珍

内容提要： 以《课程标准》的教学管理理念和现代教学观念，结合新课程背景以及课堂教学实际，阐述并探求教研员引领学科教师实施有效课堂教学的途径。

关键词： 有效课堂教学　教研员　学科引领

正文：

何为有效课堂教学？现代教学认为：学生有无进步或发展是课堂教学有无效益的唯一指标. 有效的课应让学生有所收获，或获得知识，或掌握了技能方法，改变了人生观世界观. 拓展思，维触动心灵，提升了人格，增进了交流经验或受到了情感熏陶等。这正应合了《课程标准》：以学生发展为本的核心理念，体现了教育的人性化，也符合当今教学质量是学校生命的思想追求。因此，教研员应该把引领学科教师实施有效课堂教学作为自己的重要职责。那么，如何引领学科教师实施有效课堂教育？我认为做好以下几点非常重要。

一、有情

情为何物？热爱并忠诚于本职工作的高尚情操，热爱不同类型学生的高尚情怀。爱是最高尚的职业道德情操。爱是最好最有效的教学方法。有爱就有宽容，有爱就有奉献。一个合格教师最起码的专业素养应具备这种最为高尚的情感。只有具备了这种高尚情感，实施有效课堂教学才具备坚实的情感交流与教学互动基础，只有爱学生，才会关怀学生的成长与发展，而学生的成长与发展正是有效教学的重要标志。

如何引领教师培养这种高尚的爱的情感？一方面可从专业素养、教育理论、媒体教育实践等方面去引领教师明白教育发展对于国家发展、民族强大社会和谐与稳定的重要意义。明白教师职业的光荣与伟大。如朱镕基总理在 1996 年召开的"管理科学发展研讨会"上指出:"科学技术和教育是现代社会发展的两个轮子。"可见教育不发展,社会发展就无从谈起。从而让教师明白教育发展对于国家发展的重要性。又可从历史上对教师职业的专重和各人专师重教事迹去引领教师明白教师职业的光荣感等责任重大。从而培养教师热爱专业教学高尚情操。

另一方面可从孩子是国家未来,民族未来,家庭希望。寄寓着浓重的国家发展,社会建设,民族兴旺、家庭希望等重要要素。从而引领教师热爱学生,就象爱我们自己一样。爱教师这个职业并把它当成一种良好的业务嗜好。美国著名心理学家人际关系学家戴尔卡耐基说:"世间最伟大最高尚的嗜好是读书。"我说:"世间最伟大最高尚的嗜好是教书。"藉以发挥你的创造力,舒畅你的身心。让二者(爱学生,爱教学)均成为你生活和生命中的重要元素。因为,嗜好能让人的爱持久,纯洁的爱能让人的情感高尚。

二、有法

何为法?固然指有关教育的法律、法令、条例等。这里特指标准、规范、方法。课堂教学要实现有效、高效的结果。必须行之有序,行之有法。没有一定的规范和方法。课堂教学将陷于无序、低效或无效状态。或人们常诟责的少慢差费状态。

首先,必须改变教师陈旧落后的教学观念。树立《课程标准》的新思想新理念。思想决定行为,有什么样的教学观念,就会有什么样的教学行为。如《语文课程标准》认为:"这就要求语文教师在语文教学过程中,既要注重语文知识语文能力的培养,又要重视思想情感与道德、价值观等的熏陶与培养。但有的教师由于对此理解不深刻或有偏颇,因此在课堂教学实践中,或偏重于知识讲授,偏废人文性,或过于重视思想品德的教育培养,偏废工具性……。这些都是由于教学观念在头脑中根植不深。历而反映在教学行为中有所偏废的原因,这就要求我们教研员要引领广大学科教师平时要注重认真学习科学的教学理论。牢固树立学科课程标准新观念,重视将新观念付诸课堂教学实践中,并以新理念指导课堂教学实践,从而有效提升课堂教学质量。

第二,规范、有序教学是实施有效提升课堂教学的有力保障。

《现代汉语》认为："规范"是给定俗成或明文规定的标准。"有序"应指条理清楚，次序分明。所以规范、有序，前者侧重教学过程的实施必须遵循一定的规则、方法。后者侧重教学过程的管理。要实施有效课堂教学，教研员应从课堂教学的各个要素出发，按照学科课程理念和思想，遵循教学发展一般规律与学生身心发展、认知发展一般规律，以学生发展进步结合具体教学实践、总结、提炼、概括课堂教学应遵守的规则，从而科学规范、有序实施课堂教学，提高课堂教学效益。如语文课堂教学要做到规范有序，从而提高课堂教学效益，教研员必须从科学制定教学目标，正确把握教材内容。妥善设置教学过程。科学安排练习活动。适当布置课后作业。及时做好教学反思。全方位多层次做好辅导工作适时多元做好课堂评价等方面引领学科教师从教学实际出发，从学生学情出发，研学情，研教情。关注学生装自己学习时间、空间。关注学生的质疑问难，关注每一个学生的进步与发展。重视优化知识结构方法结构，重视师生全方位的有效互动，重视学生装书本世界和生活世界的沟通。重视教师自己的反思和创造。从而使课堂教学规范有序。

三、有趣

兴趣是最好的老师。实施有效课堂教学，从而达到使学生在课堂教学中获得最大发展的目的。教研员须引领学科教师高度重视培养学生学习兴趣。如何培养学生学习兴趣？

首先，营造宽松和谐的内在学习环境。要建立宽松和谐的内在学习环境，建立民主平等的师生关系是关键。而要建立民主平等的师生关系，教师必须充分尊重学生，关心学生，热爱学生，关注学生的成长与发展，尤其注重关注每一个学生的成长与发展，在平时的课堂教学中注意营造宽松和谐的学习气氛，重视满足学生内心需求。重视发现，发掘和激发学生内在潜能。让学生在轻松和谐的气氛中品尝到学习的轻松快乐。获得心理上的满足，发展和成功。从而增强学习的兴趣感和成功感。

其次，可从物质的外在的环境建设上培养学生学习的兴趣。如教室环境的营造。学习设备，学习资源，教学媒体的合理安排与巧妙布置等。在一定程度上也可增强学生学习兴趣。创造一个适宜的学习环境和条件，能使学生充分发挥潜力和才能。获得成功感从而增强学习兴趣。达到实施有效教学目的。

四、有度

既取度 duo 裁度，评价之意。又取度 du 标准、尺度之意。一方面，教研员应通过引领学科教师在课堂教学过程中恰当运用评价手段激励学生学习、进步，从而激发学生潜能，挖掘学生潜力。使教师的课堂教学收到意想不到的惊喜效果；另一方面，教研员应该通过反馈课堂教学评价信息，激发教师教学潜能，鼓励教师教学进步。

如何引导学科教师在课堂教学中恰当运用评价手段实施有效课堂教学？

我认为，最重要或者说最好的手段就是激励。俗话说，水激则石鸣，人激则志宏。研究表明，如果一个人未曾得到激励，他也许只能发挥20%－30%的能力，面如果一个人得到充分激励，他则可能发挥80%－90%以上的能力。这是因为，心理学家认为，当一个人受到充分激励时，它能使人感觉受到尊重、认可，进此树立自信，产生动力。所以，教研员应引导教师在课堂教学中恰切、巧妙、科学地运用激励去评价学生，充分调动他身体、思想、精神、信仰等方面的潜力。发现和调动每一个学生"内心的呼唤"，让每一个学生在课堂上的学习、心态和思维都处于最佳状态。进而迸发潜能，获得进步和发展。

另一方面，教研员也要通过反馈课堂教学评价信息去激发教师教学潜能，鼓励教师教学进步。教研员可用赞美、认可、激励等手段鼓励教师，引导学科教师实施有效课堂教学。

质量是教学永恒的追求。所以，引领学科教师实施有效课堂教学当是教研员当仁不让之责。

〔参考资料〕：《课程标准解读》

论文十二：此文旨在教会语文教师在集体备课或备考过程中，要善于依纲靠本，要善于研究学情，并以文学类文本语言欣赏专题为例，探讨高效复习的做法。

此文获广东省教育研究院、广东省教育学会二等奖。

文学类文本语言欣赏专题高效复习浅探

汤凤珍

内容摘要：本文以课程标准理论为指导，探讨教会学生欣赏文学作品中富于表现力的语言的有效方法。认为文学作品语言赏析专题复习要高效，当从学生实际出发，通过识记、理解、感悟、品析，从而学以致用，提高学生的理解与运用语言的能力。

关键词：高效　感悟品析　语言魅力

正文：

《广东省初中毕业生语文学科学业考试大纲》（广东省教育考试院编）在考试内容和要求里明确规定，文学类文本阅读要学会"品味作品中富于表现力的语言"，其能力层级为"理解"，分值为4分。其题型表现为：

2009年　任选一句品味语言，注意加点词句。（4分）；

2010年　从文中画波浪线的句子中，任选一句品味语言。（4分）

2013年　请指出下列句子中加点词语的表达效果。（4分）

2014年　联系上下文，品味下列句子中加点的词语，指出其表达效果。（4分）

六年中出现了四次，可见其重要性。

可惜，长期以来，不少初中学生不会欣赏文学作品中富于表现力的语言，具体表现在不知从什么角度入手；话很多，但触不到要点；条理不清，思路凌乱；答案不完整，或答非所问等等，原因也许在于不少语文教师忽视语言专题复习教学，重识记，轻理解和运用，轻视了语言教学的地位，浅化了语言教学的内涵，是对语文课程本质概念的模糊所致。

本人认为，语文教师要深刻认识和理解语文课程本质概念，当从学生实际出发，通过识记、理解、感悟、品析，从而学以致用，提高学生的理解与运用能力，提高语文综合能力与素养。

那么，如何教会学生欣赏文学作品中富于表现力的语言呢？

做法如下：

1. 了解学情，因材施教

充分考虑义务教育阶段初三学生的年龄特点、心理特点和阅读教学板块学习情况，多做学情调查，深入研究并针对初三学生在文学作品语言赏析专题复习中的存在问题，多从激发学生语文学习的兴趣（尤其是读书的兴趣）着手，注重良好阅读习惯的养成，注重文学作品语言赏析学习方法的指导和帮助，重视学生良好学习习惯的培养、语文能力的养成和语文素养的积累，使学生在文学作品语言赏析专题复习中能厚积薄发，水到渠成。

语文教师还要深入研究文学作品语言赏析专题课堂高效教学方法，有的放矢，细心研究并准备好相对应的教学设计方案，根据学生实际情况，努力做到分层教学，真正做到因材施教。要与学生一同阅读，一同感悟，一同分享阅读感受和语言赏析的心得体会。还要在课堂教学中充分发挥自身的优势与特长，形成富有效益的独特的教学风格，充分发挥教师个人魅力在语文课堂教学中独有的作用，使学生爱学、乐学、会学。

二、启迪思维，学而有法

文学作品语言赏析专题复习课堂教学要高效，语文教师首先必须教会学生阅读文学作品，养成良好的阅读习惯：如长文如何读短；如何抓中心句、重点段等。因为读懂了中心句、重点段，能让你长文读短，也教会了你如何把握文章主旨；而把握住了文章主旨，就教会了你自由涵泳语言赏析中其语言的思想性或情感性。阅读还要养成动笔的良好习惯，要学会写批注，写读书心得体会等。因为只有会读书，才能读懂书；只有读懂了书，才能深入精辟地赏析语言，从而养成语文能力与素养。

要教会学生赏析文学作品语言，语文教师还必须高度重视学生阅读思维力的培养：通过通读全文，整体感知作品主旨和语言风格；通过创设问题，培养学生思考的习惯，养成思维力，启迪学生智慧；通过培养学生学会"找点抓问题（或选角度）；选点理思路；赏点巧整合"这样一套语言赏析的方法，教会学生在语言赏析时赏而有法，做到循法而入，层层递进，条理分明，思路清晰，提高答题准确率。

所谓找点抓问题（或选角度），就是先找到文学作品语言赏析要求的关键点，如关键词等，或通过抓题目要求关键点或关键词，审清题目要求，从题目要求出发，选准选好答题角度。

所谓选点理思路，就是帮助学生从已找好的赏析点或角度出发，理清思路，抓住主要问题，有重点、有条理地品赏剖析。

所谓赏点巧整合，就是帮助学生巧妙整理思路，将赏点整合起来，围绕文段中心，有重点、有条理地剖析品赏。抓住一点，全力突破。

如何教会学生找点抓问题（或选角度），选点理思路，赏点巧整合？

先从找点抓问题（或选角度）说起。一般来说，文学类作品语言可赏析的角度都不少，如表达作用、修辞手法、思想情感等，但广东省中考语文文学类作品语言赏析题都没有明确的赏析角度，需要考生自己去选择、确定其中一点，因此教会学生选点或把握好赏析的角度表现得异常重要。如近几年的广东省中考语文试卷文学作品语言题，都没有明确的赏析角度：

2009年任选一句品味语言，注意加点词句。（4分）

A. 有的时候鸡也会跳上去，在上面叽叽咯咯地叫着，好像那石头是它下的蛋似的。

B. 既然石头都有它们自己的来历和用场，我就空着手理直气壮地回家了。

2010年从文中画波浪线的句子中，任选一句品味语言。（4分）

（1）他把两手伸进裤兜，麻利地将兜掏出来，又把手摊开说："啥也没拿啊！"

（2）"我要……我要我爸……求您了。"

2013年请指出下列句子中加点词语的表达效果。（4分）

（1）当商未央携着厚厚一叠写生稿回到家时，他惊呆了。

（2）有人说：老天就是公平，商未央名声赫赫，才气逼人，可偏生了个傻儿子。

2014 年联系上下文，品味下列句子中加点的词语，指出其表达效果。（4分）

（1）那视线里鲜明的不屑，如一把尖锐的刀子，瞬间插入她的身体。

（2）她似乎被一根针给定住了，想要挪动脚步，却发现所有的努力，都是徒劳。

从以上题型可看出，2009 年：重整句赏析，关注加点关键语句的品味。2010 年：重整句赏析，但考生需要自己找准关键词语加以评点；2013 年：重加点关键词语赏析，关注加点关键词语在整句里的地位与作用；2014 年：重加点关键词语赏析，关注加点关键词语在整句以及文段里的地位与作用。从上面分析可看出，文学类作品语言赏析题，其具体赏析点或角度都是没有明示的。

如何选点、选角度？如 2009 年文学作品语言赏析题："任选一句品味语言，注意加点词句。"从题目要求可看出，本题重整句赏析，但考生必须关注加点关键语句的品味。但整句如何赏析，加点语句如何品味？均没有明示。这就需要考生紧扣题目要求，选好赏析点、选准赏析角度。否则，胡乱下手，不着边际，都将导致低效失分。

如 2009 年文学作品语言赏析题 A："有的时候鸡也会跳上去，在上面叽叽咯咯地叫着，好像那石头是它下的蛋似的。题目要求"任选一句品味语言，注意加点词句。"因此本题应既重整句赏析，又必须关注加点关键语句的品味。抓整句赏析，必须首先找出句子里蕴含鲜明特点的语言，现尝试示例分析：本句没有运用修辞手法，其特点鲜明的地方就是运用了象声词"叽叽咯咯"，因此本题的语言赏析应从其表达效果和思想情感两个角度出发，抓象声词、加点句两个点。

如何选点理思路？仍以该句为例：选"点"分两方面，一是题目要点：重整句赏析，关注加点关键语句的品味；一是赏析要点：一抓象声词、加点句两个点；一选表达效果和思想情感两个角度。通过抓好要点，理清思路，有条理地进行语言赏析。因此，可以这样选点理思路：

鸡在石头上面"叽叽咯咯"地叫着，运用了拟声词，使读者如闻其声；生动形象地写出了鸡以为自己下了个石头蛋而大声喊叫、得意洋洋地走来走去的活泼形象，语言生动活泼。

如何赏点巧整合？文学类作品内涵丰富，立意深刻，负载信息量大，语言表现力强。鉴赏语言时，必须通读全文，整体感知，从整体上感受、把握作品的感情倾向、思想内涵及语言风格，深刻理解文章主旨；然后根据具体语境，联系上下文，细加品味、揣摩、分析，才能正确、深刻理解语言的巧妙和其中的丰富含义。因此，该句可以这样"赏点巧整合"：

石头好像它下的"蛋"，富于想象力，也写出了鸡之所以"叽叽咯咯"地兴奋喊叫的原因。它们都写出了儿童特有的观察眼光和思维方式，充满了童趣。一个儿童观察世界的清澈眼光与直白的思维方式、以及其可爱的形象跃然纸上。

本段文字与上段所赏析的文字两相结合，就成了较为完整的答案了。

三、学以致用，养成能力

理清了思路，学会了方法，更重要的还是要学以致用，不断历练，养成能力。可以尝试运用下面的方法增强学生的实战能力，锻炼他们的思维力，养成效益较高的阅读能力。

首先，教会学生概括文学类作品语言的一般特点，然后用上文所述"找点抓问题（或选角度）；选点理思路；赏点巧整合"的方法去进行实例训练：第一步，要求学生通过实例观摩，利用老师总结的方法，学习自己赏析语言，反复练习，养成能力；第二步，要求学生以课文为例子，自己出题，自己解题，探索适合自己的答题思路和方法，反复练习，养成能力；第三步，要求学生交流出题或答题心得，分享学习体会，学会评价别人的出题、答题思路或方法，集思广益，取长补短，反复练习，养成能力。

其实，品味感悟语言的魅力，也是新课标的一项核心要求。《语文课程标准》（2011 版）明确指出：

义务教育阶段的语文课程，应使学生初步学会运用祖国语言文字进行交流沟通，吸收古今中外优秀文化，提高思想文化修养，促进自身精神成长。

但如何"交流沟通"、"吸收"？若不懂语言品味感悟，一切将无从谈起。

因此，语文教师要善于运用多种方法，让学生真切地感受到语言的形态，把握语言的主旨，领略语言丰富的内涵，并由此洞开感悟大门，开启领略窗户，

敞开鉴赏心扉，从而全身心去感悟语言的魅力，领略语文的精彩。这样，

我们的语文教学便可在提高课堂效益的同时，培养并最终形成学生良好的语文能力与素养。

参考文献：《语文课程标准》（2011 版）

《广东省初中毕业生语文学科学业考试大纲》（广东省教育考试院编）

论文十三：此文旨在教会语文教师在集体备课或备考过程中，要善于依纲靠本，要善于研究学情，更要善于以课文为例，并以文揣摩学作品精彩细节为例，探讨高效复习的做法。

此文获广东省教育研究院、广东省教育学会二等奖。

揣摩文学作品中的精彩细节例谈

汤凤珍

内容摘要：谨以《孔乙己》为例，认为用扣作品主旨、人物形象或具体语境等方法来揣摩文学作品中的精彩细节，答案容易一箭中的，方法简单明了，学生易学乐学。

关键词：文学作品　细节　揣摩　方法

正文：

"揣摩作品中的精彩细节"是《2017 年广东省初中毕业生语文学科学业考试大纲》在"考试内容与要求"里明确规定的关于"文学类文本阅读"里的一个重要考点。

何谓细节？就是细节描写。细节描写是文学作品刻画人物性格，揭示人物内心世界，表现人物细微复杂感情，点化人物关系，暗示人物身份、处境等最重要的方法。它是文学作品最生动、最有表现力的手法，它往往用极精彩的笔墨将人物的真善美和假丑恶以细微的描写方式表现出来。细节描写看似闲笔，其实都是作者精心的设置和安排，恰到好处地运用细节描写，能起到烘托环境气氛、刻画人物性格和揭示主题思想的作用。

细节的精彩在哪里？她就蕴藏在作品的主题里，蕴藏在作品塑造的人物形

象里，蕴藏在从生活中得到的大量感性材料里，蕴藏在作家丰富的想象和虚构里，蕴藏在作品始终伴随着的强烈的感情活动里。

现谨以《孔乙己》教学实践，对如何揣摩文学作品中的精彩细节例谈一二。

《孔乙己》是鲁迅写于 1918 年冬、发表于 1919 年 4 月《新青年》杂志上的一篇短篇小说。小说成功刻画了孔乙己这样一个穷困潦倒、迂腐麻木、好吃懒做、自命清高却又不失良善本性的封建社会知识分子的形象。

小说通过对孔乙己悲惨一生的描述，反映了封建文化和封建科举制度对读书人的毒害，有力地控诉了科举制度的罪恶，同时揭露和批判了封建社会的世态炎凉以及人们冷漠麻木，思想昏沉的精神状态，寄托了作者哀其不幸，怒其不争的情怀。

这就是学生读透文本后，对人物形象和作品主题的基本把握，据此便可以循法而入，破法而出，深入揣摩文学作品细节的精彩之处。

一、紧扣作品主题去揣摩

先来看看作品中的几处肖像描写：

第一次："他身材很高大，青白脸色，皱纹间时常夹些伤痕，一部乱蓬蓬的花白胡子。穿的虽然是长衫，可是又脏又破，似乎十多年没有补，也没有洗。"

本段肖像描写，须引导学生紧紧抓住的就是"长衫"，因为这一典型细节，活画出的是一个穷困潦倒又死要面子、饱受凌辱摧残又自命清高的旧知识分子的悲剧形象。

为什么如此揣摩？因为穿长衫是科举时代读书人的象征，但孔乙己的长衫却"又脏又破，似乎十多年没有补，也没有洗"，于是一个极度穷困潦倒的、迂腐的封建社会知识分子形象出现在我们眼前。写他"青白脸色"，是吃不饱，营养不良、穷困潦倒的特征；"皱纹间的伤痕"是虽已年老、却经常受人凌辱的记号；"乱蓬蓬的花白胡子"是岁月虚度、年岁已老的见证；"长衫""又脏又破""似乎十多年没有补，也没有洗"是他又穷又懒又死要面子的明证。孔乙己虽然穷困潦倒、饱受凌辱摧残但仍不肯脱下长衫、死要面子、自命清高，反映了封建文化和封建教育对下层知识分子的严重毒害。

第二次：当酒客指证孔乙己"亲眼见你偷了何家的书，吊着打"时，"孔乙己便涨红了脸，额上的青筋条条绽出"；当酒客取笑他"你怎的连半个秀才也捞不到呢?"，"孔乙己立刻显出颓唐不安的模样，脸上笼上了一层灰色"。

这是个兼有动作和神态的细节，"涨红了脸"、"脸上笼上了一层灰色"，突出了孔乙己盲目清高、又迂腐自尊，穷困潦倒、但仍以读书识字为荣，死守"万般皆下品，唯有读书高"的信念，"捞"显示了问话人的嘲弄尖酸刻薄，"笼"则说明其面色转变之快，一下子击中了孔乙己最深重的要害，"灰色"说明其内心痛苦至极，深受科举之害的下层读书人形象再次跃然纸上。

最后一次："他脸上黑而且瘦，已经不成样子；穿一件破夹袄，盘着两腿，下面垫一个蒲包，用草绳在肩上挂住"。

这段描写，应引导学生抓住面色由"青白"到"黑瘦"以及由"长衫"到"破夹袄"这两个典型细节的极大变化。紧扣作品主旨内涵，推断出此时的孔乙己，不但肉体上、精神上都已彻底坍塌，而且预示着悲剧结局即将来临。因而可归纳出答案要点：

孔乙己饱受凌辱、摧残至死、死不悔改、死不足惜、可悲复可怜，反映了封建文化和封建教育对下层知识分子的严重毒害，控诉了科举制度的罪恶。揭示了封建社会的世态炎凉，使读者从一个侧面认识封建社会的腐朽与黑暗。

2. 紧扣人物形象去揣摩

《孔乙己》中有几处动作的描写很生动传神，如何引导学生透过这些动作描写来揣摩其性格特点?

孔乙己两次亲手交钱买酒的动作最值得揣摩玩味。

第一次："孔乙己……便排出九文大钱。"

这个动作，其典型之处在于"排"字。可让学生模拟一下"排"这个细节，不难想象和领悟：当孔乙己把九文大钱一文一文的排在柜台上时，他是多么的自尊、自豪、自得。生活虽然穷困潦倒，甚至沦落到偷窃度日，但他仍不拖欠酒钱。这个细节也折射出孔乙己这个人物性格中积极的一面。

第二次："……他从破衣袋里摸出四文大钱……"

这个动作，应引导学生抓住"摸"这个典型细节，并对比第一次动作描写的"排"字。"排"表明他有钱时的自得，同时也在向短衣帮炫耀自己的优越；

"摸"既点明了孔乙己的贫困潦倒，也描绘出孔乙己拿钱的困难，已处在贫病衰弱交困的绝境。从"排"到"摸"动作的前后对比，鲜明地表现了孔乙己每况愈下的悲惨生活。这样紧扣人物性格特点，从而让学生领悟和归纳出答案要点：

这个动作描写不仅有动作细节，还有特定的环境描写细节"破衣袋"。作者不仅从他的衣着来表现他的极度的穷困潦倒，而且更用"摸"字刻画他此时的悲苦沮丧。还从钱的数目上（从前次的"九文"急剧下降到本次的"四文"）表现其潦倒不堪，细腻地描画出孔乙己不仅经济情况急转直下，活画出孔乙己这样一个穷困潦倒、迂腐麻木、好吃懒做、自命清高却又不失良善本性的封建社会旧知识分子的可悲形象。

三、紧扣具体语境去揣摩

这自然要说到《孔乙己》中的几次富于个性特点的语言描写。

第一次：

孔乙己睁大眼睛说，"你怎么这样凭空污人清白……"

"什么清白？我前天亲眼见你偷了何家的书，吊着打。"

孔乙己便涨红了脸，额上的青筋条条绽出，争辩道，"窃书不能算偷……窃书！……读书人的事，能算偷么？"接连便是难懂的话，什么"君子固穷"，什么"者乎"之类，引得众人都哄笑起来：店内外充满了快活的空气。

本段对话中，当酒客们看他居然"排"出九文大钱来买酒而不理睬他们时，就故意高声嚷道："你一定又偷人家的东西了！"孔乙己于是睁大眼睛说："你怎么污人清白？"

他不说"冤枉好人"，而说"污人清白"，这是孔乙己独有的陈腐语言，也暴露了他自恃是读书人的、企图用文言语言来遮掩自己偷盗行为的自欺欺人的迂腐性格。

所以当酒客们拿出真凭实据："什么清白？我前天亲眼看见你偷了何家的书，吊着打。"于是死要面子的孔乙己在真凭实据面前，"便涨红了脸，额上的青筋条条绽出，争辩道"："窃书不能算偷……窃书！……读书人的事，能算偷么？"

"窃"与"偷"本是同义词，只是文言与白话的区别，可孔乙己宁可承认

"窃"书，决不承认"偷"书。他其实是掩耳盗铃、强词夺理、自我解嘲。这些陈腐的语言，深刻表现出他受封建文化教育毒害之深，其性格特点的迂腐可笑与穷酸十足。但从他"涨红了脸，额上的青筋条条绽出"这个细节，又可看出，孔乙己还是本性不坏、有点读书人的自尊的。

本段语言描写，可以这样引导学生紧扣其具体语境、人物性格特点或作品主旨，让学生领悟和归纳出下面的答案要点：

这个语言描写，这些孔乙己所独有的陈腐语言，充分暴露了他自恃是读书人的、企图用文言语言来遮掩自己偷盗行为的自欺欺人的迂腐性格，深刻表现出他受封建文化教育毒害之深，其性格特点的迂腐可笑与穷酸十足。

第二次：

孔乙己自己知道不能和他们谈天，便只好向孩子说话，有一回对我说道，"你读过书么？"我略略点一点头。他说，"读过书……我便考你一考。茴香豆的茴字，怎样写的？"

我想，讨饭一样的人，也配考我么？便回过脸去，不再理会。孔乙己等了许久，很恳切的说道，"不能写罢？……我教给你，记着！这些字应该记着。将来做掌柜的时候，写帐要用。"我暗想我和掌柜的等级还很远呢，而且我们掌柜也从不将茴香豆上帐；又好笑，又不耐烦，懒懒的答他道，"谁要你教，不是草头底下一个来回的回字么？"孔乙己显出极高兴的样子，将两个指头的长指甲敲着柜台，点头说，"对呀对呀！……回字有四样写法，你知道么？"我愈不耐烦了，努着嘴走远。孔乙己刚用指甲蘸了酒，想在柜上写字，见我毫不热心，便又叹了一口气，显出极惋惜的样子。

有几回，邻舍孩子听得笑声，也赶热闹，围住了孔乙己。他便给他们茴香豆吃，一人一颗。孩子吃完豆，仍然不散，眼睛都望着碟子，孔乙己着了慌，伸开五指将碟子罩住，弯腰下去说道，"不多了，我已经不多了。"直起身又看一看豆，自己摇头说，"不多不多！多乎哉？不多也。"于是这一群孩子都在笑声里走散了。

本段语言描写，可以这样引导学生：通过紧扣其具体语境、人物性格特点或作品主旨，从而领悟和归纳出下面的答案要点：

通过叙写孔乙己教写"茴"字和分发茴香豆，既写出了他自恃读书人的清高却又不失良善本性的封建社会旧知识分子的形象，又充分暴露了他盲目清高、自尊，迂腐、麻木、但又偏不争气，屡次落第的穷酸迂腐性格，控诉了封建思想与科举制度对旧知识分子的深深毒害。

第三次：

中秋过后，秋风是一天凉比一天，看着将近初冬；我整天的靠着火，也须穿上棉袄了。一天的下半天，没有一个顾客，我正合了眼坐着。忽然间听得一个声音，"温一碗酒。"这声音虽然极低，却很耳熟。看时又全没有人。站起来向外一望，那孔乙己便在柜台下对了门槛坐着。他脸上黑而且瘦，已经不成样子；穿一件破夹袄，盘着两腿，下面垫一个蒲包，用草绳在肩上挂住；见了我，又说道，"温一碗酒。"掌柜也伸出头去，一面说，"孔乙己么？你还欠十九个钱呢！"孔乙己很颓唐的仰面答道，"这……下回还清罢。这一回是现钱，酒要好。"掌柜仍然同平常一样，笑着对他说，"孔乙己，你又偷了东西了！"但他这回却不十分分辩，单说了一句"不要取笑！""取笑？要是不偷，怎么会打断腿？"孔乙己低声说道，"跌断，跌，跌……"他的眼色，很像恳求掌柜，不要再提。此时已经聚集了几个人，便和掌柜都笑了。我温了酒，端出去，放在门槛上。他从破衣袋里摸出四文大钱，放在我手里，见他满手是泥，原来他便用这手走来的。不一会，他喝完酒，便又在旁人的说笑声中，坐着用这手慢慢走去了。

本段语言描写，孔乙己的话只有短短的五句：

第一、二句："温一碗酒。"而且声音虽然极低。表明此时的孔乙己已是贫弱不堪。

第三句：很颓唐的仰面答道，"这……下回还清罢。这一回是现钱，酒要好。"已是颓丧、潦倒至极，仍要借酒一醉。颓废的人生！

第四句：这回却不十分分辩，单说了一句"不要取笑！"已无力分辩，仍死要面子。

第五句：低声说道，"跌断，跌，跌……"他的眼色，很像恳求掌柜，不要再提。为维护读书人的面子，虽已无力分辩，仍拚力分辩。旧知识分子的面子怎么也放不下，做了科举制度的牺牲品却又不自知，何其可悲！

　　因而本段语言描写，据其具体语境、人物性格特点或作品主旨，可归纳出答案要点：

　　本段语言描写，还辅以环境描写、肖像描写、动作描写等具体语境，这就使得其细节内涵异常丰富。其环境描写，那晚秋的凉意，更给孔乙己的末路增加一丝悲凉的气氛，也推动故事情节达到了高潮，同时也预示了孔乙己悲惨的结局。其肖像描写，"脸上黑而且瘦"，"已经不成样子"，其外貌较之之前已发生了可怕的变化，说明他已贫病交加、潦倒不堪。其动作神态描写，"在柜台对了门槛坐着"，盘着两腿，下面垫一个蒲包，用草绳在肩上挂着"、"满手是泥，原来他便用这手走来的"，"他喝完酒，便又在旁人的笑声中，坐着用这手慢慢走去了"，说明他已临绝境、濒于死亡，失去一切可以生存下去的条件了，同时也预示其悲惨结局必将很快来临。

　　品细节，悟人生。紧扣作品主旨、人物形象或具体语境来揣摩其细节之精彩内涵，答案容易一箭中的，方法简单明了，学生易学乐学，学习效益高，很值得效法推广。

后 记

钱梦龙先生在其《导读的艺术》的《代自序》中说了这样一段话：教学，究竟是怎么回事？教师备课、上课究竟是为了什么？一言以蔽之，就是为了人，为了人的发展与成长。

此刻，在总结与回顾本课题研究与探索的风雨征程之际，我也想如此套用钱先生的话语说，我带领本课题团队研究的目的究竟是为了什么？一言以蔽之，就是为了教师，为了教师的专业发展与成长；就是为了教育，为了教育更美好的明天；就是为了孩子，为了孩子更美好的未来。

这本小书，借鉴了不少先进地区和优秀教师的先进经验，凝聚了课题组团队众多教师的心血与智慧，在此一并致以真诚的感谢。

虽数易其稿，仍觉草率仓促，错漏不少，在此也致以无限愧歉之意。

再次真诚感谢许多热心帮助我、成就我、成就本书的人。

2017 年 3 月 21 日